LES BONNES FRÉQUENTATIONS

Sophie Coignard et Marie-Thérèse Guichard sont toutes deux journalistes au *Point*.
Sophie Coignard, rédacteur en chef adjoint du service « Société » depuis 1993, est l'auteur, avec Alexandre Wickham, d'un best-seller : *La Nomenklatura française* (1986). Elle a également écrit *Le jour où la France a basculé* (1991), et en collaboration *La République bananière* (1989), *Le Dictionnaire des girouettes* (1993).
Marie-Thérèse Guichard est l'auteur de *Danielle, Bernadette, Françoise et les autres* (1987), *Les Egéries de la République* (1991) et *Le président qui aimait les femmes* (1993).

SOPHIE COIGNARD
MARIE-THÉRÈSE GUICHARD

Les Bonnes Fréquentations

Histoire secrète des réseaux d'influence

GRASSET

REMERCIEMENTS

Nous adressons tous nos remerciements à celles et à ceux qui nous ont reçues et aidées par leurs témoignages à mener ce projet à bien. Beaucoup de nos interlocuteurs ont tenu à rester anonymes et toutes les citations figurant dans l'ouvrage qui sont dépourvues de références sont extraites de ces entretiens. Notre gratitude va tout particulièrement à notre ami Alexandre Wickham pour ses conseils attentifs et ses incessants encouragements. Un grand merci également à Dominique Missika et Michel Richard qui ont relu amicalement notre copie, à Gilda Spizzichino pour ses patientes recherches bibliographiques, et à Françoise Vernat pour son assistance logistique.

INTRODUCTION

« Il s'est rencontré, sous l'Empire et dans Paris, treize hommes assez politiques pour dissimuler les liens sacrés qui les unissaient, assez forts pour se mettre au-dessus de toutes les lois, assez hardis pour tout entreprendre... » Treize « héros anonymes auxquels la société tout entière fut occultement soumise ». Voici comment Honoré de Balzac présente en 1831 dans la *Revue de Paris* son intrigante *Histoire des Treize*[1]. Le roman, publié en feuilleton, connaît un succès immédiat. Le public s'arrache les aventures de ces « maîtres du monde ».

Balzac excelle à décrire ces ambiances qui mêlent fraternité, secret, complot, soif de pouvoir et volonté de lutter pour un monde meilleur. Dans son œuvre, les références à ces assemblées particulières sont nombreuses : les « Chevaliers de la Désœuvrance » dans *La Rabouilleuse*, le Cénacle, réunion des amis des sciences et des arts, dans les *Illusions perdues*, les « Frères de la Consolation » dans *L'Envers de l'histoire contemporaine...* Fils de franc-maçon, lui-même a fondé un réseau d'entraide : la « Société du Cheval Rouge ».

Ces organisations plus ou moins secrètes qui ont fleuri au XIXe siècle sont les ancêtres directs des réseaux d'influence qui structurent aujourd'hui la

1. Honoré de Balzac, *Histoire des Treize*, Presses Pocket, 1992.

France. Les « Treize » de Balzac ressemblent étrangement aux bandes qui, en cette fin de XXe siècle, s'affairent autour du pouvoir, de l'argent ou du savoir. Ou, plus simplement, à la majorité des Français qui, sans toujours s'en apercevoir, appartiennent plus ou moins à un réseau. Chacun, par ses racines régionales, l'école par laquelle il est passé, le sport qu'il a pratiqué, l'organisation où il a milité, les épreuves qu'il a partagées, cultive au moins un réseau. Mais, comme l'air qu'on respire, les réseaux en France font tellement partie de la vie que l'on ne les remarque pas toujours.

Le pays qui avance, déprimé, vers l'an 2000, a connu en quelques décennies la faillite des idéologies, l'affaiblissement des partis politiques et des syndicats, la défiance populaire à l'égard des institutions et des élus... Les citoyens recherchent, désespérément, un collectif de substitution. « Le fait nouveau se trouve être la multiplication des petits groupes de réseaux existentiels », assure le sociologue Michel Maffesoli. Dans la vie quotidienne, dans le monde du travail aussi, si l'on en croit Mike Burke, un autre sociologue qui étudie les cadres : « Les années 80 ont marqué l'apogée de l'individualisme. Dans l'entreprise, c'était l'époque des battants. De nos jours, les individus n'ont plus envie de se démarquer. Ils se réunissent sur des réseaux, sur des "networks", sur des "webs". Dans l'entreprise, deux types de clans se distingueront bientôt : les clans à l'ancienne, fermés, exclusifs, avec des systèmes de piston, et des clans plus souples, unissant en transversale des gens de services différents mais aux centres d'intérêt communs[1]. »

Cette délicieuse redécouverte du collectif, chaleureux et rassurant, restitue une image un peu idyllique des réseaux. Les envisager comme d'innocentes assemblées préoccupées uniquement de

1. *Le Monde*, 14 mai 1996.

l'amélioration de l'espèce humaine semble aussi exagéré que les fantasmes de complot qui accompagnent souvent leur évocation. « Le réseau des sociétés secrètes commençait de s'étendre sur le pays », écrivait Victor Hugo, et le lecteur en avait déjà froid dans le dos. Balzac lui-même en vient à se défier de ses « Treize » au fur et à mesure qu'il les invente. S'ils ne parviennent pas à imposer leur ordre à la société, ils s'enferrent dans des complots, de petites intrigues personnelles, quitte à s'acoquiner avec l'ennemi pour parvenir à leurs fins. La bande tourne au gang, au repaire d'aventuriers sans principes.

Ni lobbies parce que dépassant la stricte alliance d'intérêts conjoncturelle, ni structures associatives parce qu'évitant soigneusement toute institutionnalisation, les réseaux ne méritent ni excès de fascination, ni excès d'indignité. Simplement, ils jouent un rôle essentiel dans le fonctionnement de la société française. Si l'association des amis du Loir ou l'amicale des pêcheurs de l'Adour n'influent guère sur la marche du pays, les connivences qui structurent la Nomenklatura française ne comptent pas pour rien dans les grandes options, les décisions, les nominations. Des inspecteurs des Finances aux Corréziens de Paris, des anciens « collabos » aux francs-maçons affairistes, des homosexuels aux aristocrates, des cumulards des conseils d'administration aux anciens des cabinets ministériels, des chasseurs aux golfeurs, tous ces « maillages » dominent la comédie du pouvoir et le roman de l'argent.

Ces réseaux, tous ensemble, dans la solidarité ou dans la rivalité, forment le véritable organigramme de la France, celui que l'on ne rend jamais public, mais qui explique mieux que les discours et documents officiels nombre de décisions.

De son poste d'observation à l'Elysée, où il fut conseiller de François Mitterrand mais étranger aux coteries les plus en vue aux sommets de l'Etat, Régis Debray releva, ébahi, « le stupéfiant amateurisme des professionnels » : « Chacun imagine leurs décisions fruit de savantes combinaisons, longuement mûries, sur dossier. Elles relèvent le plus souvent de coups de tête, d'accès d'humeur, de vieilles pesanteurs, lubies ou manies. Un ancien coudoiement de préfecture, la recommandation d'un cousin ou d'une belle-sœur entre deux portes, un renvoi réflexe d'ascenseur, une gentilhommière accueillante décident d'une nomination à la tête d'un établissement public, d'un ministère ou d'une direction administrative — plus sûrement que l'examen d'une biographie, d'une œuvre ou d'un caractère. Et il en va des grands choix comme des petits, ligne générale ou sélection des obligés[1]. »

Cette vision désabusée des jeux d'influence mélange volontairement piston, népotisme et « effet-réseau ». La mécanique des réseaux, au même titre que celle des fluides, répond à des lois bien plus codifiées que le simple favoritisme. Des règles d'autant plus immuables qu'elles viennent de loin.

« N'étant ni juif pratiquant, ni franc-maçon, ni provincial, ni prolétaire, ni grand-bourgeois, n'appartenant ni à l'Inspection des Finances ni à aucun grand corps je cumule dans le microcosme tous les handicaps »... Ancien conseiller de François Mitterrand à l'Elysée pour les affaires industrielles, ex-directeur de cabinet de Pierre Bérégovoy au ministère des Finances, Alain Boublil persifle ainsi après sa mise en cause dans le délit d'initiés Pechiney-Triangle. Condamné à une peine de prison ferme alors que sa culpabilité n'a jamais été clairement démontrée, il suggère aussi que son sort eût été adouci s'il avait appartenu à l'un des réseaux du microcosme.

L'influence à la française répond à des critères d'utilité précis : s'entraider, se fréquenter, faire car-

1. Régis Debray, *Loués soient nos seigneurs*, Gallimard, 1996.

rière, mais aussi s'enrichir, conspirer, se protéger en cas de manquement grave. Et, suprême distinction, devenir Président...

Corses, Corréziens, Savoyards, Bretons et Auvergnats s'organisent depuis toujours pour « arriver ». Dans la capitale inconnue et hostile d'abord, puis dans la vie tout simplement. A la mairie de Paris, l'étage des Corses a toujours rivalisé avec celui des Corréziens. Les seconds ne manœuvrent pas seulement en « chiraquie » ; les premiers étendent leurs pseudopodes jusqu'en Afrique...

S'entraider : voilà l'une des missions premières de tout réseau qui se respecte. Des confréries diverses se distinguent dans cet art. Elles se soudent autour de la marginalité partagée — de mœurs pour les homosexuels, de confession pour les Juifs ou les protestants —, ou encore d'une passion commune : les chasseurs intronisés au club des « Mets-toi à l'aise », animé par le comte de Beaumont, qui régna pendant longtemps sur la Banque Rivaud, savent que la vénerie peut ouvrir bien des portes ; ce ne sont pas les PDG golfeurs membres du « Trophée des présidents » qui les démentiront.

Mais rien de vraiment sérieux, en France, ne peut se concrétiser loin des plaisirs de la table, autel des appartenances communes. Aujourd'hui comme hier, 200 à 300 personnes se retrouvent, à Paris, dans les « dîners en ville ». Hauts fonctionnaires, grands patrons, héritiers d'illustres dynasties, ces forçats de la mondanité sont condamnés à s'entendre : ils se rencontrent si souvent. C'est encore autour d'un repas, pas toujours gastronomique, que fonctionnent clubs et associations qui, derrière leurs façades, dissimulent des solidarités intéressantes. Ainsi des « Pieds dans l'eau », qui rassemblent, dans une optique de convivialité, politiques, hauts fonctionnaires, publicitaires et patrons aux sympathies partisanes parfois opposées. C'est dans ce cadre que Michel Charasse trinque avec Philippe Tesson !

Mais il n'y a pas que l'amusement dans la vie. La carrière compte aussi. Et les réseaux, c'est bon pour la carrière. Insubmersibles mascottes de la haute administration française, les inspecteurs des Finances auraient, assure-t-on, perdu de leur pouvoir et de leur prestige avec le désengagement de l'Etat dans la sphère financière et, surtout, à cause de leur lourde responsabilité dans deux déconfitures majeures de l'économie française, celles du Crédit lyonnais et du Crédit foncier de France. Mais on peut, bien au contraire, s'ébahir de leur capacité de résistance. Car ils règnent aujourd'hui encore sur une incroyable brochette de hauts postes, en dépit de l'incompétence manifeste d'une partie du corps. Par comparaison, les ingénieurs du corps des Mines ont dû se montrer plus discrets, et se replier dans quelques grands bastions encore bien défendus. Et — signe d'un nouveau vent libéral ? —, de nouvelles solidarités apparaissent dans le secteur privé, où quelques virtuoses du marketing, anciens de la multinationale Procter et Gamble, savent agir en commandos, imités par quelques autres.

S'enrichir, une activité individualiste et solitaire ? Ce n'est pas la philosophie de quelques groupuscules francs-maçons égarés dans l'affairisme. Sous couvert de débat métaphysique, ils s'emploient à des spéculations beaucoup plus matérielles que la quête du Grand Architecte de l'Univers. De la loge Victor-Schoelcher, socle du système de fausses factures monté par l'intermédiaire Michel Reyt, jusqu'au scandale de l'argent du cancer, en passant par le Bâtiment-Travaux publics (BTP) ou le racket sous le soleil de la Méditerranée, ces « frères terribles » se sont tellement illustrés, en coulisses, que leur conduite effraie leurs obédiences.

Mais certaines connexions fonctionnent en toute légalité, pour le plus grand bénéfice matériel de leurs affiliés. Ainsi du monde des affaires, où la banque Lazard, par exemple, a construit en virtuose un réseau en forme de râteau, qui lui permet d'intervenir dans (presque) toutes les restructurations des grandes entreprises françaises. A la tête de celles-ci, une quarantaine d'hommes ratissent les postes dans les conseils d'administration autour de deux « gourous » : Ambroise Roux, ancien PDG de la Compagnie générale d'électricité, et Claude Bébéar, le médiatique patron d'Axa.

Cette manière de monopoliser les leviers de l'économie n'est d'ailleurs pas sans rappeler l'opiniâtreté que mettent quelques intellectuels médiatiques à régner, eux, sur l'empire de la parole grâce aux bandes qu'ils ont su constituer...

Loin de ces manœuvres pacifiques, certains ont trouvé dans les réseaux la structure idéale pour conspirer. Mais, heureusement pour la République, comploter ne s'est pas révélé très payant en France durant ce siècle. De la Cagoule d'avant-guerre aux actuels « rouges-bruns », alliance de communistes et de fascistes, ce n'est pourtant pas faute de prétendants.

Les plus imprudents ont trahi leur pays durant la guerre. Ont-ils tous payé le prix de leur collaboration ? Certains, à l'image du milicien Paul Touvier, ont bénéficié, des décennies durant, de complicités qui leur ont permis d'échapper à la justice des hommes. D'autres, plus audacieux encore, ont recommencé, grâce à de discrètes filières de recyclage, d'honorables carrières dans la banque, l'industrie, le journalisme, voire la haute administration.

Utilitaristes en diable, les réseaux ? Pas toujours. Des réformes impulsées par les catholiques de gauche durant les années 50 aux croisades actuelles pour ou contre l'avortement, s'activent des groupes plus motivés par la conviction que par l'intérêt personnel.

C'est d'ailleurs sur eux, parfois, que s'appuient les politiques pour tester ou faire passer leurs messages. Car devenir Président, ambition ultime, requiert des antennes dans tous les milieux, toutes les communautés, toutes les chapelles. La maîtrise des réseaux devient alors une activité symphonique...

Ces critères d'utilité, déclinés du plus naturel — un lieu de naissance commun — au plus fabriqué — solliciter des connivences pour accéder à la magistrature suprême —, dévoilent la raison d'être des réseaux, mais non leur origine. Or, on appartient rarement à un réseau par hasard ou parce qu'on a vu de la lumière et qu'on est entré...

L'épreuve partagée scelle des solidarités indestructibles. Ainsi de la Résistance, qui a donné ses lettres de noblesse au terme de « réseau ». Et qui a structuré le pouvoir, en France, pendant près de quarante ans. Quand Pierre Mendès France devient président du Conseil, en 1954, il appelle à ses côtés des anciens de l'escadrille « Alsace-Lorraine ». En 1958, de Gaulle, de retour au pouvoir — et entouré de résistants —, affronte dans son opposition d'autres résistants, réunis dans le Club Jean-Moulin, qui voient dans le retour du Général au pouvoir la menace d'un régime autoritaire.

Après le putsch d'Alger, un dignitaire de la Résistance et non des moindres, Pierre Guillain de Bénouville, se souvient que Raoul Salan fut un compagnon de la première heure. Pour Bénouville, avoir résisté en 1940 est plus important qu'avoir comploté en 1961. Alors, il rend visite au général Salan pendant sa détention à la prison de Tulle. Il arrive dans une voiture avec chauffeur, apporte champagne et mets fins à la grande stupéfaction du préfet qui n'en peut mais : Bénouville dispose d'une autorisation écrite signée de la main du chef de l'Etat. Un jour, Roger Frey, ministre de l'Intérieur, propose en Conseil des ministres que le sauf-conduit ne soit pas prorogé. Refus de De Gaulle qui lui rétorque : « Et s'il m'arrivait la même chose qu'aux gens de Tulle, combien y aurait-il de Bénouville ? »

Un jour de 1969, le révérend père Michel Riquet, vice-président de l'Office national des anciens combattants et de l'Union nationale des déportés, fait sensation dans le bureau du préfet Rochet, patron de la DST, qui n'obtempère pas assez vite à son goût : « Apprenez, mon bon monsieur, qu'en France, c'est nous, la Résistance, qui commandons », lui lance-t-il[1].

La Résistance fut longtemps, en France, le « réseau des réseaux ». Même si certains secteurs, comme le monde des affaires, sont restés largement hors de son influence. Au point que dans la banque, voire dans l'industrie, ce sont des réseaux d'épurés qui détenaient le pouvoir après guerre[2].

C'est le même souvenir de l'épreuve endurée en commun qui a soudé les réseaux de rapatriés, quasiment inactifs depuis l'assassinat de Jacques Roseau, en 1993, ou ceux des anciens communistes, rejetés par le Parti et livrés à eux-mêmes après des années de cocooning idéologique et professionnel.

A défaut d'actions héroïques, d'exode traumatisant ou de révisions déchirantes, tout le monde a eu une jeunesse. C'est là, à l'âge de la désinvolture, de la camaraderie et du tutoiement que s'esquissent les premiers carrefours de la connivence. A l'âge adulte, la nostalgie réveille les vieux souvenirs. Question de région d'origine, parfois[3]. Question de cursus scolaire et universitaire, aussi. Mais là encore, l'inégalité persiste : l'amicale des anciens d'un lycée de sous-préfecture ne vaut pas la « mafia » polytechnicienne ou énarchique, encore moins celle des grands corps de l'Etat. Pour certains, c'est le premier emploi qui est déterminant. Ainsi des « proctériens » et autres

1. Roger Faligot, Rémi Kauffer, *Les Résistants,* Fayard, 1989.
2. Voir chapitre « Se protéger », p. 283.
3. Voir chapitre « S'entraider », p. 47.

« lessiviers », qui, après une école de commerce, démarrent leur carrière dans le marketing pour assouplissant textile, nettoyant ménager ou couche-culotte[1].

Liens de jeunesse toujours, et d'une jeunesse mouvementée, que ces souvenirs communs aux journalistes qui débutèrent leur carrière à France 5, la chaîne de radio et de télévision de l'Algérie française finissante. Il y avait là Jean-Pierre Elkabbach, son successeur à France-Télévision Xavier Gouyou Beauchamps, l'ancien patron d'Antenne 2 Jean-Claude Héberlé, le présentateur Jean-Claude Narcy, dit Narcisse qui, raconte-t-on, excellait comme animateur de variétés, le sage du CSA Pierre Wiehn, l'ancien PDG de l'AFP Jean-Louis Guillaud. L'Apollon de la bande des « Max », comme ils se surnommaient, n'était pas plus vieux que les autres. Mais à 25 ans à peine, sa légende l'accompagnait déjà. Philippe Labro, romancier, cinéaste, patron de RTL, a raconté cette marquante épopée algéroise dans son livre *Des feux mal éteints*[2].

« Péché » de jeunesse, l'idéologie produit aussi des miracles de solidarité, une fois même l'objet ou le sens du combat évanouis. L'extrémisme, de ce point de vue, est sans conteste le plus fédérateur. Les trotskistes d'hier continuent de se rendre des services bien longtemps après avoir intégré, souvent avec bonheur, les cercles influents de la société française. Les anciens « fachos » ne pâtissent pas tous, au contraire, de leurs errements passés, même s'ils ne tiennent guère à ce qu'ils soient évoqués. Car d'efficaces passerelles ont contribué à « blanchir » leur cursus pour les intégrer à des milieux plus respectables et républicains[3].

Plus récents, et peut-être plus solides encore, les réseaux homosexuels veulent tirer avantage d'une

1. Voir chapitre « Faire carrière », p. 118.
2. Philippe Labro, *Des feux mal éteints,* Gallimard, 1967.
3. Voir chapitre « Faire carrière », p. 118.

marginalité qui les a souvent confinés dans l'ombre ou dans la duplicité. Plus ou moins affichée dans les milieux de la mode, dans l'art et dans la culture, l'homosexualité demeure largement tue en politique, où l'ancien ministre socialiste André Labarrère fait exception par sa décontraction sur le sujet, et carrément taboue dans les milieux d'affaires ou la haute administration.

Longtemps exclues des réseaux en France, les femmes se réveillent et s'organisent. A côté des démarches d'inspiration féministe, hier pour l'égalité, aujourd'hui pour la parité, certaines passent outre l'ostracisme masculin qui leur interdit encore certains cénacles pour créer leurs propres structures de rencontre. Dans *L'Express* du 6 juin 1996, dix femmes politiques ont défrayé la chronique en signant un manifeste pour la parité. Moins militant, le « Femmes-Forum-Club L » décidait en 1994 de se faire connaître auprès du grand public à l'occasion de son dixième anniversaire, en se présentant comme « un réel réseau d'influence, basé sur l'"excellence" des participantes ». Parmi celles-ci, l'un des « lieutenants » de François Pinault, Patricia Barbizet, la femme d'affaires Gilberte Beaux, l'écrivain-éditeur Thérèse de Saint-Phalle, la voyante Yaguel Didier, la magistrate Myriam Ezratty, l'ancien ministre Elisabeth Guigou, la productrice et énarque Simone Harari, la PDG de Pathé-Télévision Janine Langlois-Glandier, Françoise Monod, avocate, épouse du PDG de la Lyonnaise des Eaux et active marraine du clan corrézien.

De même, puisque la plupart des grandes obédiences maçonniques refusent obstinément la mixité, les loges féminines entendent faire parler d'elles en profitant du vide laissé par leurs frères sur le terrain des idées et de l'innovation sociale. Elles ne furent pas inactives, par exemple, dans le débat sur la parité hommes-femmes qui émergea au printemps 1996.

Signe des temps, la cooptation d'une femme semble d'actualité dans le cercle très fermé des représentants du « grand capital ». Ambroise Roux, président de l'AFEP (Association française des entreprises privées), qui regroupe les 69 présidents des plus grandes entreprises privées du pays, s'est promis d'introniser prochainement une femme dans ce cénacle, considéré comme un des réseaux les plus puissants de France. Le ciment commun, à l'AFEP, c'est l'intérêt financier partagé, tout simplement. « La richesse concentrée qui s'organise en réseau est infiniment plus puissante, même si elle est moins voyante, que la pauvreté diffuse qui se fédère en syndicat, expose Jean-François Kahn dans un numéro de *L'Evénement du Jeudi* consacré aux réseaux d'influence[1]. Pour mettre en échec la révision de la loi Falloux, il fallut quelque 500 000 manifestants dans la rue. Mais l'exportation d'un petit millier de capitaux patrimoniaux aura suffi pour qu'Alain Juppé revienne sur l'augmentation de l'impôt sur la fortune[2]. »

Cette observation omet toutefois de faire la différence entre réseau et lobby. L'AFEP, contrairement à Force ouvrière pour les fonctionnaires ou la FNSEA pour l'agriculture, ne se contente pas de défendre les intérêts de ses mandants auprès des institutions. Elle autogère le système économique français, monopolise les conseils d'administration, sélectionne les dirigeants du futur[3]...

Tout le charme de cette géographie souterraine de la société française réside finalement dans son fonctionnement discret, parfois presque inconscient. L'homme — ou la femme — de réseau qui sommeille en chacun de nous consacre du temps, de l'énergie,

1. *L'Evénement du Jeudi*, 25 juillet 1996.
2. Ce qui en définitive ne s'est pas fait.
3. Voir chapitre « Monopoliser », p. 207.

de l'intelligence à exploiter le film, mi-affectif, mi-utilitaire, de ses relations et accointances.

Mais qui est, finalement, cet homme — ou cette femme — de réseau idéal ? Un ambitieux, souvent, mais qui connaît les vertus de la patience. Il sait que le système fonctionne sur des bases égalitaires, que le réseau, le plus souvent, n'est pas hiérarchique mais au contraire horizontal, transversal, qu'il doit ratisser suffisamment large pour disposer d'appuis variés, mais demeurer suffisamment fermé pour assurer la cohésion du groupe.

Ses membres, toutefois, ne sont égaux qu'en apparence. « Le réseau profite avant tout à celui qui l'a créé et qui l'anime, explique ce spécialiste. C'est lui qui détient toutes les cartes, c'est lui surtout qui peut cumuler les connexions et appartenir à plusieurs mouvances à la fois. » Une assurance tous risques pour gravir les échelons, parer aux aléas d'une carrière et, pourquoi pas, parvenir jusqu'aux sommets de l'Etat.

[illegible]

Il [illegible] le plus grand des [illegible] [illegible] [illegible] [illegible] [illegible] coup de main à [illegible] qui s'[illegible] dans la ville lumière.

Le [illegible] André Jean [illegible], [illegible] sous le [illegible] dans les années 70, aujourd'hui [illegible] et journaliste de talent, peut en témoigner [illegible] quelques [illegible] [illegible] Jean-Paul Aplacerèche, qui [illegible] restaurant « La [illegible] » dans le XVe [illegible] pendant des semaines [illegible] de tenir le coup jusqu'à ce que je trouve du travail.

Mais Jean-Paul Aplacerèche, aujourd'hui patron du restaurant « Le [illegible] » rue Pierre-Charron, ou l'[illegible] comme [illegible] à « La [illegible] » sa bande de copains [illegible] et golfeurs, n'[illegible] visiblement qu'[illegible] une solide tradition. Trois autres [illegible]

CHAPITRE I

Arriver

Ils forment le plus grand des réseaux, celui des « exilés de l'intérieur ». Tournoyant en un essaim d'amicales et d'associations au-dessus de la capitale, les réseaux régionaux, qu'ils soient bretons, les plus nombreux, corréziens, les plus médiatiques, ou lorrains, les plus discrets, affichent tous d'emblée la même vocation : donner un coup de main à l'esseulé qui débarque dans la ville-lumière.

Le Basque André-Jean Lafaurie, exilé sans le sou dans les années 70, aujourd'hui golfeur émérite et journaliste de talent, peut en témoigner. « Je cherchais désespérément quelques piges, et je ne mangeais guère à ma faim, dit-il. Un jour, j'ai atterri chez un compatriote, Jean-Paul Aphecetche, qui tenait alors le restaurant "La Gauloise", dans le XVe arrondissement. J'étais trop fier pour solliciter quoi que ce soit, mais il m'a spontanément offert le couvert. Il m'a nourri pendant des semaines... et m'a ainsi permis de tenir le coup jusqu'à ce que je trouve du travail. »

Mais Jean-Paul Aphecetche, aujourd'hui patron du restaurant « Le Pichet », rue Pierre-Charron, où il accueille comme hier à « La Gauloise » sa bande de copains rugbymen et golfeurs, ne fait visiblement qu'entretenir une solide tradition. Trois autres restaurateurs basques de Paris ont carrément créé un bureau de placement « ethnique », « Eskualduna », qui oriente les jeunes du pays en quête d'emploi vers des restaurants « amis ». Mieux, ceux qui ne s'adaptent pas au climat parisien ont toujours la ressource, via ce micro-réseau, d'aller s'installer au Mexique, en Argentine, ou aux USA, où des compatriotes les prendront à leur tour en main.

La « filière limonadière » fonctionne aussi pour les Alsaciens. Jean-Paul Bucher, prolifique patron de brasseries parisiennes, parmi lesquelles « Flo » et « La Coupole », bienveillant pour les « pays », n'a pas oublié ses propres débuts. A 16 ans, en 1958, il s'est retrouvé commis en cuisine chez « Hansi », un restaurant de Montparnasse, où l'avaient déjà précédé quelques dizaines d'apprentis du cru. Mais les réseaux basques ou alsaciens font pâle figure à côté de la « bistrocratie » aveyronnaise. Qu'on en juge : cette communauté-là « tient » 80 % des bars-tabacs parisiens et 6 000 cafés-restaurants. Parfaitement organisée, elle a même son journal, *L'Auvergnat de Paris*, la bible des bistrotiers.

Mais, les intéressés s'en vantent moins volontiers, le sens de la solidarité régionale va bien au-delà du « piston des pauvres ». Cette « mafia du zinc » a appris à gérer ses affaires avec des méthodes ancestrales fondées sur la confiance mutuelle et l'autofinancement communautaire. Qu'un jeune Aveyronnais se mette au travail derrière un comptoir, et il est aussitôt pris en main par l'un des représentants des maisons de distribution de bière, un « pays » lui aussi. S'il donne satisfaction, ladite maison le cautionnera auprès des banques. A charge de revanche : une fois installé, le garçon de café monté en grade vendra exclusivement les produits d'un prêteur si amical.

Un système dont profitent avantageusement quelques familles, d'anciens bougnats pour la plupart, qui ont affermi leur pouvoir grâce à des alliances matrimoniales qui n'ont rien à envier à celles des familles royales. Ainsi s'est créée une subtile géopolitique limonadière. La plus puissante de ces familles, les Richard, dont le patriarche, Henri, débuta en 1920 comme modeste commis chez un compatriote à Clichy, règne sur la distribution du vin et du café. Parmi les marques de café distribuées, les cafés Ladoux. Normal, ils font partie de la famille depuis que Pierre Richard, l'un des deux héritiers du clan, a épousé la fille Ladoux. André Ladoux, à la tête d'un puissant cabinet d'affaires, est incontournable dans les transactions sur les fonds de commerce et les licences IV (nécessaires pour vendre des boissons alcoolisées). Et puis, n'est-il pas l'époux d'une fille Tafanel, une famille qui détient l'exclusivité de la distribution des bières et des eaux du groupe BSN — Kronenbourg, Evian, etc. — sur Paris ? Bien sûr, c'est Guy Tafanel qui gère cette société de distribution, mais sa sœur y a conservé des intérêts.

Ce clan aveyronnais qui règne sur les comptoirs parisiens ne possède pourtant pas beaucoup d'établissements en propre. Mais ce sont les parrains du réseau. Avec leur accord, la Compagnie aveyronnaise de service et de gestion, filiale parisienne du Crédit agricole de l'Aveyron, ou la Monod française de banque, n'hésitera pas à accorder un prêt.

Les « cols rouges » des montagnes

Ces principes, les « Savoyards » de l'hôtel Drouot, qui fonctionnent en autogestion depuis plus d'un siècle, le respectent scrupuleusement. Etonnante collectivité que ces 110 commissionnaires de l'hôtel des ventes de Drouot s'affairant en plein cœur de Paris. Ces « gardes suisses de la curiosité », comme les appelle joliment l'académicien Maurice Rheims, sont tous savoyards sans exception. On les reconnaît à leur veste noire, col bordé d'un liséré rouge, et à leur numéro brodé en chiffres d'or sur le col. Entre eux, ils ne s'appellent pas davantage par leur nom, mais par des sobriquets, Narcisse, la Pipe, Baron, etc. Une manière de se distinguer puisque se côtoient, cooptation oblige, des familles entières de Pasquier, d'Emprin, d'Arnaud ou de Bottolier, pour ne citer que les « dynasties » les plus prolifiques.

Depuis plus d'un siècle, ils se sont arrogé un monopole de fait sur toute la manutention liée à l'activité de la prestigieuse salle des ventes parisienne. Cadeau de Napoléon en échange de l'annexion de la Savoie, comme le prétendent quelques-uns, ou mainmise progressive par cooptation régionale, l'origine de ce « corps », au moins aussi soudé que les inspecteurs des Finances, est plutôt obscure. Peu importe aux « cols rouges » pourvu qu'ils puissent continuer à recruter d'une vallée l'autre comme par le passé. Une commune, d'ailleurs, domine nettement : celle de Sallanches, qui fournit le gros des bataillons commissionnaires. Mais Bourg-Saint-Maurice n'est pas mal représenté non plus.

Le système d'embauche n'a pas varié depuis un siècle et demi : chaque retraité choisit son successeur qui sera mis à l'épreuve six mois durant avant d'être adopté collectivement. Et s'il arrive qu'un accident prive l'un d'eux de son emploi de commissionnaire, un métier physiquement difficile, on ne le laisse pas tomber.

Contrairement à ce que les acheteurs de passage s'imaginent, les « Savoyards » ne se contentent pas d'acheminer les meubles et les tableaux des 3 500 ventes annuelles jusqu'aux salles où officient les commissaires-priseurs. Ces hommes apparemment impassibles mais toujours à l'affût de la bonne affaire, que les habitués appellent « les fauves », peuvent également recueillir les ordres d'achat des clients et faire monter les enchères à leur place. Un commerce lucratif et très organisé. Les 110 « cols rouges » sont en effet associés — une part chacun

— dans une société en nom collectif, l'Union des commissionnaires de l'hôtel des ventes qui revendique très modestement comme raison sociale « le transport de marchandises ».

Trois « brigadiers gérants » les représentent, mais, en fait, c'est la démocratie directe qui prévaut. Ainsi, ces curieux associés jouent-ils aux dés, au « zanzi », l'ancêtre du 421, le partage des tâches journalières. A celui qui a tiré le numéro le plus faible revient le soin de surveiller l'exposition des objets à vendre, la veille de la vente. Le lendemain, il suit avec deux de ses compatriotes le déroulement de la vente, en secouant à l'occasion l'apathie d'acheteurs trop timides. Et, tous les cinq ans, l'un d'eux troque son job dans l'une des seize salles de vente, pour devenir chauffeur douze mois durant.

Associés dans les bonnes affaires, ils sont également solidaires dans les ennuis. En cas de perte, ils s'engagent à rembourser eux-mêmes la marchandise, sans qu'une banque ou une société d'assurance intervienne.

Ce « mutualisme informel », d'autres communautés ont su le développer avec une redoutable efficacité, qui leur permet d'échapper à l'adversité et au-delà...

La « Chouchen connection »[1]

Edouard Leclerc et son fils, Michel-Edouard, ont beau avoir leur siège social à Issy-les-Moulineaux, dans la région parisienne, ils sont restés les « épiciers de Landernau ». Et ils en sont fiers. Moins visible que la communauté auvergnate qui avait, dès le siècle dernier, quasiment trusté la corporation bistrotière, les Bretons sont pourtant les exilés les plus nombreux. Un million et demi, répartis dans

1. Chouchen : liqueur à base d'hydromel.

toute l'Ile-de-France, ont essaimé dans tous les corps de métier sans s'arroger de monopole particulier.

Désormais, ce ne sont plus les petites bonnes naïves, proies faciles du bitume parisien, qui font la légende, mais des patrons qui ont le vent en poupe et s'organisent pour contraindre le « pouvoir central » à s'intéresser à leur région. « Influence catholique ? Résurgence d'une antique société celtique marquée par l'absence de classes ? », s'interroge Yannick Le Bourdonnec, auteur du *Miracle breton*[1]. La solidarité, assure-t-il, s'exprime chez eux avec plus de force qu'ailleurs. Jusqu'à développer « une vraie culture de réseau ». Au sein même de la région celte, les clubs foisonnent : Synergie 5 à Pontivy, Club 35 à Rennes, pour ne citer que les deux institutions les plus prisées.

Fiers de leur réussite, quelques industriels « bretons de l'extérieur » se sont même associés au sein d'un très discret « Club des Trente ». « Trente », en référence au combat légendaire du 27 mars 1351 qui vit s'affronter entre Josselin et Ploërmel trente soldats du parti français de Charles de Blois et trente autres chevaliers défendant la cause des Montfort. Aujourd'hui, les chevaliers de l'économie se nomment Vincent Bolloré, Michel-Edouard Leclerc, Alexis Gourvennec ou Jean Le Calvez. Vincent Bolloré, l'un des fondateurs de l'amicale, passe tous ses étés à Saint-Tropez, mais il ne veut pas qu'il soit dit qu'il a oublié son berceau familial sur les bords de l'Odet, près de Quimper. Aussi cultive-t-il assidûment ses relations bretonnes. Avec Michel-Edouard Leclerc qu'il a connu au cours d'une régate aux Glénans, il a créé voici quelques années une joint-venture dans le tourisme, Leclerc Evasions. Mais — les affaires sont les affaires —, il s'en est retiré quelque temps plus tard assez bru-

1. Yannick Le Bourdonnec, *Le Miracle breton*, Calmann-Lévy, 1996.

talement, et, depuis, les relations se sont un peu distendues.

Celtitude en bandoulière, le même Bolloré, propriétaire de la compagnie maritime Delmas-Vieljeux, s'est rapproché d'Alexis Gourvennec, ex-syndicaliste fougueux et PDG de Brittany Ferries qui l'a fait profiter de ses relations avec les autres armateurs français. Et il a nommé administrateur de son groupe Philippe Giffard, l'ex-patron du Crédit industriel de l'Ouest qui avait eu le bon goût de lui prêter de l'argent à ses débuts.

Extrêmement discrets, les membres du « Club des Trente » — s'y croisent, autour du président actuel, Jean Le Calvez, patron d'une florissante affaire de transports routiers, Louis Le Duff, PDG de la chaîne de restauration rapide la Brioche dorée, Georges Coudray, le président du Crédit mutuel de Bretagne, Auguste Génovèse, directeur général de Citroën Rennes, Niçois d'origine, Breton d'adoption, etc. —, tous détestent que l'on parle de leurs assemblées. « Certains se comportent comme les membres d'une société secrète, commente un observateur breton, pour quelques-uns, c'est un lobby qui n'ose pas dire son nom, pour d'autres, c'est un réseau surtout affectif. »

Affectif, Ambroise Roux, l'ancien PDG de la Compagnie générale d'électricité (devenue Alcatel-Alsthom), le devient dès qu'on lui parle de la Bretagne. Cet Auvergnat d'origine, au caractère trempé dans le basalte, s'est pris de passion pour le granit. Son salon-boudoir, où il prend le thé avec ses visiteurs, est éclairé de magnifiques photographies noir et blanc de paysages bretons. Chaque été, l'éminence grise du patronat se ressource de longues semaines dans sa maison de Trégastel. A Paris, il affiche une faiblesse particulière pour quelques patrons bretons choisis. Ainsi, c'est peu dire qu'il a « accroché » avec le Malouin François Pinault, pour lequel il s'est entremis auprès d'un establishment soupçonneux afin que soit digérée sans problèmes son OPA sur le groupe Printemps en 1991. Celui-ci, en remerciement, l'a dans un premier temps nommé à la tête du conseil de surveillance de Pinault-Printemps, puis consulté à chacune de ses entreprises.

La Bretagne, remarquent les celtiques intégristes, compte peu pour Pinault qui préfère se distraire l'été sur la Côte d'Azur et fréquenter le week-end son château de la Mormaire, dans les Yvelines. Mais lorsque le feu a ravagé plusieurs dizaines d'hectares de la mythique forêt de Brocéliande, il a réglé une partie de la facture du reboisement. Même à Saint-Tropez, ses visiteurs estivaux ont le plaisir de déguster des homards expédiés spécialement par avion de sa Bretagne natale. Et ce corsaire jalousé pour sa réussite s'est trouvé comme par hasard plus d'un point commun avec un autre Breton, aventurier lui aussi à sa manière, Loïk Le Floch-Prigent.

C'est Roux qui a présenté à Pinault l'ancien PDG d'Elf-Aquitaine au moment de l'OPA sur le groupe Pinault-Printemps. Le patron socialiste est en effet une « vieille » connaissance d'Ambroise : ils se sont connus en 1982, juste avant la nationalisation de la CGE. Le Floch était le jeune directeur de cabinet de Pierre Dreyfus, ministre de l'Industrie, et il avait fait preuve de tant de courtoisie que le vieux briscard des affaires en avait été séduit. Pinault et Le Floch, deux « pays », de tempérament aussi décidé et direct l'un que l'autre, ne pouvaient que s'entendre. Le Floch fit prendre à Elf une participation dans le Printemps et il se retrouva à son tour dans le très bretonnant conseil de surveillance composé par Pinault. En 1993, toujours aussi arrangeant, Le Floch s'entremet et donne même un coup de pouce financier lors de la cession de la chaîne Armand Thiéry par le groupe Pinault-Printemps à son ami Maurice Biderman.

L'ami Pinault lui en sait gré sans tarder : quand, en 1993, Le Floch doit céder sa place à Elf à

Philippe Jaffré, c'est dans un avion du groupe Pinault qu'il fait sa tournée d'adieu aux chefs d'Etat des pays africains partenaires de la firme pétrolière. Plus utile encore, l'ami de Chirac plaide avec succès la cause de Le Floch en janvier 1996, au moment où l'Elysée cherche un président pour la SNCF. Mais si Pinault est fidèle en amitié, il sait à l'évidence être discret. Trop ? De bien méchantes langues n'ont pas manqué de relever son absence, ainsi que celle d'Ambroise Roux, sur la liste de la douzaine de PDG qui ont apporté un appui public à Le Floch en juillet 1996, au moment où celui-ci a été mis en examen et en détention.

Ce ne sont sûrement pas les membres du « groupe des Bretons des cabinets ministériels » qui les en blâmeraient. Ce club-là, fondé en 1986 par un Breton d'adoption, Paul Anselin, au passé « ministériel » chargé — il a été membre de dix cabinets en vingt-six ans —, agit exclusivement à l'ombre du pouvoir. Ami depuis la guerre d'Algérie de Jacques Chirac (qui lui a sauvé la vie au combat), cette éminence grise de la celtitude se démène entre Bretagne — il est maire de Ploërmel dans le Morbihan — et Paris où il est chargé de mission au Quai d'Orsay auprès d'Hervé de Charette. Chaque mois, il réunit la trentaine d'adhérents de ce réseau informel mais puissant. Ensemble, ils s'efforcent de pallier l'absence de ministre breton dans le gouvernement Juppé et orientent avec succès certains dossiers tels que l'université de Bretagne-Sud ou le contrat de plan Etat-région...

Pour mieux se faire entendre, ce groupe a su rappeler leurs origines régionales à quelques poids lourds : outre Christian Noyer, l'ancien directeur du Trésor, directeur de cabinet de Jean Arthuis, on y rencontre Marie-Christine Lepetit, conseillère d'Alain Juppé en matière de fiscalité, Bernadette Malgorn, ex-directeur de cabinet de Philippe Séguin, première femme préfet de région, Pierre-Eric Pommellet, chef de cabinet du ministre des PMI-PME, ou Pierre-Henri Paillet, directeur de cabinet du ministre de l'Industrie... « Ce qui fait leur force, souligne Hubert Coudurier, patron du bureau parisien du *Télégramme de Brest*, c'est qu'ils incarnent le pouvoir dans presque tous les domaines. »

« L'étage des Corses »

« Un jour que j'allais voir un "pays" à la mairie de Paris, je me suis égaré. "Vous vous trompez d'étage, m'a-t-on fait remarquer. Ici, vous êtes chez les Corses..." » L'écrivain corrézien Denis Tillinac ne se lasse pas de raconter cette anecdote à qui vient lui parler de la « préférence » que manifesterait l'Hôtel de Ville envers ses congénères. Il n'a pas tout à fait tort. Même s'il est avéré que la capitale fut longtemps un vivier pour Corréziens en mal d'emploi — tout natif d'Ussel, la circonscription de Jacques Chirac, y était chaleureusement accueilli —, les Corses s'y sont taillé eux aussi un joli fief depuis 1977. « Propulser un Corse pour remplacer Chirac à la mairie de Paris a été une erreur, regrette même un insulaire, nous nous sommes trop exposés. »

La visibilité ne fait pas toujours bon ménage avec les réseaux, au contraire. Les Corses l'ont compris depuis longtemps : leur île est la seule région de France qui n'a ni maison de province ni office de tourisme dans la capitale. « Ce qui importe, ironise un haut fonctionnaire corse, c'est d'avoir un cousin là où il faut. »

Les liens du sang jouent un rôle important dans la géographie de l'influence insulaire à Paris. Dans la famille Tiberi, c'est le fils Dominique que l'on retrouve propulsé chef de cabinet de Roger Romani, ministre des Relations avec le Parlement. Chez les Dominati, Laurent, le fils, est destiné depuis le berceau à succéder à son père Jacques, député de Paris.

Pierre Pasqua, le fils de Charles, agent immobilier à Grasse, ne travaille pas officiellement avec son père, mais lui aussi est attiré par l'Afrique. Variante à droite du « Papamadit » de gauche, Jean-Christophe Mitterrand, il a des attaches avec le groupe Mimran au Sénégal. Et on le retrouve, via ses passions africaines, à la lisière de « Coopération 92 », une société d'économie mixte que son père a créée dans les Hauts-de-Seine, officiellement pour activer l'aide au développement.

Mais les Corses ont aussi le sens de la famille « élargie ». Henri Antona, l'influent PDG de Techni, une filiale de la Générale des Eaux qui contrôle une myriade de sociétés de nettoyage, de chauffage, de gardiennage et de travaux publics, toutes bien implantées dans les Hauts-de-Seine, n'a pas de lien familial direct avec Charles Ceccaldi-Reynaud, le maire de Puteaux, pilier des réseaux corses dans la région parisienne. Mais il sait pouvoir compter sur l'indéfectible appui de ce dernier.

Quand le jeune et impétueux Jean-Marie Messier, qui a succédé à Guy Dejouany à la tête de la Générale des Eaux, veut faire le ménage dans ses filiales, dont Techni, le maire de Puteaux lui envoie un message sans ambiguïté : « Pas question de toucher à Antona. »

Sujet tabou dans les Hauts-de-Seine, la « corse connection » est tout aussi rétive à la médiatisation en ce qui concerne ses attaches africaines. Le continent noir figure pourtant parmi les terres de conquêtes favorites de ces insulaires qui, privés de ressources naturelles et d'activités industrielles, firent carrière dans la coloniale ou partirent tenter leur chance outre-mer. Après la fin des colonies, la tradition perdure. Les « affaires africaines » se développent rarement sans qu'intervienne, dans les premiers rôles, une filière corse.

Né à Centuri, au cap Corse, André Tarallo est fils de percepteur. Lui aussi envisage une carrière dans l'administration puisqu'il est admis à l'ENA dans la promotion de Jacques Chirac. Mais ses amitiés énarchiques lui sont, au cours de sa carrière, moins précieuses que la fraternité entre « pays ».

Depuis près de trente ans, André Tarallo a géré les intérêts d'Elf en Afrique. Un poste surexposé, qui exige des talents de diplomate et un flair d'agent secret, l'autorité d'un chef de clan et les compétences financières d'un banquier suisse. Dans la sphère d'influence de la compagnie pétrolière, André Tarallo a collectionné les hommes de confiance corses : Pierre Graziani, de la Fondation Elf, Louis Dominici, ancien ambassadeur de France au Gabon, la principale « terre de mission » de Tarallo, ou plus récemment Charles-Henri Filippi, ancien des cabinets ministériels socialistes et directeur du Crédit commercial de France, administrateur des sociétés financières du groupe, qui sera écarté par le nouveau PDG Philippe Jaffré.

Tarallo est au centre de toutes les activités africaines d'Elf. Au Gabon comme dans toutes les autres zones pétrolifères, on pompe du pétrole, mais aussi... de l'argent. Deux activités délicates pour lesquelles le savoir-faire de « Tonton André » est incontournable. Loïk Le Floch-Prigent l'apprend dès son arrivée à la tête du groupe en mai 1989. Il veut s'en débarrasser et le met à la retraite à 64 ans, en septembre 1991. Mais il est obligé de lui conserver ses titres de patron d'Elf-Congo, d'Elf-Gabon et d'Elf-Trading, une filiale financière genevoise. Lors de ses ennuis judiciaires, Loïk Le Floch-Prigent tentera en vain de rejeter une partie des accusations sur Tarallo. Le « Tonton corse » a encore des amis influents, dans la maison comme à l'extérieur. Beaucoup plus que l'ancien PDG déchu.

Peut-on trouver plus bel exemple que Charles Pasqua comme symbole de la solidité du « clan des Corses » ? N'a-t-il pas réussi son ascension politique grâce à quelques parrains bien choisis ? Sans Achille Peretti, natif d'Ajaccio, ancien président de l'Assemblée nationale, maire de Neuilly dès 1947, sans René Tomasini, un des piliers de feu l'UDR, surnommé « Toto Fricotin » par *Le Canard enchaîné* et sans Alexandre Sanguinetti, une tête brûlée qui navigua longtemps d'un cabinet ministériel à l'autre, le jeune VRP de la maison Ricard n'aurait sans doute pas réussi le même brillant parcours.

Charles Pasqua est devenu parrain à son tour. Dans les Hauts-de-Seine, département sur lequel il règne sans partage, ses hommes de confiance sont tous corses. Il a même embauché un temps Bernard Tomasini, fils de son vieil ami René, comme chef de cabinet au ministère de l'Intérieur avant de le propulser préfet dans l'Orne. Quant à Michèle Merli, fille de Pierre, le député-maire UDF d'Antibes, elle a été recrutée par le préfet de police de Paris, Philippe Massoni, un compatriote qui a tissé ses propres réseaux dans la police.

Edouard Balladur, avant d'apprécier les réseaux Pasqua pendant la campagne présidentielle de mai 1995, s'en était ouvertement méfié. « Il va vous mettre des Corses partout », avait-il susurré à Jacques Chirac en mars 1986, au moment où celui-ci voulait nommer l'indispensable « Charlie » ministre de l'Intérieur. Perfide, il avait même ajouté : « Le sort des otages ne peut tout de même pas dépendre des croupiers de casino ! »...

Ce n'est pas un croupier de casino que Pasqua appelle alors auprès de lui comme spécialiste de l'antiterrorisme mais un ancien officier parachutiste, honorable correspondant du SDECE qu'il connaît depuis plus de vingt ans, Jean-Charles Marchiani. Détesté par la veuve de Georges Pompidou depuis l'affaire Markovic, une sordide manipulation organisée pour déstabiliser le Président de la République qui lui avait valu d'être écarté du SDECE, celui-ci fait jusqu'en 1986 une discrète carrière comme directeur de personnel chez Servair, la filiale restauration d'Air France, puis chez Thomson, dans le secteur de l'armement. Homme de l'ombre, il ne fonctionne qu'avec ses propres correspondants, tous des Corses, avec lesquels il communique exclusivement dans sa langue maternelle pour décourager les indiscrets. Ce qui lui permet d'échapper aux écoutes des « grandes oreilles » lors de ses tractations au Liban, puis en Bosnie, pour délivrer à chaque fois des otages français, simples touristes comme les époux Valente, journalistes comme Jean-Paul Kauffmann, ou militaires comme le lieutenant Souvignet et le capitaine Chiffot.

Son indépendance irrite sérieusement les autres intermédiaires patentés du RPR, entre autres l'avocat chiite libanais Robert Bourgi. Frère jumeau du patron de *Jeune Afrique*, il est une efficace passerelle entre Chirac et les chefs d'Etat africains. Cet ancien professeur de droit d'Abidjan déteste Marchiani et il a de bonnes raisons pour cela : celui-ci ne lui a-t-il pas proprement soufflé, pistolet au poing, les époux Valente que le Hezbollah venait de libérer sur le trottoir de l'hôtel Ambassador à Beyrouth ! De détestables bisbilles qui pourrissent le climat d'un RPR très sensible aux affaires africaines à travers son « Club 89 » dont Bourgi est délégué au développement.

Mais tout finit par s'arranger grâce au « clan »... Les Bourgi sont amis avec Charles d'Ornano, député-maire d'Ajaccio et, accessoirement, « parrain » de Charles Pasqua. Ornano convoque donc Pasqua pour lui expliquer que Bourgi fait partie du clan « par amitié » et qu'il ne veut pas d'histoires. Accommodant, « Charlie » convoque les deux impétrants et tranche : Marchiani s'occupera du Moyen-Orient — et du Var depuis 1996 puisqu'il y a été promu préfet —, et Bourgi de l'Afrique noire.

En Afrique, l'avocat libanais doit aussi composer

avec un ancien brigadier-chef originaire de Sartène, affecté un temps au commissariat de Clichy-la-Garenne. Charles Pasqua a choisi ce petit fonctionnaire de police, Daniel Léandri, pour gérer ses « affaires réservées » au ministère de l'Intérieur. Longtemps, cet homme au cheveu rare lui a servi de garde du corps. Les huissiers du Palais-Bourbon n'ont d'ailleurs pas oublié le jour où il a voulu entrer armé dans l'hémicycle dans le sillage de son patron ! Le brigadier-chef a eu de l'avancement. Du temps où Pasqua occupait la place Beauvau, Léandri, que l'entourage pasquaïen avait surnommé « le Tondu », travaillait dans un bureau contigu au sien. Ce Corse fidèle et efficace semble à l'aise en Afrique, où les familles au pouvoir fonctionnent peu ou prou comme les clans de sa région. « Lorsqu'il voyage sur le continent, écrivait François Soudan dans *Jeune Afrique*[1], nul ou presque ne le sait. Il ne loge pas dans les hôtels, ne voit pas l'ambassadeur de France en poste et presque jamais d'expatriés. » Le Quai d'Orsay lui-même ne l'apprend en général qu'après coup !

En juillet 1994, Léandri est même promu officier de l'ordre national ivoirien en présence du président Henri Konan Bédié, qui honore d'ailleurs ce jour-là un autre compatriote, le préfet Philippe Massoni.

« Mais depuis la dernière élection présidentielle, remarque un spécialiste, Léandri se rend beaucoup moins en Afrique, tous les échanges se font désormais par le biais de "Coopération 92" ». « Léandri l'Africain » n'en continue pas moins à veiller au grain. Car, parallèlement aux réseaux politiques se sont organisés des réseaux d'affaires. Charles Pasqua a beau jurer qu'il existe entre eux et lui une frontière étanche — l'homme, il est vrai, est davantage attiré par le pouvoir que par l'argent —, il existe à tout le moins des liens entre tous ces insu-

1. *Jeune Afrique*, 2 mars 1995.

laires. Ainsi, l'ancien ministre de l'Intérieur entretient-il d'amicales relations avec Michel Tomi, entreprenant promoteur des paris hippiques en Afrique. Le PMU est un vrai pactole : on parie gros dans la brousse sur les courses de Vincennes et de Maisons-Laffitte, dont les images sont relayées par Canal France International. Le même Michel Tomi, dont le frère Jean-Baptiste, ancien patron du casino de Bandol, est le maire très écouté de Tasso, en Corse-du-Sud, est d'ailleurs associé dans un autre domaine tout aussi lucratif, celui des machines à sous, avec Robert Feliciaggi, maire de Pila-Canale. Cet autre ami de Charles Pasqua et d'André Tarallo gère une cinquantaine de casinos en Afrique.

Outre leurs lucratives activités africaines, ces Corses jouent un autre rôle, plus politique, en faisant passer à l'occasion des « messages » aux militants nationalistes locaux. Jusqu'à l'automne 1996, la continuité, du cabinet Pasqua à celui de Jean-Louis Debré, était assurée par Léandri. A son arrivée, le nouveau ministre de l'Intérieur l'avait pourtant mis à la porte de son cabinet. Mais l'obstiné était revenu et Debré avait cédé. Il a fallu la reprise des attentats, le gel des tractations, le chantage terroriste, pour discréditer le réseau pasquaïen et indisposer jusqu'au Président de la République. La sanction est tombée, brutale. Léandri qui avait été à ses débuts garde du corps de Jacques Chirac — en novembre 1978, il gardait la porte de sa chambre à l'hôpital Cochin après son accident en Corrèze — se voit congédié par Debré sur ordre élyséen. Pasqua, en froid avec Matignon, ne peut rien faire, sinon bouder ostensiblement, et critiquer ouvertement l'éviction de son protégé. Qu'il continue de couver dans sa garde rapprochée.

Un Corse à chaque poste stratégique. Cette devise simple, Charles Pasqua n'a cessé de l'appliquer. Même si, des compagnons de Résistance aux anciens de Ricard avec lesquels il a commercialisé le célèbre pastis, ses accointances sont diversifiées, seul un insulaire peut prétendre à bénéficier de sa totale confiance. « Impossible de faire carrière dans les Hauts-de-Seine si l'on n'est pas corse », prétend un de ses rivaux. L'affirmation est sans doute exagérée, mais les postes « sensibles » leur sont réservés. Ainsi, c'est à un de ses intimes, Dominique Vescovali, longtemps cadre supérieur chez Bull, qu'il a confié depuis 1981 le soin de gérer les finances des associations opportunément créées au fil de sa carrière. Aussi incolore que Daniel Léandri, ce spécialiste des fichiers informatiques qui a été dépêché dans le Var pour contrer tout à la fois le PR et le FN, a été souvent suspecté, bien qu'il s'en défende énergiquement, de jouer un rôle déterminant dans les circuits de financement du RPR.

Corses et coups tordus riment pourtant ensemble, parfois. C'est à une filière cent pour cent insulaire que Pasqua avait demandé, en mai 1986, d'organiser l'évasion vers le Brésil d'Yves Chalier, un des acteurs de l'affaire du « Carrefour du développement », un dossier explosif de détournements de fonds au ministère de la Coopération.

De l'autre côté de l'Atlantique, deux compatriotes du ministre de l'Intérieur, Julien Fillipedu et Jean-Paul Rocca-Serra, des fabricants de vidéopokers électroniques, accueillent Yves Chalier à bras ouverts. Et c'est un jeune médecin natif de l'île de Beauté, en voyage au Brésil, qui ramène aux affidés de Pasqua le rapport circonstancié des péripéties du dossier « Carrefour » que Chalier a rédigé au calme...

De l'Afrique au Brésil, la « mafia » corse ne connaît pas de frontière. Mais son univers de prédilection demeure la politique, où elle se déploie au mépris des clivages partisans. Les Corses francs-maçons ont longtemps fréquenté, toutes tendances confondues, une même loge rattachée au Grand Orient, créée en 1985 et baptisée « Loge Pasquale-Paoli », pour réfléchir sur les tensions nationalistes.

L'UDF José Rossi y discutait ainsi du projet Joxe avec l'industriel Henri Antona, longtemps encarté à la SFIO avant de pencher pour le RPR.

Même si l'intergroupe parlementaire qui réunissait dans les années 60 près de soixante-cinq députés et sénateurs de l'île de Beauté a vécu, une autre amicale a pris le relais, celle des « parlementaires et membres du Conseil économique et social d'origine corse ». Elle accueille des Corses de naissance comme Jean Tiberi ou les Dominati père et fils pour la mairie de Paris, les ministres Xavier Emmanuelli et Pierre Pasquini, les élus des Hauts-de-Seine Charles Ceccaldi-Reynaud, André Santini et Charles Pasqua, le président du Conseil économique et social Jean Mattéoli, mais aussi François Léotard et Michel Charasse (corses par leur mère). Elle a même adopté un homme du continent, le très influent conseiller élyséen Maurice Ulrich, qui se partage entre Paris et sa résidence de Propriano.

La règle veut que ce club, présidé par Paul d'Ornano, l'un des deux sénateurs des Français de l'étranger, se réunisse tous les deux mois dans la salle à manger d'un ministre corse en exercice. Un groupe de guitaristes se joignait parfois aux convives pour entonner quelques ritournelles locales. Aujourd'hui, le cœur n'y est plus, paraît-il. L'amicale est fort préoccupée par les « dossiers chauds » de l'île et craint peut-être de se faire supplanter par un réseau régional en pleine expansion depuis l'élection de Jacques Chirac.

Corrèze, chef-lieu Elysée

A chacun son tour : les Auvergnats ont eu leur heure de gloire avec Valéry Giscard d'Estaing, les Nivernais avec François Mitterrand. A la fois horizontaux — entre expatriés — et verticaux — de Paris vers le département —, les réseaux corréziens fonctionnent à plein régime depuis mai 1995. « Je suis le concierge de la Corrèze, ironise Bernard Murat, le député-maire de Brive qui a découvert la puissance des Corréziens de Paris. Dans les dîners parisiens, mon assiette n'a cessé de se rapprocher de celle de la maîtresse de maison depuis l'élection de Jacques Chirac. »

Un pèlerinage à Brive s'impose désormais pour tous les ministres chiraquiens, promus, de fait, membres d'honneur de la confrérie corrézienne. Corinne Lepage, Guy Drut, Jean-Louis Debré, Eric Raoult, Jacques Toubon, Philippe Douste-Blazy, Anne-Marie Couderc, ils s'y sont tous rendus. Une aubaine pour Bernard Murat. Ancien cadre dirigeant de l'industrie pharmaceutique, plutôt novice en politique, il profite des Corréziens influents à Paris pour s'épanouir localement. Le patron d'Havas, Pierre Dauzier, par ailleurs président du Club athlétique de Brive (CAB), lui a par exemple facilité l'accès à ses propres réseaux. « Comme par miracle, dit-il, les portes se sont ouvertes : Jean-Claude Decaux est venu me voir, Martin Bouygues m'a invité. »

Beaucoup plus prestigieux encore, un certain Patrick Boudot, ancien élève du CES d'Argentat, plus connu des téléspectateurs sous le nom de Patrick Sébastien, fait à l'automne 1996 sa rentrée audiovisuelle sur France 2 en direct ou presque de la grande halle de Brive. Au premier rang, Monsieur le maire et sa femme applaudissent à tout rompre le saltimbanque venu planter ses caméras pour une émission hommage à Georges Brassens. *Les copains d'abord*, qu'il fredonne sur quatorze voix, était de circonstance. Président de la section rugby du CAB, Patrick Sébastien assure une excellente publicité à Brive qui le lui rend bien : la municipalité n'a-t-elle pas dépensé 500 000 francs pour accueillir l'enfant du pays ?

Irrésistible Corrèze ! Le Corse Jean Tiberi, maire

de Paris et employeur à l'Hôtel de Ville de près de 2 000 exilés du plateau de Millevaches et des environs, a accueilli à bras ouverts avec sa femme Xavière, début 1996, la réunion annuelle de l'Association des originaires de l'arrondissement d'Ussel. Une association de près de 1000 membres que préside l'avocate Françoise Gallot-Monod, la petite-fille de l'ancien président du Conseil Henri Queuille, et épouse du très chiraquien Jérôme Monod, patron de la Lyonnaise des Eaux.

Même si, comme le note Jérôme Cordelier, un journaliste parisien aux attaches corréziennes, « on reste, même dans la capitale, de basse ou de haute Corrèze », jamais le label corrézien, quel que soit le village d'origine, ne s'est si bien porté.

« Corrèze Développement », l'une des multiples associations « corrézolâtres », n'est d'ailleurs pas très regardante sur la nature des « racines ». « Nous considérons comme originaires, écrit-elle à un candidat à l'adhésion, tous ceux qui sont attachés à notre département même s'ils n'y sont pas nés, explique un de ses représentants. Des liens familiaux, surtout avec des références rugbystiques, sont largement suffisants pour être admis dans Corrèze Développement qui est aussi un groupe très convivial... »

Tout aussi prosélyte, un tout nouveau groupement, « Les Corréziens de Paris », est né presque un an jour pour jour après l'élection providentielle. Suscité par un avocat natif de Brivezac, Me Olivier Chazoule, il affiche des préoccupations très terre à terre : trouver un logement au dernier arrivé, mettre en contact restaurateurs « régionaux » de la capitale et fournisseurs de viande limousine, dénicher des stages chez des grands patrons corréziens, etc. Ceux-ci, il est vrai, sont nombreux : Dumez, CityBank, Rhône-Poulenc, Havas, sont des entreprises accueillantes pour les exilés. Afin d'aider les nouveaux venus à se repérer dans la jungle parisienne, un expert-comptable, Pierre Godet, a même concocté un « Quo Quë » (« Qui est qui » en patois) qui recense près de 2 000 compatriotes sur une communauté qui en compte 20 000 à 50 000 selon les estimations. La première édition 1997 de ce *Who's Who* corrézien est d'ailleurs une véritable mine pour celui qui veut rentabiliser au mieux la fibre régionale. Un mois à peine après la sortie de ce guide, un conseiller de clientèle d'une grande banque parisienne prospectait déjà ses congénères...

« Les Corréziens sont plus malins que les autres, mais ils n'ont pas envie que ça se sache », ironise l'écrivain Denis Tillinac dans un livre-hommage à ses compatriotes, recension des célébrités locales, écrit avec Pierre Dauzier[1]. « Ils se débrouillent remarquablement bien, confie le nordiste Jacques Duquesne, citoyen d'adoption d'Eygurande par sa femme, la Corrèze exporte des hommes qui prennent des places importantes. »

Alors, les anciens aident les plus démunis. « Moi-même, raconte Tillinac, je me souviens d'un bistrot du boulevard Beaumarchais où, jeune étudiant fauché, j'allais emprunter des ronds avec ma carte d'identité corrézienne ! » Le « système » d'entraide est parfaitement huilé. « Chaque canton, chaque village, dispose d'un "puissant" qui reçoit le jeune en quête d'emploi ou de logement. Nul ne déroge à cette tradition d'entraide. » Voilà qui est clair.

Jacques Chirac, en embauchant des Corréziens par brassées à l'Hôtel de Ville, n'a fait qu'entretenir une « coutume » initiée par « le bon docteur Queuille ». Tout Corrézien débarquant de la gare d'Austerlitz dans les années 50 filait en effet tout droit rue du Cherche-Midi chez l'ancien président du Conseil chercher un « plaçou »...

Cette tradition est tellement ancrée qu'un Corrézien fidèle comme le socialiste René Teulade avoue

1. Pierre Dauzier et Denis Tillinac, *Les Corréziens,* Robert Laffont.

sans états d'âme qu'il a placé pas mal d'anciens élèves de son collège d'Argentat dans les services de la Fédération nationale de la mutualité française quand il en était le président. Le même Teulade disposait en banlieue d'un réseau de maires amis qu'il sollicitait régulièrement pour héberger un « pays ».

Pierre Dauzier, le PDG de Havas, reconnaît, de son côté, qu'il a casé au moins deux cents Corréziens. Quant à Daniel Broussouloux, promoteur de l'association « Corrèze Développement », il se présente comme « le cas-type du Corrézien que d'autres Corréziens ont aidé à démarrer » : après un doctorat de droit, il entre à la COFACE où, heureux hasard, le chef du personnel est corrézien...

« Si j'ai pu acheter le restaurant "Les Charpentiers", raconte Pierre Bardèche, également propriétaire dans le VIe arrondissement d'un restaurant de poissons, c'est parce qu'un conseiller juridique corrézien m'a mis sur le coup. Les propriétaires l'étaient aussi. Je n'avais pas les moyens d'acheter le restaurant, mais ils m'ont fait confiance. » Depuis, Pierre Bardèche est devenu l'un des piliers du clan — Jacques Chirac a fêté chez lui ses soixante ans et organisé plusieurs dîners de campagne présidentielle —, tout comme le propriétaire de la brasserie Thoumieux qui, sur une quarantaine de personnes, emploie beaucoup de natifs du département.

Au Palais de Justice, le cercle interprofessionnel des avocats corréziens du barreau de Paris truste les clients du cru. Me Jean-Louis Aujol, né au début du siècle, qui plaida lors du procès de la Cagoule et de l'affaire de l'Observatoire, s'était, entre autres, fait une clientèle à Rungis auprès des expéditeurs locaux. En 1946, il s'associe avec Me Jean-Louis Lachaud, un briviste ataviquement passionné de rugby, défenseur de la Fédération française de rugby. A son tour, Me Lachaud recrute en 1988 un autre briviste, Me Grégory Martin. La solidarité des avocats originaires de Corrèze — une soixantaine sont répertoriés dans le « Quo Quë » — est telle qu'ils se flattent d'avoir eu deux bâtonniers parmi eux, Me Jean Couturon et plus récemment Me Philippe Lafarge, qui a compté jusqu'à sept membres de sa famille au Palais ! « Et l'avocat des éditions de la Table Ronde est bien sûr corrézien », s'amuse son PDG, Denis Tillinac.

Dans la haute fonction publique aussi, les liens corréziens viennent renforcer les liens énarchiques : deux anciens énarques du cru ont même créé une « section corrézienne » au sein de l'association des anciens !

Mais la plus originale des solidarités professionnelles et régionales est « l'Ecole de Brive », mi-bande de joyeux épicuriens, mi-clan littéraire. Le fondateur de cette amicale fratrie, Jacques Peuchmaurd, fils d'un commis boucher monté à Paris, est directeur littéraire chez Robert Laffont depuis plus de quarante ans. Au cours d'un séjour en Corrèze, il rencontre au début des années 50 le Limousin Georges-Emmanuel Clancier, auteur de la tétralogie *Le Pain noir*, qui lui présente l'écrivain Michel Peyramaure. Ce nom lui est connu : leurs épouses ont fréquenté le même collège...

Quelques années plus tard, Peyramaure lui recommande chaudement un ami paysan et écrivain, Claude Michelet. Cela se passe en 1974 autour d'un vin d'honneur donné à l'occasion de la première Foire du livre qui se tient dans la grande halle du marché de Brive, devenue aujourd'hui un salon du livre réputé. Ironie de l'Histoire : Claude Michelet est le fils du gaulliste Edmond Michelet qui avait dans les années 30 initié une « Ecole de Brive », sorte de cercle intellectuel démocrate-chrétien.

Christian Signol est le fils d'un commerçant du cru chez qui l'éditeur va faire ses courses. Un jour, sa mère confie que « le petit » écrit... Sous la houlette de « Peuch », il devient fabricant de best-sellers. Quant à Tillinac, journaliste localier à Tulle avant d'émigrer à Paris, c'est son livre au titre nostalgique *Spleen en Corrèze* qui a ému Peuchemaurd.

Ainsi se forme « la bande des cinq ». Ils ont en commun, selon Tillinac, « la conscience de s'inscrire dans une filiation de paysans pauvres mais malins, têtus mais capables de diplomatie, un peu secrets mais ouverts à autrui comme nos monts s'ouvrent sur le sud ». Producteurs féconds d'une littérature populaire dans la grande tradition des auteurs du XIXe siècle, ils ont un sens aigu de la solidarité. Quand un auteur est interviewé, il évoque les autres. Tous ont fait de l'Ecole de Brive un label efficace et une manière de s'imposer face à l'intelligentsia parisienne qui les boude en dépit de leurs tirages — entre 50 000 et 500 000 exemplaires.

La bande des cinq qui s'est enrichie entre-temps d'un sixième larron, Gilbert Bordes, n'est plus tout à fait ce qu'elle était du temps de Robert Laffont. L'arrivée de l'éditeur Bernard Fixot, qui a pris la place du fondateur, a précipité Christian Signol, l'auteur de la très télégénique « Rivière Espérance », dans les bras de l'éditeur Albin Michel. Spleen en Corrèze ? Comme dirait Tillinac, « peu importe, nous nous sommes bien amusés ».

Les Corréziens de Paris ne l'avouent pas publiquement, mais ils regrettent le temps où « Jacques » régnait à l'Hôtel de Ville. Impensable d'aller au « Château » le solliciter aussi familièrement qu'autrefois. Certes, une informelle cellule « Corrèze », qui ne figure pas sur l'organigramme officiel, a été mise en place à l'Elysée sous la férule du Treignacois Jean-Louis Fargeas, l'ex-secrétaire général de la préfecture. Il traite les demandes « locales » tout en rendant compte à Annie Lhéritier, chef de cabinet du Président. Véritable cordon ombilical avec le département, longtemps en charge d'une cellule identique à la mairie de Paris, promue préfet à l'été 1996 tout en gardant son poste élyséen, cette native d'Aix en Corrèze continue à veiller à la bonne marche des affaires corréziennes. Il arrive aussi que le Président intervienne directement pour donner un coup de main à un « pays ». Ainsi, le directeur général du Printemps a-t-il reçu un coup de fil de Jacques Chirac lui recommandant de bien traiter une chef de rayon de son magasin. La raison d'une telle sollicitude ? Il ne s'en est pas caché : la dame est... corrézienne. De son côté, Bernadette Chirac, élue du canton de Sarran, s'active pour la bonne cause. Sur son bureau s'accumulent les suppliques pour aider à l'implantation d'une entreprise en basse Corrèze, trouver du travail ou un logement à un jeune qui débarque...

Cette diaspora discrète, en sourde rivalité avec les Corses à la mairie de Paris, doit elle aussi vivre avec les « affaires ». Elle n'a guère apprécié que les démêlés politico-affairistes du RPR à la mairie de Paris aient pu jeter la suspicion sur des pratiques jusque-là considérées comme de la solidarité bien comprise.

Quand, le 10 juin 1996, près d'un millier de Corréziens se pressent dans les salons de la Maison de la Chimie, à Paris, à l'invitation de cinq élus locaux et de la très active présidente du Comité départemental des Chambres économiques de Corrèze, Michèle Chezabiel, pour lancer une exposition sur les « savoir-faire industriels » du département, personne n'évoque les sujets qui fâchent. Pourtant, le réseau déplore que l'actualité ait malencontreusement mis en vedette l'un des leurs, illustrant ainsi les perversités d'un système d'entraide poussé jusqu'à la caricature. Un système dénoncé par quelques militants écolos, membres d'un activiste « Forum des contribuables » dont le but n'est ni plus ni moins de « contrôler la gestion des finances publiques et d'obtenir une meilleure transparence de l'utilisation de l'impôt »...

Dans leur collimateur, un obscur militant de la fédération RPR de Corrèze, Philippe Ceaux, un ancien garçon de café, heureux bénéficiaire d'un

« emploi » à l'Hôtel de Ville parisien. S'appuyant sur le témoignage de l'impétrant qui s'était confié aux auteurs de *La Razzia*, deux journalistes du *Canard enchaîné*[1], le « Forum des contribuables » a saisi le tribunal administratif mais celui-ci a rejeté leur demande. « Ma fonction, avouait naïvement le militant RPR aux deux auteurs, consistait à recevoir des demandes de travail et de logement des Corréziens s'installant à Paris. » On ne saurait être plus franc... Depuis, Philippe Ceaux a été récupéré par son protecteur, l'ancien ministre et maire de Tulle Raymond-Max Aubert. Le militant RPR n'était d'ailleurs pas le seul à bénéficier d'une telle entraide. André Vidal, le maire de Soursac, aurait été « employé » lui aussi à la mairie de Paris jusqu'en 1992. Quant à Annie Lhéritier, elle faisait travailler quatre employés de la ville pour le seul bénéfice des administrés d'Ussel et ses environs.

Un autre Corrézien, tout aussi soucieux de ses concitoyens, a dû rendre des comptes à la justice pour des faits encore plus graves. Georges Pérol, ancien maire de Meymac et patron de l'office des HLM de Paris, le si bien nommé OPAC, a été mis en examen pour « trafic d'influence » par le juge Eric Halphen. A en croire son ancien adjoint François Ciolina, l'identité corrézienne était un sésame. Il était fréquent, selon celui-ci, que des architectes aux attaches corréziennes se retrouvent à la tête de quelques lucratifs bureaux d'études, intermédiaires obligés entre l'OPAC et les entreprises en bâtiment. Plus cocasse, quand l'entreprise OTIS voulut emporter, contre ses concurrents, l'entretien des 3 000 cabines d'ascenseurs des HLM parisiens, certains de ses cadres firent état de leurs origines corréziennes ! L'argument ne fut sûrement pas le plus décisif, mais OTIS et ses Corréziens décrochèrent le marché...

1. Alain Guédé et Hervé Liffran, *La Razzia*, Stock, 1995.

« L'appartenance régionale l'emportait sur l'étiquette politique pour obtenir un logement aux HLM », raconte également un élu de gauche qui a fait bénéficier plusieurs concitoyens de cette « préférence corrézienne ». Un clientélisme qui n'a pas suffi à Georges Pérol pour connaître une paisible fin de carrière. Celui-ci était pourtant persuadé que l'immunité corrézienne jouerait en sa faveur. « Maintenant que Jacques est à l'Elysée, je vais m'occuper des journalistes qui racontent n'importe quoi », répétait-il à qui voulait l'entendre après l'élection présidentielle. Las ! Le soutien de « Jacques » ne lui fut pas d'un grand secours politique. Car les Meymacois eux-mêmes, lassés de ce maire courant d'air peu sensible aux problèmes quotidiens l'ont éjecté en juin 1995 après trois mandats municipaux.

« Affaires » ou pas, le réseau corrézien fait en tout cas suffisamment fantasmer pour que certains revendiquent, même s'ils n'ont aucune légitimité pour cela, une improbable origine corrézienne ! Le restaurateur Pierre Bardèche, qui signe depuis longtemps ses lettres à Jacques Chirac « Très corréziennement vôtre », constate avec amusement que la formule a fait florès. Une usurpation d'identité qui amuse les autochtones autant qu'elle les rassure : « l'étage des Corses » n'a qu'à bien se tenir !

CHAPITRE II

S'entraider

En matière de réseaux, le ministre de l'Intérieur croyait s'y connaître. N'avait-il pas l'habitude de s'appuyer sur de solides amitiés glanées dans les différentes strates de sa vie ? Les Corses, les résistants, les vétérans de Ricard, les baroudeurs de l'Algérie française reconvertis, les durs de l'extrême droite, c'était autant de viviers parfaitement identifiés sur lesquels il savait pouvoir compter. Mais, pour la première fois de sa carrière, en ce mois de mars 1987, Charles Pasqua se sent démuni. Il doit affronter une « fraternelle » que son expérience, pourtant éclectique, ne l'a pas conduit à cajoler.

Un de ses collaborateurs, Dominique Latournerie, directeur des libertés publiques et des affaires juridiques, vient en effet de commettre une bourde. Il a menacé d'interdire une douzaine de revues « présentant un danger pour la jeunesse en raison de leur caractère licencieux ou pornographique, ou de la simple place faite au crime et à la violence ». Parmi celles-ci, le magazine *Gai-Pied*, un hebdomadaire qui tire à 20 000 exemplaires, et dans lequel, de Dalida à Jean-Paul Sartre, tous les sympathisants « chic » de la communauté s'expriment. Yves Mourousi y a posé pour la publicité d'un bar gay des Halles. Jack Lang y a donné une longue interview : « C'est un journal bien fait, que je lis régulièrement. Il est intelligent, fin et courageux. j'y trouve des études, des faits originaux. En cela, il est culturel, au sens plein et vivace du terme », s'enthousiasmait l'ancien ministre de la Culture.

En vérité, Dominique Latournerie n'a fait qu'exécuter des ordres. Pasqua, qui n'entend pas laisser à la seule extrême droite la défense de l'ordre moral, a décidé de se lancer dans une campagne d'« assainissement » de la presse. Sont également touchés *L'Echo des savanes* et *Newlook*. Mais c'est l'interdiction du *Gai-Pied* qui soulève une tempête.

Hugo Marsan, le rédacteur en chef du *Gai-Pied*, et Gérard Vappereau, le directeur de la publication, lancent des appels à l'aide. Le « réseau », à la fois informel et organisé, se mobilise aussitôt. D'après la loi, le journal dispose de quinze jours pour présenter ses observations. En fait, vingt minutes après la réception de la lettre « liberticide », un véritable conseil de guerre se met en place. « Envoi d'un communiqué à toutes les rédactions, coursiers expédiés tous azimuts, les ordinateurs crachent les listings de personnalités à contacter, les carnets d'adresses persos sont mis à contribution », raconteront par la suite les « anciens combattants »[1].

Des homosexuels du « Mouvement des Gays libéraux », un mouvement proche de la majorité, alertent des députés de leur camp. François Léotard s'enrôle dans le club que *Le Gai-Pied* improvise pour organiser sa défense. Actionné par des conseillers homosexuels de son cabinet, le ministre de la Culture encense même la publication au « Club de la Presse » d'Europe 1 : « J'ai découvert ce journal pour la première fois à l'occasion de cette affaire. Je l'ai lu avec attention et il m'a beaucoup intéressé. »

Conforté par d'autres personnalités de gauche, Jack Lang apporte son soutien au magazine. A l'Assemblée nationale, il offre ostensiblement au ministre de l'Intérieur les œuvres complètes de Rabelais. Et il se rend au « Musée de l'horrible » — une exposition des turpitudes d'une certaine presse organisée par Dominique Latournerie — avec une reproduction d'un dessin pornographique de Picasso...

Jacques Chirac comprend que les gays ne désarmeront pas. A Pasqua qui tente de justifier cette opération de moralisation, le Premier ministre répond sèchement : « Il faut annuler la menace visant *Le Gai-Pied* pour calmer les homos qui agitent tout le monde. » Le ministre de l'Intérieur s'incline. Quelques jours plus tard, Dominique Latournerie écrit au magazine : « J'ai décidé que la procédure actuellement en cours n'aurait pas de suite... »

« Charles Pasqua aurait-il mis la pédale douce ? »

1. « La Menace, Histoire d'une interdiction avortée », *Gai-Pied Hebdo*, n° 263.

interroge finement un journaliste du magazine réhabilité en annonçant la « débandade » de celui que *Libération* avait rebaptisé « L'inspecteur La Censure ». *Le Gai-Pied* peut en effet se réjouir : les « homos » ont fait plier les « hétéros ».

Ni de droite, ni de gauche : homos

Les homosexuels, bien sûr, ne forment pas une population homogène. « Il existe sans conteste des loisirs identiques, somme de bars, de librairies et de discothèques. Mais il ne s'agit pas dans ce cas d'une véritable "communauté", explique Frédéric Martel, un jeune sociologue auteur d'un ouvrage sur l'histoire des mouvements gays depuis 1968[1]. En revanche, il existe probablement une "communauté de destin", insaisissable et floue, qui a conscience de certaines discriminations, et qui lutte contre le sida. Enfin il y a aux Etats-Unis un militantisme homosexuel plus politique. »

En France, des dissensions perdurent depuis les années 70 entre une minorité très revendicative, avide de « visibilité », et une majorité silencieuse qui préfère les complicités discrètes, sans parler des bisexuels qui s'abritent derrière une conjugalité de façade, mais savent parfaitement jouer de leurs « amitiés particulières » s'il est besoin.

Souvent, l'appartenance sexuelle efface les clivages politiques. En mai 1979, des observateurs s'étaient étonnés lors du 25ᵉ congrès d'Arcadie, une association d'« homophiles » comme ils s'appelaient eux-mêmes, classée à droite et cornaquée par un ancien séminariste André Baudry, d'y voir des écrivains proches de la gauche comme les écrivains Jean-Paul Aron et Dominique Fernandez ou le philosophe Michel Foucault. En fait, dès sa création en

1. Frédéric Martel, *Le Rose et le Noir,* Seuil, 1996.

1954, Arcadie accueille un réseau d'amis, toutes opinions confondues. Les nouveaux membres sont soumis à un rituel d'admission. Accompagnés par un « parrain », ils sont présentés à André Baudry sous leur véritable identité. Mais vis-à-vis de l'extérieur, ils se réfugient derrière un pseudonyme, quand ils signent par exemple des articles dans leur revue. C'est le cas du directeur de la publication, un haut fonctionnaire des Archives de France, et des pigistes occasionnels, un ancien officier de l'armée française, un magistrat connu, quelques professeurs d'université...

Les papes de ce club très fermé sont, outre le jeune professeur de philosophie André Baudry, l'écrivain André du Dognon, le mondain Jacques de Ricaumont, et le diplomate Roger Peyrefitte. Tous ces amoureux du sexe fort se veulent aussi clandestins que possible. A la notable exception de Roger Peyrefitte. Grand-père de l'« outing », cette pratique militante made in USA qui consiste à dénoncer les homos honteux, il « balance » sans discernement... Vingt ans plus tard, Arcadie reçoit une deuxième génération d'homosexuels, souvent plus militants qui s'en iront d'ailleurs créer d'autres mouvements plus gauchistes, précipitant ainsi la disparition de ce club distingué.

Demeure néanmoins, en dépit des aléas et des vicissitudes de tous ces mouvements de « libération », plus ou moins éphémères, plus ou moins provocants, comme une société d'entraide mutuelle. Soudée dans une marginalité partagée, réagissant contre ce qui est ressenti, à tort ou à raison, comme l'homophobie ambiante.

« C'est ce que j'ai compris, explique un ancien ministre "hétéro", un soir de juin 1981 où un de mes copains homos m'a emmené dîner "entre garçons" chez un de ses amis. Là, avenue Foch, dans les salons d'un PDG d'une grande entreprise métallurgique, j'ai assisté à la cohabitation avant l'heure.

Dieu sait si à cette époque la droite éructait contre Mitterrand. Or là, miracle, d'anciens ministres de Giscard conversaient plus qu'aimablement avec des membres du cabinet Mauroy. Autour de la table, deux conseillers d'Etat, un préfet et quelques écrivains dont je ne soupçonnais pas l'intimité échangeaient des informations et cherchaient comment se rendre service. Ce soir-là, j'ai mesuré la puissance du réseau homosexuel. »

Un réseau d'autant plus solide qu'il est assuré, au nom du respect de la vie privée, d'un incontournable anonymat. Ecrivant en 1986 un ouvrage sur *Les Intellocrates*, Hervé Hamon et Patrick Rotman renoncèrent à évoquer les complicités homosexuelles. Pourtant, plus d'un critique littéraire, à l'instar d'un Gilles Barbedette, aujourd'hui décédé, d'un René de Ceccaty ou d'un Hugo Marsan, journalistes de la « grande presse », signaient déjà ouvertement dans *Le Gai-Pied*. Ce n'est pas que les uns et les autres se cantonnent exclusivement dans la critique d'ouvrages d'auteurs amis. Mais le choix d'un éditeur, le lancement d'un livre ou d'un spectacle, un passage à la télévision dépendent aussi, parfois, de ces solidarités de mœurs qui se révèlent rarement moins efficaces que l'esprit de chapelle favorisé par nos grandes écoles.

Comme dans tous les milieux, ce réseau se manifeste le plus efficacement dans ce qu'un journaliste britannique, Tim Heald, auteur de *Networks*[1], appelle « la haute communauté homosexuelle ». « Un homosexuel londonien qui dispose de bonnes relations, écrit-il, a toujours été reçu par la société correspondante à New York comme à Paris. »

Quelques militants affichés de la cause s'irritent de ces secrètes connivences quand elles tendent à influer clandestinement sur la vie politique. « Je suis un peu agacé par ces copinages ministériels où tout

1. Hodder et Stoughton éditeurs.

se passe dans l'ombre », fulminait Jean-Paul Pouliquen dans le magazine gay *Illico* de mai 1995. A la tête du Collectif pour le contrat d'union civile, sorte de cadre juridique du concubinage, il s'affiche en effet comme lobbyiste actif agissant au grand jour.

Dans le même magazine, Henri Maurel, l'ancien directeur de cabinet d'Yvette Roudy, aujourd'hui patron de la station de radio « Fréquence Gaie », soulignait au contraire sans complexes le rôle du réseau dans le vote de certaines lois. « Quand Yvette Roudy a obtenu que sa loi anti-sexiste concerne aussi les homosexuels, il n'y a pas eu d'éditos dans les journaux pour obtenir cela. De même, c'est de l'intérieur qu'on a pu obtenir de Bérégovoy que sa loi sur l'étendue de la couverture sociale au conjoint ne soit pas discriminatoire vis-à-vis des homosexuels. »

Il est vrai que les hommes politiques eux-mêmes accordent suffisamment d'importance à cette communauté pour s'entourer de représentants certes officieux, mais dont le rôle est clairement perçu par les intéressés. « Le succès de Gaston Defferre vient du fait qu'il avait toujours eu ses Arméniens, ses Grecs... Quand il y a eu des pédés, il a eu des pédés », explique crûment Jacques Fortin, président du Groupe de libération homosexuelle à Marseille dans les années 80, à l'auteur du livre *Le Rose et le Noir*. Même le très traditionaliste Hervé Gaymard, ministre de la Santé d'Alain Juppé, s'est assuré un relais avec le milieu homosexuel en recrutant un ancien chargé de mission de la lutte anti-sida à la mairie de Paris.

Grand expert en réseaux, le socialiste Laurent Fabius avait lui aussi été convaincu par sa femme Françoise, sa « tête chercheuse » dans bien des milieux, de l'intérêt d'avoir ce genre de relais. En 1981, il existe bien une association « Homosexualité et socialisme », mais elle est proche de Lionel

Jospin. Une vraie tare alors que la guerre des courants fait rage au PS. Fabius encourage donc, en 1984, la création d'une autre association, les « Gais pour les libertés » (GPL). Les voies du clientélisme sont décidément multiples... Présidé par Henri Maurel qui avoue adorer « réseauter », GPL organise manifestation sur manifestation : « cross pour les libertés », dîners-débats, gala à l'Opéra... C'est Françoise Fabius qui a l'idée de ce fameux gala très gauche caviar très généreusement subventionné. « Mes petits chéris, annonce-t-elle fin 1985 à Jean Javanni, vice-président de ce mouvement, et quelques amis réunis à Toulouse, je viens d'avoir une idée terrible ! On va vendre des objets d'art à l'Opéra de Paris. Et toi, Jean, comme t'es séropo, je t'embrasserai sur scène[1] ! » Le gala est un gros succès — certaines places étaient vendues 2 500 francs — mais à l'heure des comptes, il y a quelques grincements de dents : trop de factures douteuses, trop d'argent mystérieusement envolé, pas assez de fonds réellement employés à leur destination d'origine, la lutte contre le sida.

Cela ne décourage pas ces militants, follement tonton-maniaques, qui activent leurs réseaux pour la candidature de François Mitterrand en 1988. Dans la foulée, ils participent dans la mesure de leurs moyens à la campagne des législatives. Ainsi, Maurice Bennassayag, candidat dans le IVe arrondissement de Paris, celui du Marais, fait la tournée des bars gays en compagnie de Maurel et ses amis.

Pourtant, l'idylle entre Fabius et le GPL tourne court. Henri Maurel qui a été hébergé après 1988, grâce au nouveau président de l'Assemblée nationale, dans les bureaux de l'Hôtel de Lassay, lâche son protecteur dès que celui-ci est en difficulté. Attaqué dans l'affaire du sang contaminé, Laurent Fabius se retrouve seul, face aux associations anti-

1. *Politis*, mai 1993.

sida qui l'accusent d'avoir agi par cynisme industriel en ne hâtant pas la mise en place d'un test de dépistage sanguin américain.

L'alternance « gay »

Si la nature d'un réseau est de traverser, sans trop de dommages, les alternances, alors « le réseau homo » est très fort. Durant la dernière décennie, la France a vécu deux cohabitations qui n'ont fait que renforcer des solidarités indifférentes aux clivages classiques. On a même vu pendant la campagne présidentielle de mai 1995 deux piliers de la gauche, Pierre Bergé et Frédéric Mitterrand, rallier le camp adverse en entraînant dans leur sillage moult amis. L'artisan de ces ralliements spectaculaires et de quelques autres, plus discrets, est un homme peu connu du grand public, mais apprécié du sérail, toutes tendances confondues. Il travaille à l'époque de la campagne présidentielle à la direction des affaires culturelles de la mairie de Paris et connaît parfaitement les mœurs du milieu.

A l'origine, il est professeur d'histoire et de géographie à Egletons et à Tulle, en Corrèze. Il fait ensuite ses classes parisiennes sous la houlette de Michel Guy, ministre de la Culture de VGE, qu'il a rencontré au Festival d'Avignon. Un ministre cultivé, très ouvert, qui conviait souvent ses amis danseurs et chorégraphes à dîner au « Sept ». Ce haut lieu de la vie gay parisienne était tenu par un ami du ministre, Fabrice Emaer, également patron d'une boîte de nuit en vogue, le célèbre « Palace ». Le même Emaer, très cohabitationniste, se mobilise d'ailleurs en mai 1981 avec des homosexuels de renom comme Yves Navarre, Dominique Fernandez, ou Jean-Paul Aron pour François Mitterrand...

Michel Guy l'encourage à ne pas s'attarder dans l'enseignement en province où il s'étiole. Il oriente son jeune protégé vers la Délégation générale à la formation et aux enseignements, dont le directeur général est le gaulliste Jean Musy.

Celui-ci devient le vrai protecteur du jeune professeur qui, bosseur et acharné, s'épanouit dans différents postes culturels... En 1985, le fidèle Musy l'appelle à ses côtés à la direction des Affaires culturelles de Paris. C'est là que Jacques Chirac remarque cette recrue intéressante qui ouvre au futur Président les portes d'une communauté qu'il n'avait guère réussi jusque-là à cultiver. Le Président, loin d'être homophobe, affecte une distance amusée vis-à-vis des gays. Au point, quand il était député-maire de Paris, d'interroger régulièrement un de ses familiers en entrant dans l'hémicycle : « Au fait, rappelez-moi qui sont les pédés du groupe RPR. » Une curiosité de midinette que son prédécesseur François Mitterrand, assez fasciné par l'homosexualité féminine, éprouvait lui aussi de temps à autre en interrogeant son ami Pierre Bergé pour mettre à jour son « Who's Who homo ».

Les bonnes œuvres de Pierre Bergé

Comment décrire l'influence secrète de la nomenklatura homosexuelle sans évoquer Pierre Bergé, giscardien dans les années 70, puis barriste, mitterrandien et, enfin, chiraquien. Cet homme à l'affût de toutes les occasions rêvait dans sa jeunesse de conquérir Paris. Charentais comme François Mitterrand, il débarque à Paris après la guerre et rêve lui aussi de fréquenter les milieux littéraires. Beaucoup plus libéré que le pensionnaire des bons pères, le jeune Bergé, sans diplômes, mais déjà plein d'entregent, frappe à la porte d'André Gide et de Jean Giono. Ami du pacifiste Gary Davis, il se proclame « citoyen du monde » et s'enfièvre en 1949 pour la rédaction de l'éphémère journal *La Patrie mondiale*. Imprésario du peintre Bernard Buffet, puis pygmalion du couturier Yves Saint Laurent, cet homme d'affaires coriace se veut désormais le mécène et le protecteur de la communauté gay.

Son réseau d'amitiés personnelles tissées depuis quarante ans dans les milieux de la haute couture, des affaires et du spectacle lui vaut en effet depuis longtemps une réputation de généreux entremetteur. Quand Copi, dessinateur argentin débarque à Paris, qui lui conseille-t-on d'aller voir après quelques mois de galère ? Pierre Bergé, bien sûr, qui l'oriente vers *L'Express* de Françoise Giroud. En fait, c'est *Le Nouvel Observateur* qui le récupère, mais, peu importe, l'artiste est tiré d'affaire. Pour rendre service à des amis gays communistes, plutôt mal vus dans leur Parti, il organise en 1978 un très chic défilé Saint Laurent à la fête de *L'Humanité* !

Plus sérieux et plus coûteux sont les engagements de Bergé dans la lutte contre le sida. Début 1986, lui et Christophe Girard, numéro deux d'Yves Saint Laurent, deviennent respectivement président et secrétaire général d'Arcat-Sida. Ils ont été appelés à la rescousse par les deux médecins en panne de fonds qui ont fondé l'association quelques mois auparavant. De même, quand se crée à Paris en mars 1994 un Centre gai et lesbien, une structure d'accueil et d'échanges, par ailleurs subventionnée par le ministère de la Santé, Pierre Bergé se porte garant pour la signature du bail... Il aide également Act-up, et finance le magazine *Têtu*, une revue homo sur papier glacé à laquelle il achète des pages de publicité pour Yves Saint Laurent et son parfum Opium.

Mais ce dont il est le plus fier, c'est d'avoir conquis la présidence d'« Ensemble contre le sida », l'instance qui organise le Sidaction, dont l'utilisation des fonds récoltés est pourtant loin de faire l'unanimité.

En fait, rares sont les « notabilités » qui acceptent comme lui d'afficher leur homosexualité et d'apporter un parrainage aussi visible à une action en faveur de leurs semblables. « Il y a bien sûr, dit-il, des individus qui reconnaissent être homosexuels. Mais que des patrons d'entreprise, des députés ou des acteurs signent, en France, un appel où ils se revendiquent homosexuels... nous en sommes encore très loin[1] ! » Les réseaux homos n'ont en effet pas fini de s'activer en secret. Dans la même interview, Pierre Bergé se défend de vouloir, à l'encontre de ceux-ci, pratiquer l'« outing », sauf contre ceux qui prendraient publiquement des positions défavorables aux homosexuels. Cette menace à peine voilée s'adresse, entre autres, à un député de la majorité très influent sur les questions familiales qui s'était prononcé contre le « Contrat d'union civile » permettant aux gays de bénéficier des mêmes avantages qu'un couple hétérosexuel.

« Cellule mao » contre « Cellule homo »

Des débuts de *Libération*, l'histoire « officielle » de la presse n'a retenu que le lancement brouillon d'un quotidien gauchiste élaboré par des anciens de la Gauche prolétarienne. Etonnants débuts, en effet, parrainés par un Jean-Paul Sartre enthousiaste mais débordé. Un des centres nerveux du journal est alors la surprenante « cellule mao » dans laquelle une poignée de doctrinaires entendent édicter les nouvelles règles de la presse révolutionnaire. Las ! Les jeunes loups gauchistes s'entredéchirent à tel point que Serge July, Citizen Kane auto-proclamé, doit se résoudre en juillet 1973 à dissoudre la trop remuante cellule. Exit la joyeuse bande du Grand Timonier, place à d'autres amis de Serge July, issus du réseau syndicaliste étudiant, bien décidés à

1. *L'Evénement du Jeudi*, 20 juin 1996.

transformer ce qu'ils appelaient avec dédain « le torchon » en vrai journal.

Ce moment de flottement profite à un réseau concurrent qui tente de prendre pied dans la rédaction. Car le quotidien qui se veut au milieu des années 70 à l'écoute de toutes les sensibilités, abrite aussi une autre « cellule », bien plus délirante que celle des maos. Le pilier de ce mini-réseau s'appelle Jean-Luc Hennig. Professeur agrégé de grammaire, il débarque à *Libération* en 1974 après avoir été écarté de l'Education nationale pour avoir fait lire à ses élèves « Trois milliards de pervers », un numéro spécial de la revue *Recherches* consacré à l'homosexualité. Hennig, qui tient jour après jour la chronique de l'actualité gay et crée une rubrique de petites annonces sentimentales « orientées », fait venir son ami Guy Hocquenghem, qui lui-même entraîne le journaliste Michel Cressole pour s'occuper de la télévision. A ses côtés, Christian Hennion, ancien du Front homosexuel révolutionnaire, un mouvement post-soixante-huitard, tient une chronique « Flagrants délits ». « Si l'on ajoute Alain Pacadis à la musique, Serge Daney et Louella Intérim au cinéma, Hélène Hazéra, transsexuel, aux variétés, l'équipe "homo" est au complet », écrit Frédéric Martel dans *Le Rose et le Noir*.

A cette équipe est venu se joindre Copi l'Argentin, dessinateur désormais célèbre, chouchou d'une rédaction qui ignore la censure. Mais *Libé* vieillit et s'assagit : quand le quotidien décide en 1981 de se saborder quelques semaines pour reparaître sous la forme d'un journal plus « pro », avec une « vraie » rédaction et une hiérarchie, la cellule « homo » est priée de se faire moins voyante et de rendre compte de l'actualité d'une manière moins « militante ».

Si tous les gays du monde...

Réseau presque affiché, le service « homo » de *Libération* n'est pourtant pas une exception, loin de là. Particulièrement solidaires dans la maladie — l'épidémie de sida a vu naître, outre des associations d'entraide, des réseaux amicaux spontanés —, les homosexuels savent à l'évidence se mobiliser sur le front de l'entente carriériste. Un sujet privé aussi tabou que la promotion canapé féminine. Les mécanismes en sont pourtant différents puisque si, dans un cas, il s'agit d'un « échange » entre deux personnes, dans l'autre, c'est une communauté tout entière qui s'emploie à favoriser l'un des siens.

Les exemples ne manquent pas, même s'ils ne peuvent être rapportés que dans l'anonymat. C'est un ministre de la Communication, assisté de son conseiller privilégié, qui gère son domaine d'influence avec une particulière attention pour ses amis garçons. L'un d'eux, qui avait débuté une carrière prometteuse sous la tendre férule d'un président de télévision publique héritera ainsi d'un poste élevé dans une chaîne nouvellement créée. Dans sa région, le même ministre a chaudement recommandé une bonne dizaine de ses protégés au directeur — hétérosexuel et éberlué — de la station régionale de France 3. Parmi les candidats ainsi recommandés, un carrossier qui s'était découvert une vocation pour le grand reportage, un jeune réalisateur asiatique qui n'avait pour toutes références qu'un documentaire sur la communauté gay de la ville du ministre, œuvre audiovisuelle poétiquement intitulée « Le bout rose de la chose » (sic), et quelques autres éphèbes en mal de contrats.

Autre exemple de solidarité professionnelle : ce directeur d'une station de radio à vocation internationale qui a tenu dès son arrivée à promouvoir autour de lui quelques amitiés masculines soigneusement choisies. En revanche, un ministre du gouvernement Balladur a fini par trouver un peu trop exclusive la préférence de son directeur de cabinet pour la gent homosexuelle. Les hétéros commençaient à être si peu représentés dans son cabinet qu'il s'en est ému et lui a demandé d'exercer ses talents amicaux dans un autre ministère. Plus cocasse encore, un cadre d'un des services très masculins de la Chambre de commerce et d'industrie de Paris s'est vu exiler au Liban pour avoir harcelé un de ses camarades de travail, lui-même homosexuel !

A l'inverse, il est plutôt bien vu de recruter des homosexuels au ministère de la Culture. Philippe Douste-Blazy, qui a connu cette communauté lors de son passage au ministère de la Santé, s'est entouré d'homosexuels dans son cabinet. « Par facilité, sans doute, remarque un haut fonctionnaire hétéro, parce que cela lui donne des relais dans les milieux culturels, particulièrement ceux de la danse et de la musique. La plupart des hommes qui se sont succédé à la tête de l'Opéra de Paris sont homosexuels. Sans avoir forcément le sentiment de faire du favoritisme, ils cooptent des amis qui ont les mêmes penchants. »

Même phénomène dans le milieu de la musique baroque où l'on rencontre peu d'hétéros. A une époque, toutes les revues musicales — *Diapason, Harmonie, Le Monde de la musique* — étaient dirigées par des femmes. Elles ont toutes été remplacées par des homosexuels. Comme tous les réseaux, celui-ci tente de conserver les postes et les territoires qu'il est parvenu à coloniser. D'où ce sentiment que certains territoires, dans les secteurs de la culture et de la communication, sans parler du milieu diplomatique immortalisé par Roger Peyrefitte, sont plus ou moins réservés aux gays.

Ce type d'entraide, particulièrement fréquent dans la politique, la presse, la littérature, joue fort discrètement dans le monde des affaires où les enjeux financiers priment sur les considérations sentimentales. Dans cet univers, Pierre Bergé fait figure d'exception. Mais il arrive tout de même que des homos y fassent subrepticement incursion. Le talentueux mais provocant Copi se retrouva ainsi en train de concocter pour le PDG de Perrier, Gustave Leven, le célèbre slogan « Perrier, c'est fou ! ». Clin d'œil, diront ses amis, à toute son œuvre dominée par les « folles ». Peut-être le peu conformiste Gustave Leven s'est-il secrètement félicité que son conseil d'administration n'ait pas saisi cette allusion érotique... De même, un publicitaire amoureux du sexe fort avait-il vendu pour Mercedes un slogan non équivoque qui réjouissait paraît-il les auditeurs de Fréquence gaie : « La voiture des reines ! La reine des voitures ! »

Ces quelques exemples ne doivent pourtant pas occulter une réalité persistante. Dans le monde des affaires, l'homosexualité, qui demeure très largement taboue, n'est que très rarement un « plus » pour la carrière. « Excepté la haute couture, il n'existe pas dans le domaine de l'entreprise de "fief homo", commente un styliste, beaucoup de mes amis qui travaillent dans des secteurs moins frivoles n'osent pas bouger une oreille. Ils ont peur de devenir "le pédé" de la boîte. Les connivences et les promotions canapé existent surtout dans la bureaucratie, là où c'est plus feutré, moins concurrentiel. »

Les grands managers, plutôt prudes en apparence, n'apprécient guère ces « relations privilégiées » comme les avait qualifiées Jacques Calvet, le PDG de Peugeot, parlant des mésaventures du « Petit Prince de l'immobilier » Pascal Jeandet, sous le charme duquel le responsable de la SOFIB, une banque filiale de Peugeot, était tombé. Le « Petit Prince » sans fortune ni diplôme avait réussi dans les années 80, les années-fric, à édifier à grande vitesse une fortune immobilière. Des « relations privilégiées » l'y avaient encouragé jusqu'à ce que la crise fasse dégringoler les prix et lui avec. Ce flambeur qui n'aimait rien tant que faire la fête avec ses amis à Ibiza est mort brutalement à 32 ans. Renié par tous ceux qui l'avaient aidé à construire sa fortune.

Souterraines dans la finance, les « relations privilégiées » sont au contraire totalement revendiquées dans le « ghetto » commercial gay. Au point que l'entraide a pris un tour très organisé. Ainsi, chaque mois, le magazine spécialisé *Illico* publie-t-il des petites annonces de patrons de bars, d'entreprises de déménagement ou du bâtiment, tous homosexuels. A en croire le sociologue Frédéric Martel, qui constate dans son livre la tentation d'un repli identitaire, une frange symbolique de gays pousse le sens de la solidarité jusqu'à consommer uniquement « gay ». Restaurant, discothèque, boutiques de vêtements, librairie, cinéma, ceux-là vivent en circuit fermé.

D'ailleurs, un syndicat gay qui affirme regrouper près de six cents entreprises sur toute la France s'est créé il y a cinq ans. Le SNEG (Syndicat national des entreprises gaies) s'engage à « faire travailler des gays de préférence — architectes, avocats, personnel, etc. », à la manière des fraternelles maçonniques professionnelles qui publient chacune dans leur secteur un annuaire des « frères » qu'il convient d'aider en leur fournissant du travail. Le SNEG dit même avoir obtenu des tarifs préférentiels dans certaines compagnies d'assurances.

D'autres homosexuels, regroupés au sein du Centre gai et lesbien, ont même évoqué l'idée d'une association suffisamment structurée pour négocier des conditions spécifiques dans une mutuelle ou des prêts intéressants dans une banque...

De ce point de vue, les homosexuels n'ont de leçons d'efficacité à recevoir de personne. Pas même des réseaux confessionnels, juifs ou protestants, qui ont longtemps alimenté tous les fantasmes d'entraide et de solidarité exclusives.

Les Juifs du Président

Ce jeudi 11 janvier 1996, les communiqués pleuvent sur l'Agence France-Presse (AFP). Trois jours auparavant, François Mitterrand s'est éteint à son domicile parisien de l'avenue Frédéric-Le-Play. Pas un organisme, pas une institution qui ne veuille marquer de sa réaction la disparition de l'ancien Président. La plupart des textes, convenus et attendus, se trouvent noyés dans la masse peu après réception. Mais il en est un qui pourrait retenir l'attention, tant son contenu peut surprendre.

Ce communiqué du Consistoire de Paris, instance chargée de veiller à l'existence religieuse de la communauté juive résidant dans la capitale et ses environs, reprend le discours tenu le jour même par Moïse Cohen, président de l'institution, devant son conseil d'administration. Il évoque tout d'abord la mémoire de François Mitterrand. Puis il commente, un peu amer, certains écarts de conduite du défunt. Par exemple, son amitié avec René Bousquet ou encore son refus obstiné de présenter, au nom de la République, ses excuses pour l'attitude française à l'égard des Juifs pendant l'Occupation. Mais Moïse Cohen tient ensuite à souligner que François Mitterrand s'est entouré à tous les niveaux de réseaux contrôlés par des Juifs. Et d'énumérer : le cercle des parents, avec Roger Hanin ; le cercle des conseillers, avec Jacques Attali, le cercle des grands commis, avec Georges Dayan, le cercle des confidents, avec Georges-Marc Benamou... « Et tant d'autres », s'exclame le président du Consistoire en guise de conclusion.

Parmi les membres de la communauté juive qui ont accès à ce texte, tous n'apprécient pas. Certains redoutent l'exploitation malveillante que pourrait en faire la presse d'extrême droite. Le communiqué pourrait prêter le flanc aux fantasmes antisémites les plus grossiers, qui voient les Juifs comme des chefs d'orchestre clandestins manipulant le pouvoir dans les coulisses.

Sujet douloureux, car les principaux intéressés s'estiment, dans leur écrasante majorité, étrangers à la pratique même de réseau. Quand, en février 1989, la revue *Passages*, un magazine identitaire clairement affiché, consacre sa « une » aux « Cent Juifs qui comptent », elle s'emploie d'emblée à justifier longuement cette enquête. Une partie de la communauté, dont les membres se disent, tout comme l'ethnologue Claude Lévi-Strauss, « Français d'origine juive », bien davantage que « Juif français » n'apprécie guère l'initiative.

« Pourquoi le Juif et lui seul, interroge Emile Malet, rédacteur en chef du mensuel, dans son éditorial, puisqu'il est question à longueur d'année d'enquêtes sur les protestants, les catholiques, le hit-parade des hommes les plus riches, le classement des sphères du pouvoir, etc., donc, pourquoi seul le Juif ne serait pas l'objet d'une enquête ? A l'instar des autres — et mieux vaut le constater d'une manière sereine —, les Juifs constituent une minorité agissante. Minorité qui manifeste sa sympathie pour Israël, (...) minorité engagée souvent dans des combats de progrès et de solidarité. »

Mais, depuis ce jour de septembre 1791 où l'Assemblée constituante a accordé aux Juifs la citoyenneté française, l'appartenance à la nation évacue, aux yeux du plus grand nombre, la notion même de réseau, associée à l'idée de minorité opprimée. Il est vrai que les statistiques les plus élémentaires confortent cette thèse majoritaire. A peine 10 % des Juifs de France appartiennent à une association communautaire, et sur les 350 000 personnes d'origine juive qui vivent en région parisienne, 40 000 seulement sont enregistrées par le Consistoire. Dans une étude commandée en 1990 par le Fonds social juif unifié (FSJU), le sociologue Erik Cohen s'est intéressé aux mariages mixtes :

30 % des Juifs mariés, âgés de 18 à 29 ans, ont épousé une non-Juive. Un phénomène d'exogamie qui inquiéta d'ailleurs suffisamment le grand rabbin de France, Joseph Sitruk, pour qu'il compare le phénomène du mariage mixte à un... génocide. Propos outrancier ? Certainement. Mais c'est l'avocat Henri Hajdenberg, créateur du Renouveau juif, devenu en 1995 le président du CRIF (Conseil représentatif des institutions juives de France) qui déclarait en 1992, lors de la grande manifestation du Judéoscope, qu'il avait organisée : « Chacun ressent plus ou moins confusément que la communauté juive de France va vers une assimilation qui sera plus ou moins rapide, mais totale[1]. »

Paradoxe : alors qu'il est tabou d'évoquer les « réseaux juifs », les plus éminents représentants de la communauté déplorent que nombre des leurs ne se vivent plus prioritairement comme juifs.

Cette déjudaïsation, beaucoup l'attribuent d'ailleurs à l'ascension sociale : la surface financière, mondaine, internationale efface l'identité juive. Il n'est besoin que d'observer les arbres généalogiques de quelques grandes familles israélites pour s'en convaincre. Les Pereire, les Fould, les David-Weill, les Halphen, les Rothschild, ou les Stern, ont tissé au fil des générations des alliances matrimoniales, entre eux, mais aussi avec l'aristocratie catholique, qui évoquent plus la gestion avisée d'un « capital social » que l'observance de strictes règles identitaires.

Des alliances très catholiques

Chez les Stern, l'ancêtre, Antoine, fonde la banque du même nom à Francfort au milieu du XIXe siècle. Son fils et successeur Jacques attend son décès pour épouser l'actrice Sophie Croizette, rivale malheu-

1. *Le Point*, 14 novembre 1992.

reuse de Sarah Bernhardt sur la scène parisienne. Jacques Stern meurt sans descendance. Mais trois de ses quatre neveux et nièces — le dernier est resté célibataire — font de « beaux mariages ». L'aîné épouse une Lambert de Rothschild (de la branche bruxelloise), tandis que ses deux sœurs deviennent respectivement marquise de Chasseloup-Laubat et baronne de Langlade.

La marquise marie très honorablement ses deux filles : l'aînée épouse le baron Fernand de Séroux, la cadette le prince Achille Murat. Les petits-enfants de la marquise, et arrière-arrière-petits-enfants d'Antoine Stern, confirment l'ancrage familial dans le Bottin mondain. Salomé épouse l'homme politique Albin Chalandon ; Thamar s'unit au comte Antoine de Boissieu ; François, dit prince Murat-Chasseloup-Laubat, convole avec Huguette, fille du banquier Henri Arminjon. Du côté de la baronne, les alliances matrimoniales se contractent dans les mêmes sphères.

Les Worms aussi s'éloignent, en l'espace de quelques générations, de toute activité communautaire, et même de toute identité juive. Le banquier Olry-Hayem Worms, né au milieu du XVIIIe siècle, exerce toute sa vie une activité soutenue au sein des institutions juives, notamment comme président du Consistoire central. Sa fille, épouse d'un banquier allemand converti au catholicisme, donne naissance à trois héritières, toutes unies à de dignes représentants de l'aristocratie française : le marquis de Grouchy, le comte de Villers et le comte de Kerjégu.

Parmi les neveux d'Olry-Hayem, c'est Hypolite qui est à l'origine de l'actuelle banque Worms. Marié à une fille de banquiers lorrains, Sephora Goudchaux, il fait preuve d'un sens des affaires intuitif et fructueux. Son petit-fils et homonyme Hypolite reprend les rênes de l'affaire en 1916. Baptisé, fils d'une chrétienne, il épouse l'anglicane Gladys Mary Lewis-Morgan. Leur fille unit, quant à elle, son destin à celui du très anglican fils de l'ambassadeur d'Angleterre au Japon. De cette union naît Nicolas Clive-Worms, qui deviendra associé gérant de la maison MM. Worms et Cie, restée privée après la nationalisation, en 1982, de la Banque Worms.

Les Rothschild sont coutumiers de ces mariages extra-communautaires. Au point d'avoir provoqué, en 1985, ce que la presse a appelé « l'incident Rothschild » : pour la première fois, un grand rabbin de France, en l'espèce René Sirat, refuse de marier religieusement un Rothschild — il s'agit d'Eric, fils d'Alain, petit-cousin de David — avec une non-Juive.

Mais la célèbre dynastie, malgré ces infidélités à la tradition, a longtemps occupé, et occupe encore aujourd'hui, dans une moindre mesure, une place à part au sein de la communauté. Elle représente la quintessence de ce qu'il est convenu d'appeler les notables : des gens riches, installés dans les mondanités, qui donnent des fêtes au profit des œuvres tout en conservant une distance de rigueur. Depuis le XVIIIe siècle, les Rothschild ont bâti leur fortune et leur réputation sur une incontestable créativité financière, bien sûr, mais aussi sur la gestion avisée d'un vaste réseau de relations, à l'intérieur comme à l'extérieur de la communauté.

Sur les institutions juives, ce poids s'exerce d'une manière quasi monopolistique jusqu'au début des années 80. « En 1979, les Rothschild règnent sans partage sur la communauté juive de France, expliquent Yves Azeroual et Yves Derai dans *Mitterrand, Israël et les Juifs*[1]. Le baron Guy préside le Fonds social juif unifié. Il est le chef incontesté du clan. Ses cousins, les frères Elie et Alain, détiennent eux aussi d'importantes responsabilités. Le premier assure la présidence du Consistoire et celle du CRIF (Conseil représentatif des institutions juives de

1. Robert Laffont et Bibliophane, 1990.

France) depuis 1976 ; le second est à la tête de l'Appel unifié (AUJF), l'organisme de collecte. En juin 1967, Alain de Rothschild est élu président du Consistoire, poste qu'il occupera jusqu'en 1982. Il est également président de nombreuses œuvres juives dont le comité d'action sociale israélite de Paris, la fondation Rothschild. Le plus jeune des Rothschild, David, est le trésorier de l'AUJF et le président de la commission d'orientation. Quelques années plus tard, il en deviendra le président. A cette date, nul ne conteste encore leur autorité. »

Mais les années 80 sont moins fastes pour la dynastie. Alain de Rothschild s'éteint d'une crise cardiaque, à New York, en 1982. Son cousin Guy, désespéré par la victoire de la gauche, s'exile aux Etats-Unis. Un geste exagérément pessimiste. Les Rothschild, en effet, disposent d'un appui fidèle dans l'entourage proche de François Mitterrand en la personne de son vibrionnant conseiller spécial Jacques Attali. Celui-ci siège de longue date, en compagnie de son frère jumeau Bernard, au Conseil national du Fonds social juif unifié, dont il a été vice-président.

Ce soutien compense en partie, durant les années Mitterrand, le climat de fronde qui se développe au sein de la communauté. Les Rothschild demeurent bien perçus dans leur rôle caritatif, mais on leur conteste la légitimité politique. A la base, les sépharades, dont beaucoup sont des rapatriés d'Afrique du Nord, s'insurgent contre la monopolisation des responsabilités communautaires par la grande bourgeoisie ashkénaze. Forment-ils un réseau ou un groupe de pression ? Les deux. Groupes de pression, les différents clans de la communauté juive s'affrontent, de manière interne, dans une classique lutte des places. Réseau, la « famille » se ressoude face à l'adversité.

La loi universelle du piston

« La crise économique, note une journaliste "médiatique" qui refuse d'être réduite à ses origines juives, nous a permis de renouer des liens de solidarité qui s'étaient progressivement délités. Il n'est pas rare qu'on me sollicite financièrement pour des cas difficiles. » « On a toujours été habitué à s'entraider dans l'adversité », renchérit Paul Benmussa, le patron du restaurant « Chez Edgar », rendez-vous médiatico-politique, qui émigra de Tunisie en 1967 après la guerre des Six Jours. Lui-même a trouvé quelques appuis auprès d'amis parisiens, exilés comme lui, qui avaient fréquenté les mêmes classes du lycée Carnot à Tunis.

Ces habitudes remontent à l'avant-guerre, une époque où débarquent à Paris des Juifs d'Europe de l'Est, fuyant les pogroms ou sentant monter le péril nazi. C'est ainsi que naissent des amicales où l'on se regroupe par communes, par villages, comme le font déjà depuis plusieurs décennies les Aveyronnais ou les Auvergnats. On se cotise pour acheter des places au cimetière, pour caser un jeune chez un tailleur ami, et on se réunit pour danser ensemble. Les nouveaux venus reçoivent également de l'aide de la bourgeoisie juive plus anciennement installée, déjà assimilée, qui se comporte d'ailleurs avec un paternalisme distant et irritant aux yeux de ces immigrants, souvent militants de gauche.

Les Rothschild, même s'ils n'apprécient guère ces compatriotes « parvenus » — ils les ont même baptisés avec une cruelle ironie les « Piaf », traduire : « patriotes israélites antisémites français » ! —, multiplient sans distinction ni préjugés les actes de bienfaisance. Et ils mettent ostensiblement un point d'honneur à aider un maximum d'immigrants et à les loger. « Ces actes de bienfaisance finissent par devenir la marque de fabrique des "barons" », notent les journalistes Claude Askolovitch et Sylvain Attal[1].

Après guerre, expliquent-ils, les sociétés d'entraide se mobilisent plus que jamais pour accueillir les survivants des camps. La Fédération des sociétés juives de France crée une « caisse de démarrage économique ». Elle prête de l'argent pour acheter des machines à coudre ou créer de nouveaux ateliers de confection. Les enfants de déportés sont reçus dans des foyers, des centres de vacances, on s'efforce de reconstituer autour d'eux le tissu familial qu'ils ont perdu. Le Parti communiste qui ne veut pas être en reste constitue lui aussi son réseau, l'Union des Juifs pour la résistance et l'entraide, qui rassemble de nombreux militants juifs d'Europe de l'Est. Mais l'organisation la plus structurée et la plus active demeure cette holding caritative qu'est devenue dans les années 50 le Fonds social juif unifié. Toutes les vagues successives de réfugiés de l'après-guerre échouent dans ses bureaux : Juifs hongrois et égyptiens, après Budapest et la guerre de Suez, mais aussi tunisiens, marocains, algériens... Ces exilés s'entraident à leur tour. Comme ces femmes juives égyptiennes ayant fui en 1956 le régime de Nasser, qui ont créé une chaîne d'entraide au sein des Galeries Lafayette où quelques-unes d'entre elles avaient été embauchées comme vendeuses sur la recommandation d'Adam Loss, alors président du FSJU. Francophones et bilingues — elles parlaient aussi bien le français que l'anglais —, douées pour le commerce, elles ont appliqué le même schéma que les Savoyards qui se cooptent entre eux à l'hôtel des ventes de Drouot, les Tunisiens de Djerba qui se rachètent entre eux des épiceries ou les Antillais qui se pistonnent mutuellement pour rentrer dans la police...

« L'entraide est à la fois très solide et très relâchée,

1. Claude Askolovitch, Sylvain Attal, *La France du piston*, Robert Laffont, 1992.

juge un avocat parisien. C'est vrai qu'il existe une tentation du repli et de l'entre-soi. C'est vrai que certains clients juifs préfèrent prendre un avocat juif parce qu'ils ont le sentiment diffus qu'ils seront mieux compris, donc mieux défendus. C'est vrai que ces clients-là ont souvent un expert-comptable et un médecin juifs. Mais le réflexe inverse existe aussi. Je connais beaucoup de Juifs dans le milieu des affaires, qui font très attention à avoir des non-Juifs parmi leurs collaborateurs, leurs banquiers, leurs fournisseurs, justement pour ne pas être soupçonnés de constituer un réseau d'intérêts fondé sur l'appartenance religieuse. »

La solidarité est d'autant plus subtile à analyser qu'elle dépend étroitement des pesanteurs historiques et culturelles. Si « l'effet réseau » a, objectivement, toujours plutôt bien fonctionné dans la finance, le textile, ou la publicité, ce n'est pas le cas dans la diplomatie, dans l'armée ou la police. Vieux relents antidreyfusards dans l'armée ? Monopole d'un corps à tradition pro-arabe au Quai d'Orsay ? La revue *Passages*, déjà citée, s'interroge, sans répondre ni trancher. Il est d'ailleurs des cas où l'entraide peut être une réponse à l'antisémitisme. Si les avocats juifs ne s'étaient pas serré les coudes dans les années 50, sans doute n'auraient-ils pas pu briser un numerus clausus implicite qui leur interdisait d'avoir plus d'un israélite au Conseil de l'Ordre. Une année, le verrou a sauté. Un deuxième confrère a été élu grâce aux siens qui avaient tacitement décidé de faire jouer le réflexe identitaire. De même, les « mandarins » des hôpitaux, de vieille souche française et catholique, se sont longtemps cooptés entre eux, divisant ainsi le paysage hospitalier entre services juifs et non juifs. Cette distinction s'est sérieusement atténuée avec la démographie médicale galopante, et n'a plus cours que dans quelques rares établissements.

Droite « tête de veau » contre gauche « caviar »

Largement divisée entre orthodoxes rénovateurs, traditionalistes, sionistes de choc, ou intellectuels libéraux, la communauté juive n'a pas, comme d'aucuns le croient, de poids réel sur la vie politique française. Elle n'est pas assez solidaire dans ses opinions, y compris vis-à-vis d'Israël, pour faire, à elle seule, basculer une élection. En clair, le « lobby juif » cher à l'abbé Pierre n'existe pas au sens d'un clan méthodiquement organisé. En revanche, il existe, plus que dans toute autre communauté, des réseaux politiques affichés capables de se mobiliser pour leur champion.

Ainsi, en 1981, une partie de la communauté, réunie sous la bannière du « Renouveau juif » d'Henri Hajdenberg, a clairement voulu faire échec à Valéry Giscard d'Estaing. L'indifférence que celui-ci avait manifestée après l'attentat de la rue Copernic, en 1980, avait fortement choqué. Y a-t-il eu pour autant un « vote juif » contre Valéry Giscard d'Estaing ? Difficile à déterminer, même si dans la foulée de la présidentielle l'avocat Théo Klein qualifie François Mitterrand de « meilleur Président pour les Juifs ». Quatorze ans plus tard, en mai 1995, la « rue juive » bascule, en même temps que la majorité des Français, en faveur de Jacques Chirac. Entre-temps, les relations entre Mitterrand et ses réseaux juifs se sont sérieusement refroidies. La complaisance affichée du Président pour son vieil ami René Bousquet, exécutant docile des basses œuvres allemandes, sa volonté de brouiller comme à plaisir les repères des années-Vichy, ont troublé quelques-uns de ses meilleurs supporters, même les plus fidèles comme Robert Badinter ou Georges Kiejman. Le réseau mitterrandien de Juifs résistants — avec, à leur tête, Henri Bulawko — a beau avoir reporté sa fidélité sur Lionel Jospin, cela ne suffit visiblement pas au nouveau candidat. Pas plus que les soutiens du président de la LICRA, Pierre Aidenbaum, du porte-parole des rapatriés, le chaleureux Maurice Bennassayag, du député Georges Sarre, pourtant en ligne directe avec une partie de la communauté juive grâce à Jean-Yves Camus, l'ancien directeur de la communication du Consistoire de Paris, particulièrement entreprenant. Ou encore de Jean-Michel Rosenfeld, fidèle compagnon de route de Pierre Mauroy, lassé d'ailleurs d'être considéré comme « le Juif de Mauroy » ! Sa raison sociale communautaire n'est pourtant pas exorbitante : secrétaire général du Cercle Bernard-Lazare, ouvert à tous, et qui ne doit pas compter plus d'une centaine de membres à jour de leurs cotisations.

Même mis bout à bout, tous ces réseaux de gauche ne réussissent pas à influencer réellement l'opinion. Face à « la gauche caviar » en déroute, « la droite tête de veau » relève la tête. Claude-Gérard Marcus, expert en tableaux de profession et gaulliste de conviction, est en première ligne dans cette reconquête. L'ancien délégué national à la propagande du RPF (1952) est depuis près de quarante ans membre du comité central de la LICRA. Ancien président du groupe d'amitié France-Israël à l'Assemblée nationale, il a créé et préside l'association « Judaïsme et liberté », calquée sur le modèle de « Socialisme et Judaïsme ». Député de Paris, il compte parmi les inconditionnels de Chirac, et siège depuis longtemps au Comité d'action sociale israélite de Paris. Son zèle vis-à-vis de l'ancien maire de Paris s'est parfois révélé excessif. Ainsi, au cours d'une campagne municipale, écrivit-il aux Juifs de la capitale une lettre de soutien à Jacques Chirac commençant en ces termes : « Cher coreligionnaire ». Une initiative jugée globalement déplacée dans une communauté vaccinée contre tout fichier...

Jacques Chirac, note la revue *Tribune juive* un mois avant l'élection présidentielle de mai 1995, peut également compter sur des grands commis de l'Etat comme Jacques Friedmann, le PDG de l'UAP, Serge Dassault, son ami d'enfance, ou encore sur tous les « beautiful » du show-biz comme Rika Zaraï, Vincent Lindon ou Michel Boujenah qui se pressent un soir de meeting chic aux Bouffes du Nord. Mais, pas plus que les réseaux mitterrandiens d'avant 1981, ils n'auront « fait » l'élection de Jacques Chirac.

En revanche, il n'a pas échappé à la communauté qu'elle était peu représentée au sein du gouvernement Juppé : un ministre seulement (Corinne Lepage à l'Environnement), notent certains avec amertume. Les mêmes font remarquer qu'ils ne sont pas davantage présents à l'Elysée ou à Matignon. Un vrai changement par rapport à l'ère Mitterrand ! Quelques anciens soutiens d'Edouard Balladur, grand ami du pompidolien David de Rothschild, ont pourtant fait allégeance depuis l'élection présidentielle. C'est le cas de Jean Kahn, président du Consistoire central, qui a cherché à se faire pardonner sa faute de goût électorale en publiant dans *Le Monde* à l'été 1995 une tribune applaudissant la reprise des essais nucléaires.

Les membres actifs de la communauté considèrent qu'ils se doivent d'intervenir sur certains sujets bien précis. « Sur le terrorisme, par exemple, la communauté juive a quelque chose de particulier à apporter, parce qu'elle représente une famille de pensée qui entretient une certaine mémoire, explique Salomon Malka, directeur de Radio communauté juive. C'est une influence qui dépasse le positionnement purement corporatiste. On ne peut donc pas parler de lobby juif. »

« Il faut casser cette idée, renchérit le sociologue Daniel Lindenberg dans la revue *Passages*. Nous, les intellectuels juifs, nous ne devons pas hésiter à nous critiquer mutuellement. » Qu'il se rassure, la question bosniaque a prouvé, s'il en était besoin, que l'influence intellectuelle des Juifs n'était pas aussi monolithique que d'aucuns aimeraient le croire.

Bernard-Henri Lévy s'opposant parfois violemment à Alain Finkielkraut en a apporté la preuve. « Que l'on retrouve beaucoup de Juifs parmi les intellectuels, que beaucoup d'anciens trotskistes le soient, qu'on nous retrouve parmi les leaders étudiants de mai 68 est une autre histoire, dit l'un d'eux. Cela tient au fait qu'une génération, naturellement portée par son éducation à la critique et à la réflexion, s'est rebellée contre les interdits religieux ou sociaux que véhiculaient nos parents. Ce phénomène-là n'est, après tout, guère différent de celui auquel on assiste aux Etats-Unis avec les Asiatiques. Minoritaires comme nous, ils ont une revanche à prendre et veulent s'imposer. C'est un phénomène de génération qu'il ne faut pas confondre avec un phénomène identitaire. »

La « HSP » n'est plus ce qu'elle était

Si un jour un vrai courant musulman laïc et républicain réussit à s'imposer en France, il le devra en partie au... réseau protestant. Paradoxal ? Moins qu'il n'y paraît. Qui, après tout, mieux que les huguenots, héritiers d'une culture minoritaire et rétifs à l'intégrisme, sont à même de donner des leçons de laïcité ? L'idée d'un Institut islamique « républicain » a ainsi été lancée la première fois à la fin des années 80 par un homme politique « parpaillot », Pierre Joxe, alors ministre de l'Intérieur et des Cultes, secondé dans cette voie par le préfet protestant Alain Boyer. Depuis, le réseau des associations familiales protestantes dynamisé par un conseiller-maître à la Cour des comptes, Pierre-Patrick Kaltenbach, PPK pour ses amis, s'emploie à convaincre un noyau de musulmans responsables qu'il est possible de vivre sa différence dans une citoyenneté irréprochable.

L'initiative illustre à merveille la philosophie de la

communauté protestante qui a su diffuser ses valeurs dans toute la société française. « La prise en compte de la différence au détriment de l'unité gagne tous les terrains, analyse le journaliste Christian Makarian. C'est le triomphe indirect de l'esprit de la Réforme. » Depuis quelques décennies déjà, celui-ci souffle beaucoup plus sur le domaine des idées que sur celui des affaires. Même sensibilité, même état d'esprit, mêmes tics de langage, ils cultivent davantage leur connivence éthique pour moderniser la société qu'ils ne songent à créer une diaspora solidaire. C'est dans cet esprit que le Planning familial a bénéficié après guerre de l'appui de cercles féminins protestants. Dès la création, en 1955, de l'association « La maternité heureuse », qui préfigure le futur Planning familial, les protestantes sont en première ligne avec la sociologue Evelyne Sullerot, fille de pasteur, Geneviève Monod, ou encore Suzanne Duflo et Elisabeth Gruzon, du mouvement protestant « Jeunes Femmes ». Les réseaux parpaillots se retrouvent plus facilement dans le militantisme social que dans la mythique HSP (Haute Société Protestante) qui n'est plus ce qu'elle était depuis un certain temps déjà.

Eclose sous la Monarchie de Juillet, épanouie à la fin du XIXe siècle, celle-ci a difficilement survécu à la grande crise des années 30. L'après-guerre l'a vue irrémédiablement décliner avec les fusions, les nationalisations et quelques erreurs de gestion coûteuses. Seul demeure sur la place financière de Paris le clan des Hottinguer, banquiers depuis 1876. En revanche, les Vernes, les Mallet, les Odier-Bungener, les Mirabaud ne s'appartiennent plus. Quant aux grands noms de l'industrie — Dolfus Mieg, Kuhlmann, Kronenbourg, Barton et Guestier, Dourthe et Kressman — ils sont engloutis dans des holdings impersonnelles indifférentes à l'appartenance religieuse. Et l'on ne peut pas dire qu'Arnaud Leenhardt, vice-président du CNPF, en charge de la puissante fédération des industries métallurgiques et minières, ait réussi à « protestantiser » le patronat français. Mieux, les patrons qui fréquentent le temple n'aiment pas afficher leur identité religieuse, affaire trop privée pour être brandie comme un quelconque sésame. A-t-on jamais entendu les frères Seydoux, Nicolas, le PDG de Gaumont et Jérôme, à la tête des Chargeurs réunis, ou Serge Tchuruk, en charge d'Alcatel, se prévaloir de leur protestantisme ?

Ancestrale pudeur des huguenots ? Tradition rigoriste qui veut que l'on méprise les passe-droits ? Capables d'une extraordinaire générosité mutuelle dans les moments difficiles, pétris suite à une longue histoire douloureuse d'une culture de résistance — ils l'ont prouvé pendant l'Occupation en cachant dans la seule région de Chambon-sur-Lignon près de 5 000 Juifs —, les protestants répugnent à se faire la courte échelle dès qu'il s'agit de carrière.

Les six cousins Peugeot — cinq garçons et une fille de 33 ans à 40 ans, tous employés dans l'entreprise familiale, seule survivante des dynasties industrielles de la vallée du Doubs — en savent quelque chose. Toute leur jeunesse, on leur a rabâché que le fait de s'appeler Peugeot « impose plus de devoirs que de droits ». Pas question d'accéder par la magie du seul nom aux étages supérieurs de la direction. L'un est expédié dans une filiale anglaise en déshérence, l'autre bizuté chez Citroën, un troisième parachuté directeur adjoint d'une filiale. Pas de postes nobles, mais un bon apprentissage sur le terrain, une fois ses diplômes en poche.

Les Peugeot ont le sens du clan. On joue au golf, en famille comme il se doit, dans le 18 trous créé en 1928 en pays montbéliard à Prunevelle par le patriarche Jean-Pierre III, et que préside aujourd'hui son petit-fils Eric, 41 ans, en charge de la direction Europe du département automobile. Il s'y délasse avec son oncle Roland, 70 ans, vice-président du conseil de surveillance et membre du comité directeur de la Fédération française de golf, et son frère Jean-Philippe, 43 ans, patron de la direction de l'outremer. Il arrive qu'on joue à « l'extérieur ». Mais toujours « entre soi ». Bertrand, 73 ans, vice-président du conseil de surveillance, golfe et chasse avec Jean-Philippe Hottinguer, associé-gérant de la banque du même nom, survivant de la HSP, et Bertrand Vernes, banquier lui aussi, cousin de feu le financier Jean-Marc Vernes, ami de Jacques Chirac.

En perte de vitesse dans les affaires à quelques rares exceptions, le réseau protestant le serait-il aussi en politique ? Pas trace d'un ministre, d'un directeur de cabinet qui y appartienne sous l'actuel septennat chiraquien. Une seule éminence grise émerge : Jérôme Monod, PDG de la Lyonnaise des Eaux, qui a toujours mis ses connexions au service de Jacques Chirac.

Si les parpaillots ne s'enthousiasment pas pour le RPR, c'est parce qu'ils se sont forgé, à travers l'histoire, une culture de résistance. Ils ne prisent guère l'esprit « godillot ». Et c'est l'ouverture de nouveaux espaces de liberté, comme la loi de 1901 sur la liberté associative, ou la séparation de l'Eglise et de l'Etat qui favorisent, aux débuts de la IIIe République, leur entrée en politique.

Le réseau huguenot alsacien est l'un des plus actifs autour de Gambetta et de Jules Ferry. Celui-ci subit directement leur influence via son épouse Eugénie Kestner, la fille de Charles Kestner, propriétaire d'une prospère usine de produits chimiques et très engagé dans la lutte politique. L'une des sœurs d'Eugénie est la femme d'Auguste Scheurer, un protestant ami de Gambetta. Une de leurs tantes, Hortense, est l'épouse du député républicain et futur président du Conseil Charles Floquet. Solidaires de leur clan, les « parpaillotes » demeurent d'une intraitable intransigeance. Eugénie Kestner-Ferry refuse par exemple obstinément de se marier religieusement. Manifestation d'une rare indépendance d'esprit à une époque où les républicains les plus farouchement anticléricaux acceptent parfois ce type de concessions ! Mieux, en 1887, elle refuse la proposition du cardinal Lavigerie lui promettant les voix des parlementaires de la droite en échange d'une bénédiction nuptiale. En guise de réponse, elle se lève et lui montre la porte... Quelques années plus tard, le même réseau s'emploiera à la défense d'un certain capitaine Dreyfus.

On retrouve l'influence protestante à l'aube de la Vᵉ République. Quelques bonnes fées huguenotes se penchent alors sur la Constitution de 1958. Un micro-réseau travaille sous la houlette de l'indépendant Louis Vallon, un gaulliste de gauche. A ses côtés, quelques calvinistes d'élite comme Paul Bastide, un ancien membre du Conseil constitutionnel, François Goguel, tête pensante de la science politique, et deux juristes érudits, les frères Donnedieu de Vabres.

Mais Maurice Couve de Murville, recordman du Quai d'Orsay et ultime Premier ministre du général de Gaulle, fait presque figure d'exception parmi le personnel politique de l'époque. D'ailleurs, ses collègues, majoritairement catholiques, ne se privent pas de dauber sur cet homme filiforme et austère, allié à la HSP par son mariage — sa femme, Jacqueline Schweisguth est une héritière de la Banque de l'Union parisienne et de la banque Mirabaud. « Il donne l'impression à chacune de ses apparitions télévisées de sortir d'un congélateur pour entrer dans une chambre froide », ricane l'humoriste Robert Beauvais qui pronostique en 1976 « la revanche du protestantisme[1] ».

Peut-on vraiment parler de revanche quand, en 1981, les huguenots s'affichent avec le nouveau pou-

1. *Nous serons tous des protestants,* Plon, 1976.

voir ? « Les protestants investissent le Parti socialiste, avait déjà remarqué François Mitterrand, les catholiques aussi, mais ils se voient moins. » Le Président n'a pourtant pas l'air de se plaindre d'être « cerné » par des collaborateurs protestants. Près de lui travaille un fils de pasteur, Christian Sautter, secrétaire général adjoint à l'Elysée. Louis Mermaz, le président de l'Assemblée nationale, est protestant. Appartiennent également alors à l'Eglise réformée le patron du PS, Lionel Jospin, et plusieurs ministres : Michel Rocard, Gaston Defferre, Georgina Dufoix, Catherine Lalumière, Catherine Trautman, Nicole Questiaux, Georges Fillioud, Jean-Pierre Cot, Alain Bombard... Certains, bien sûr, plus éphémères que d'autres. « L'Eternel a su pourvoir la gauche française en ministres protestants au-delà de toute espérance évangélique ou politicienne. Ah ! les dividendes de la Saint-Barthélemy ! » ironisait Pierre-Patrick Kaltenbach en 1994, lors de l'assemblée générale annuelle de la Force, une institution caritative protestante.

Tous ces ministres ne sont pas en peine pour recruter leurs collaborateurs. La haute fonction publique est de longue date un vivier de parpaillots. Avant 1981, l'historien Jean-Pierre Richardot affirmait qu'un quart des préfets de région — mais seulement 5 % des sous-préfets ! — et qu'un tiers du corps diplomatique fréquentaient le temple. Il n'est donc guère surprenant qu'on retrouve quelques-uns de ces technocrates « réformés » dans les cabinets ministériels : Louis Schweitzer, le futur patron de Renault, directeur de cabinet de Laurent Fabius, François Scheer, celui du ministre des Affaires étrangères Claude Cheysson, ou encore Renaud Vignal, chez Jean-Pierre Cot à la Coopération.

François Mitterrand n'a pas davantage cillé quand son ami Gaston Defferre choisit à son arrivée place Beauvau de nommer à la préfecture de l'Ile-de-France un grand résistant protestant, Lucien

Vochel. Plus amusant, Pierre Joxe, le nouveau locataire de l'Intérieur en 1984, désigne pour remplacer Vochel le fils d'une autre personnalité huguenote de la Résistance, Olivier Philip. Et c'est un autre « réformé », Christian Sautter, qui prend en 1991 la place de Philip. Histoire de réseaux ? Le rigoureux Pierre Joxe s'en est toujours défendu.

Michel Rocard a horreur des passe-droits et autres privilèges au point de passer pour indifférent au sort de son ancienne équipe quand il a dû quitter son poste de Premier ministre. Aucune prébende ne fut attribuée aux huguenots de l'entourage. Et s'il a fait venir son ami le linguiste Pierre Encrevé, un fils de pasteur, comme conseiller culturel, ce fut pour lui confier la préparation du Bicentenaire, une tâche pas franchement stratégique. De même, son ami, le vice-président d'Accor, Bernard Westercamp, « Narval élégant » du temps où ils crapahutaient ensemble chez les éclaireurs, n'imaginait même pas pouvoir demander une faveur à son vieil ami de feux de camp, « Hamster érudit » qu'il tutoie pourtant !

Exception notable : le préfet Christian Blanc sur lequel Rocard s'est appuyé pour résoudre la crise calédonienne. Les deux hommes n'avaient pas oublié que les prosélytes missions protestantes avaient laissé des traces sur le « Caillou ». Ils ont également fait appel au pasteur Jacques Stewart pour servir de médiateur entre le chef de file de la droite calédonienne, le RPCR Jacques Lafleur, un paroissien protestant, et l'indépendantiste Jean-Marie Tjibaou, un ex-prédicateur de la même religion. Le réseau protestant n'aboutira pas seul aux accords de Matignon — les francs-maçons furent très actifs —, mais il ne fut pas mécontent de témoigner à cette occasion de son « esprit », sans exclusive ni parti pris.

Encore plus réservé que Rocard sur le sujet, Lionel Jospin déteste qu'on l'étiquette en fonction de sa religion. Face à un journaliste irlandais qui lui demandait en pleine campagne présidentielle de 1995 ce que cela lui ferait, s'il était élu, d'être le premier Président de la République française protestant, il éructa : « Nous vivons dans un Etat laïc, peu importe ma religion. »

L'extrême droite, qui fait flèche de tous bois, croit-elle pouvoir aussi enfoncer une brèche dans ce milieu ? Jusqu'à son remariage, le « catho breton » Le Pen se souciait assez peu des protestants, dont quelques-uns avaient pourtant ouvertement flirté avec son ami le parpaillot Pierre Poujade, porte-parole des petits commerçants, dans les années 50. Mais voilà que sa seconde femme Jeanny affiche ostensiblement son appartenance à la religion réformée. Au point d'avoir assisté à l'été 1995, en compagnie de son extrémiste époux, à la traditionnelle Assemblée du Désert, dans l'Ardèche, qui commémore chaque année le martyre des camisards. Dans son sillage, Samuel Maréchal, gendre du chef et président du Front national Jeunesse est censé lui aussi représenter l'aile protestante du mouvement. Un ancrage renforcé durant l'hiver 1996 par la création d'une association, l'Entraide nationale, sorte d'Armée du Salut en chemise brune, confiée au « pasteur » Jean-Pierre Blanchard. Un bien curieux pasteur, qui prétend avoir été maoïste dans sa jeunesse, ordonné aux débuts des années 90 par la traditionaliste Eglise évangélique du Missouri, dont il s'est séparé pour rejoindre celle du Wisconsin, qui passe pour être beaucoup plus extrémiste. Inutile de dire que la Fédération protestante de France ne reconnaît aucune de ces deux « églises »... Mais le Front national espère sans doute s'acheter à peu de frais une « bonne conduite », s'auréolant du prestige — en l'occurrence usurpé — des réseaux de charité protestants.

Qui va à la chasse...

Les associés de la chasse Saint-Hubert à Abreschviller, dans le Bas-Rhin, ont longtemps formé une puissance méconnue de la République. Depuis que Didier Schuller, l'ancien conseiller général RPR de Clichy, ex-directeur général de l'office d'HLM des Hauts-de-Seine, soupçonné de corruption active, est en cavale, ils ont décidé de se séparer. Le cœur n'y était plus : n'ont-ils pas perdu tout à la fois leur meilleur « fusil » et l'un de leurs rabatteurs les plus avisés ? Un rabatteur, il est vrai, d'un genre spécial. Didier Schuller se trouvait au centre d'un groupe assez surprenant. Des spécialistes de l'immobilier, proches du RPR, y mêlaient habilement la passion des affaires et le plaisir de la chasse.

Tous ces « béton-flingueurs », comme les appellent joliment les journalistes du *Canard enchaîné* Alain Guédé et Hervé Liffran[1], se sont en effet retrouvés en quelques mois, entre 1994 et 1995, mis en examen par un juge de Créteil, Eric Halphen.

Sans conteste, Didier Schuller est, jusqu'à ses tracas judiciaires, le chasseur le plus assidu du groupe. Passionné par la traque du cerf et du sanglier, un plaisir qu'il a hérité de son père et assouvi lors de sa candidature aux législatives à Belfort en 1978, il loue sur l'ancien terrain de chasse de Bismarck, près de Saverne, 2 000 hectares à l'Office national des forêts et y passe tous ses week-ends. Là viennent le rejoindre ses amis de l'association Saint-Hubert, pour la plupart ses obligés. Les patrons du bâtiment qui faisaient gibecière commune avec lui savaient que l'on pouvait aussi, lors de ces conviviales battues, chasser à la fois la perdrix et le contrat. Schuller ne gérait-il pas directement 30 000 logements à rénover et à entretenir ?

1. Alain Guédé, Hervé Liffran, *op. cit.*

Victimes de leur mémoire défaillante, beaucoup d'invités ne se souviennent plus d'avoir participé à ces agapes. Ils venaient pourtant nombreux aux dîners giboyeux animés par de truculents convives dont beaucoup travaillaient avec zèle pour la mairie de Paris. Le premier, PDG de la SAR, une société de peinture prestataire de la ville et de son office d'HLM, est l'un des héros de ce sulfureux dossier. Depuis qu'il a pris pension à la Santé — pour quelques semaines à l'été 1994 — et qu'il a été mis en examen pour fausses factures, ses propres parties de chasse sont curieusement boudées. Francis Poullain a pourtant conclu avec l'ONF un bail décennal à raison de 170 000 francs par mois pour 700 hectares en Côte-d'Or dans le domaine du Grand Jailly. Il lui reste le loisir de parler du bon vieux temps avec son voisin, Christian Curtet. Cet entrepreneur faux facturier, lui aussi mis en examen, ne profite plus comme avant de son domaine et de son garde-chasse.

En revanche, Patrick Balkany, l'ancien maire de Levallois-Perret, ancien président de l'office HLM des Hauts-de-Seine, en délicatesse avec la justice, a disparu du voisinage. Grand chasseur et ami de tous ces joyeux drilles, Balkany avait annexé au début de son « règne » une colonie de vacances idéalement placée au cœur du Grand Jailly, pour la transformer en relais de chasse...

Quant à Jean-Claude Méry, autre « intermédiaire » entre le RPR et les entreprises de BTP mis en examen et écroué un temps à la Santé, il se contentait de louer à la journée — 60 000 francs tout de même ! — une chasse au nord de l'Oise, au château de Fresneaux-Montchevreuil. Là, outre quelques élus choisis, on se retrouvait entre futurs mis en examen : Christian Curtet toujours, Henri Tasi et André Dalzon, deux autres patrons du BTP. Ce dernier, fort accueillant, invitait tout ce joli monde à chasser la grouse en Ecosse où il possède une propriété. « Dans ces chasses, raconte un patron du BTP, on peut, entre autres, s'informer sur le bureau d'études qui a été choisi par l'opérateur et avoir ainsi une information de premier ordre. »

Association de malfaiteurs ou association de chasseurs ? Autant dire que cet amalgame désastreux est fermement dénoncé par les « vrais » chasseurs.

La confrérie des « Mets-toi à l'aise »

Et pourtant ! Les réseaux cynégétiques perdurent et prospèrent. « Quand vous passez la journée avec quelques compagnons, tous couverts de boue, les cuissardes dans la vase, le courant passe plus vite », assure Antoine Cohen-Potin, l'ancien rédacteur en chef du magazine *Plaisirs de la chasse*.

Il a lui-même fondé fin 1995 avec quatre amis chasseurs un « Cercle Gaston-Phoebus » du nom du comte de Foix, éphémère président de la République des Pyrénées et chasseur émérite, pour réunir les meilleurs fusils de toutes les professions. Des écrivains comme Jean d'Ormesson et Michel Déon côtoient le restaurateur Bernard Loiseau, le patron du CNPF Jean Gandois, ou l'ancien ministre François Abadie, membre du Conseil constitutionnel. « Quinze jours après sa création, raconte le fondateur, les uns me téléphonaient pour avoir les coordonnées des autres. » Ainsi naît un réseau.

Tous ceux qui ont été intronisés par Jean de Beaumont dans la confrérie des « Mets-toi à l'aise » le savent bien. Ce banquier qui géra jusqu'à son quatre-vingt-onzième anniversaire la banque Rivaud avec son gendre Edouard de Ribes est propriétaire à Diebolsheim, en Alsace, d'un immense domaine. Tout nouvel invité est accueilli selon un rituel bien établi, avec remise d'un cordon rouge et d'un insigne en forme de tête de cerf... qu'il faut rendre après la cérémonie ! VGE, initié du premier cercle, se trouvait là le jour de l'attentat de la synagogue de la rue Copernic, lorsqu'il lui fut tant reproché de ne pas revenir à Paris pour se rendre sur les lieux du drame. Chasse éclectique, où les appartenances politiques ne comptent pas, le domaine de Diebolsheim accueillait aussi bien dans les années 80 le frère du Président de la République, Philippe Mitterrand, que le banquier Jean-Marc Vernes, tous deux décédés depuis.

Rares sont les hommes d'affaires qui avouent spontanément distraire quelques après-midi par mois pour sacrifier au rite de l'affût. Un associé-gérant de chez Lazard, responsable de la gestion de fortune, qui montre un agenda plein de trous pendant les mois bénis, prend des airs de biche effarouchée dès qu'on lui demande le taux de rentabilité de telles après-midi giboyeuses... Le pâtissier Gaston Lenôtre est un des rares à reconnaître que s'il reçoit quatorze fois par an des fanas de la gâchette dans sa propriété des « Bastes » dans le Loiret, c'est en songeant à son carnet de commandes. Tout aussi franc, Patrick Ricard se sert ouvertement de son domaine giboyeux, près de Rambouillet, pour ses relations publiques.

Conviendrait-il en ces temps de crise de chasser avec moins d'ostentation que par le passé ? Les chasses somptueuses où un Francis Bouygues ou un Marcel Dassault faisaient étalage de leur puissance semblent appartenir à une autre époque. Martin Bouygues chasse désormais en petit comité avec, entre autres voisins, les deux fils du baron Bich, dans le domaine paternel du Luet en Sologne. Serge Dassault reçoit avec ses fils dans la propriété de Coignières. De même, Jean-Claude Decaux, père des abribus et des sanisettes, chasse discrètement avec ses amis en Haute-Marne. Mais la plus belle propriété de l'Hexagone appartient à un patron inconnu du grand public, Jean Leducq, le PDG d'Elis. Numéro un de la blanchisserie, il accueille incognito des politiques comme VGE ou René Monory.

De même, le vice-président du club Interallié, Edmond de Marcheguay, qui compte dans le monde de l'armement, et le baron Gilbert de Turkheim, président de l'Office national de la chasse, sont connus pour profiter à l'occasion de leurs contacts cynégétiques. Tout comme le banquier Alain Duménil, qui organise pas moins de douze chasses par an.

Les plus discrets sont sans conteste les chasseurs de grands fauves, un réseau très sélect de gens qui rêvent tous d'appartenir au « Rowland Ward's records of big game », le gotha international des meilleurs fusils. Longtemps, leur modèle fut Bernard Dumon, le patron de la société sucrière Saint-Louis, décédé en 1994 dans un accident d'avion, en partance pour un week-end de chasse en Europe de l'Est. Dumon était l'un des compagnons de traque en Roumanie de Claude Bébéar, le PDG du groupe d'assurances Axa, qui exhibe ses trophées dans son bureau : deux antilopes empaillées et une peau de panthère. S'il a décidé de s'accorder du temps pour vivre — il quitte le travail le jeudi soir — c'est pour pouvoir consacrer plus de temps à la chasse.

Le joaillier Alain Boucheron qui tire la grouse écossaise, le ministre Yves Galland, qui possède des droits d'exploitation en Afrique centrale, François Dalle, l'ex-patron de L'Oréal et son successeur Lindsay Owen-Jones qui affectionnent le perdreau rouge espagnol, Jean de Mouy, PDG des parfums Jean Patou, qui chasse le canard en Argentine, Gérard Clayeux, président d'une entreprise de layette et vêtements pour enfants, qui totalise plus d'une centaine de trophées, Philippe Delagrange, du laboratoire du même nom, qui a créé en plein Texas un ranch où il a implanté des espèces rares, tous ont partagé, et parfois au cours des mêmes parties, les mêmes sensations fortes. « Cela crée des liens, confie un amateur de safaris, qui peuvent, c'est vrai, se révéler fort utiles à l'occasion. »

Inutile d'attendre davantage de précisions. L'omerta est de règle chez les chasseurs, de faisan comme d'antilope. Même si l'on sait que la prise de contrôle de Roussel-Uclaf par Hoechst se décida lors d'une battue en Sologne. Ou qu'une opportune discussion lors d'une chasse présidentielle à Rambouillet en 1978, entre Giscard d'Estaing et Roger Martin, le président de Saint-Gobain, permit à ce dernier d'accélérer l'entrée de sa société dans le capital de Bull...

Le « Club du Crocodile »

Héritage d'un monde ancien, trop élitiste selon le nouveau Président Jacques Chirac, les chasses présidentielles ont été supprimées. Temporairement ? Au début de 1996, le bruit courait déjà que l'ancien ministre Camille Cabana, chargé de gérer les domaines laissés en jachère, avait enfreint la présidentielle consigne et invité un assureur de renom. C'est que pendant longtemps, les chasses de Marly ou de Rambouillet ont servi pour les relations publiques de l'Etat et des membres du comité des chasses présidentielles.

Dans ce registre, François de Grossouvre, tireur d'élite, qui orchestrait les chasses présidentielles sous Mitterrand, fut l'un des plus acharnés. Il avait d'ailleurs trouvé un allié de poids en la personne de Gaston Defferre, fou de chasse lui aussi, tout comme Michel Charasse.

Dans les battues très chic de Chambord ou de Rambouillet, on traitait, paraît-il, davantage des affaires tout court que des affaires de la France. Avant guerre déjà, l'un des réseaux de chasse les plus influents mêlait allègrement le business et la politique. Cela se passait en Sologne dans la propriété de la famille Outhenin-Chalandre, de riches industriels. Le fils s'appelait Claude, mais le père, fondu de chasse, l'avait vite rebaptisé Hubert, du nom du saint patron des chasseurs... « Hubert » fit donc son apprentissage sous la IIIe République, en un temps où la propriété paternelle voyait défiler les présidents du Conseil.

« Hubert », qui reçoit Léon Blum sous le Front populaire, travaille pour l'Intelligence Service pendant l'Occupation, enrichit inlassablement son réseau. Après guerre, embauché par le lessivier américain Unilever qui complétait déjà à Londres dans les années noires les traitements des proches du général de Gaulle, il lance à Paris le « Club du Crocodile », son animal fétiche.

Ils sont donc une dizaine de chasseurs impénitents à se réunir une fois par mois pour déjeuner dans un salon particulier de l'Automobile Club. Dans ce marigot, on rencontre Jacques Chaban-Delmas qui régalera ses amis le moment venu à l'Hôtel de Lassay, Maurice Bourgès-Maunoury et Félix Gaillard, deux présidents du Conseil, Jacques Maillet, un grand manitou de l'industrie aéronautique, Michel Debré, parlementaire déjà impétueux. Le journaliste Claude Paillat, auteur des *Dossiers secrets de la France contemporaine*[1], qui a bien connu l'ami Hubert, raconte comment ce dernier utilisait habilement ce réseau politique pour défendre aussi les intérêts de ses patrons.

On ne connaît pas d'héritier au « Club du Crocodile ». Mais il existe tout de même des chasses très « politiques » organisées localement par les fédérations départementales. « Elles sont régies depuis 1942 selon le régime de la loi sur les associations de 1901, explique un spécialiste. Elles ont un vrai monopole, puisqu'elles reçoivent toutes les cotisations des chasseurs. Leurs présidents sont des petits hobereaux locaux qui, chaque année, organisent une battue d'élite avec les parlementaires du cru, le

1. Robert Laffont.

préfet, et les notables. Ce sont autant de puissants réseaux électoralistes. Plus d'un sénateur leur doit son élection. »

Des « handicaps » qui se transforment en atouts

Les liens tissés à la chasse seraient-ils plus solides qu'au golf ? « Patauger ensemble dans la gadoue, ripailler ensuite après l'effort, cela crée tout de même des connivences autrement plus fortes que de se concentrer sur un gazon. » Un rien méprisant, ce banquier chasseur n'en démord pas : « Le golf, dit-il, c'est la chasse du pauvre. » Une exécution un peu sommaire. Car le golf, pratiqué à un certain niveau et en certaine compagnie, crée au moins un climat de confiance.

« Pas à n'importe quelles conditions, ni dans n'importe quel cadre, précise un golfeur de renom. Beaucoup se mettent au golf dans le seul but d'appartenir à un réseau. Ils ont beau prétendre qu'ils ont choisi ce sport pour la marche et la nature, on ne les croit pas. De même, l'adage selon lequel "On parle golf au bureau et on traite les affaires sur le terrain" est totalement faux. Ainsi, il était hors de question de parler à François Mitterrand d'autre chose que de golf sur un green. Ce qui est cocasse, c'est que ce sport permet souvent de nouer des contacts à un échelon tellement élevé qu'ils sont inutilisables ! Ce n'est pas parce que vous allez jouer avec l'entourage du roi du Maroc, voire avec le roi lui-même, que vous allez pouvoir monnayer ces contacts ! »

Mais la magie opère toujours. Que de fascination soudaine pour la petite balle blanche après l'élection de François Mitterrand ! Jusque-là, son réseau de golf se résumait à quelques proches comme son ancien directeur de cabinet des ministères de la IVe République, André Rousselet, enrichi dans les taxis, ou le docteur Laurent Raillard, un radiologue qu'il avait connu dans les années 60 à Hossegor. Il allait jouer parfois à Chantaco, un paradis golfique où il croisait Jacques Chaban-Delmas et sa femme Micheline. Mais cela ne devait pas se savoir. En août 1965, il avait prié des journalistes politiques qui étaient descendus le sonder sur ses intentions pour l'élection présidentielle de ne pas mentionner dans leurs articles la pratique de ce « sport de riches ».

Une fois élu à l'Elysée, on vit les néophytes accourir, persuadés qu'un « handicap » serait un atout supplémentaire pour se rapprocher du Prince. Jacques Attali, pourtant déjà bien placé dans les bureaux du Palais, entreprit d'apprendre à « putter » correctement et l'avocat Georges Kiejman traînait en s'essoufflant le chariot du Président. Des patrons golfeurs s'essayèrent à emprunter les mêmes parcours que lui. Peine perdue : il officiait le lundi après-midi sur un terrain fermé au public.

« De toute façon, ajoute notre golfeur, ce sport ne se suffit pas à lui-même en tant que réseau. C'est le plus qui va couronner d'autres appartenances. » Exemple : les membres du « Trophée des présidents », qui réunit depuis dix ans une vingtaine de chefs d'entreprise d'envergure. Tous appartiennent peu ou prou à d'autres confréries plus ou moins mondaines, plus ou moins élitistes. Mais il ne leur déplaît pas de se reconnaître mutuellement dans leur excellence sportive.

Le célèbre joueur basque Pascassio est à l'origine de ce trophée. Il l'a créé avec quelques-uns de ses « élèves » comme Gérard Pélisson, co-fondateur du groupe Accor, et Jérôme Seydoux, le patron des Chargeurs réunis (handicap 18). Ces deux adeptes ont d'ailleurs tellement pris goût à ce sport qu'ils ont acquis ensemble un parcours privé au Pian-Médoc, près de Bordeaux.

Ces PDG golfeurs jouent souvent entre eux, mais

l'ensemble de la troupe se réunit chaque année pour un week-end, généralement au Pays basque. Il y a là, entre autres, en plus de Pélisson et de Seydoux, Christian Bregou (CEP communication), David de Rothschild (la banque), Kléber Beauvillain (Hewlett Packard), André Rousselet (ex-Canal Plus), François Hanot (Ciments français)...

Pour leur dixième anniversaire, en septembre 1995, ils s'étaient organisé un week-end à Turnberry, en Ecosse. Tous très en forme, on les vit même s'amuser le soir comme des collégiens en goguette, et la plupart n'hésitèrent pas à dîner en kilt... Autant dire que le gagnant de cette année-là, Jean-Michel Andrieu, président du directoire d'Auguste Thouard, fut dignement fêté. On y parla peu de business, reportant ces sordides contingences à plus tard.

Pour chiquissime que soit ce club, il ne rivalise en rien avec un autre réseau, auquel tous ces PDG rêvent d'appartenir un jour : le « Royal et Ancien de St Andrews », en Ecosse. 1800 membres du monde entier dont six à sept Français (des présidents de clubs et un journaliste spécialisé, André-Jean Lafaurie) ont l'insigne honneur de pouvoir jouer dans cette Mecque du golf. Il est interdit de mentionner cette appartenance sur sa carte de visite sous peine d'exclusion. Le futur « élu » est coopté par deux parrains — poser sa candidature serait du plus mauvais goût — mais deux ans peuvent passer avant que l'on vous notifie très officiellement votre admission. Entre-temps, « on » s'informe et « on » délibère. Etre membre de St Andrews signifie accessoirement acquitter une cotisation annuelle de 160 livres, avoir le droit d'acheter les quelques « produits dérivés » du club, telle que la cravate siglée de la croix de Saint-André, et... recevoir à son tour la liste des futurs sélectionnés sur lesquels il faut donner son avis dans une lettre argumentée !

A ses origines, le golf fonctionnait d'ailleurs comme

une franc-maçonnerie. Ce sport, d'origine hollandaise, fut adopté vers 1500 par des Ecossais francs-maçons d'Edimbourg. L'héritage des fraternelles n'a pas été perdu pour tout le monde.

CHAPITRE III

Se fréquenter

Dans leur jargon universitaire, les sociologues parlent de l'« entre-soi » pour décoder les connivences de certains groupes sociaux. L'« entre-soi » ? Un art délicieux, cultivé par quelques centaines de « dîneurs en ville », abonnés des salons et piliers de clubs chic. Sans oublier ceux que leur naissance a prédisposés à ce savoir-faire : les aristocrates. Ils se retrouvent le temps d'un déjeuner ou d'un dîner, fidèles à une tradition bien française de la table.

Des dîners très raffinés servis par des laquais en livrée aux « petites bouffes » entre amis de la même corporation, ces gastronomes intéressés tissent des liens d'autant plus précieux qu'ils sont durables.

En haut de l'échelle sociale, un réseau informel rassemble régulièrement, dans les meilleures maisons, entre 200 et 300 personnes, hauts fonctionnaires, grands patrons, héritiers d'illustres dynasties. Ces « forçats de la mondanité » reçoivent et sont reçus en alternance. « La solidarité des dîners en ville est ce que je connais de plus solide, assure un haut fonctionnaire intégré dans le circuit. Quand vous croisez quelqu'un dans un dîner au moins une fois par mois, il est très difficile de vous fâcher avec lui. Ces agapes partagées m'ont souvent permis de débloquer quelques dossiers difficiles. Inversement, il m'est arrivé de céder, parfois contre mes convictions, pour ne pas heurter une de mes relations mondaines avec laquelle j'étais en négociation. »

Ces accointances vespérales se révèlent d'autant plus efficaces qu'elles sont insoupçonnables. « On n'imaginait pas, depuis Combray, que Charles Swann puisse fréquenter à Paris tant de salons influents, tant de gens élégants à l'instar de ces Guermantes, si lointains, si inaccessibles ? s'amuse une maîtresse de maison. Aujourd'hui, un certain "gratin" vit toujours en communauté à l'abri des regards, comme au temps de Proust. »

Ses connexions n'en sont que plus indécodables. A l'été 1996, le gouvernement et l'Elysée s'acharnent à sauver la compagnie Air Liberté, dramatiquement déficitaire. Or, le principal actionnaire d'Air Liberté n'est autre que la banque Rivaud, par ailleurs gestionnaire des finances du RPR. Voilà une première explication au zèle gouvernemental. Mais, de surcroît, les Rivaud entretiennent un réseau mondain où figure une recrue de poids, Bernadette Chirac.

L'épouse du Président est une assidue de longue date des dîners donnés rue de la Bienfaisance, chez le vicomte de Ribes, patron du groupe Rivaud jusqu'à l'automne 1996. Son épouse Jacqueline figure parmi les hôtesses les plus révérées de Paris. « On a l'impression de dîner au musée du Louvre et on rencontre des personnages inattendus, comme le jeune archiduc d'Autriche. C'est follement chic », raconte un invité, conquis. Follement chic aussi lorsque quelques dizaines de privilégiés reçoivent un bristol les conviant pour le 19 juin 1996 au soir avec cette seule mention : « Dîner ». Par la suite, une assistante se charge de préciser, par téléphone, qu'il s'agit de fêter l'anniversaire de... Bernadette Chirac. « Normal, commente cet autre habitué, les Ribes sont spécialisés dans les anniversaires ! » Las ! l'acharnement gouvernemental en faveur d'Air Liberté n'a pas suffi. Mais il n'aurait peut-être pas existé sans ces amabilités mondaines.

Chaque dîner a son « créneau » particulier. Parmi les « incontournables », quelques maîtresses de maison réputées, dont toutes atteignent un âge respectable et qui perpétuent une certaine tradition de l'entre-soi.

Colette Taittinger, épouse de Pierre Jacquin de Margerie, et sœur de Jean, ancien ministre de la Justice de Georges Pompidou, a appris à recevoir dès l'enfance. Il suffisait à la benjamine de la famille d'observer sa mère Anne-Marie animer les goûters dansants les plus prisés du XVIe arrondissement. Elle-même couve quelques jeunes femmes de la bonne société qu'elle entend initier aux charmes et aux servitudes du métier, leur enseignant, par exemple, que l'on ne place jamais deux personnes ensemble à table sans raison.

Le patrimoine familial lui apporte une précieuse assistance technique. Colette de Margerie ne reçoit pas chez elle mais à l'hôtel Crillon, que dirige son fils Patrice. A moins qu'elle ne convie 300 personnes à une séance de cinéma organisée par ses soins à l'occasion de la sortie du film *Beaumarchais*...

Héritière du groupe cosmétique L'Oréal, Liliane Bettencourt appartient à la même génération. Elle continue d'œuvrer, à un rythme moins soutenu qu'auparavant, dans sa demeure de Neuilly. Des dîners en petit comité, qui comptent rarement plus de dix couverts. Dans le mobilier Ruhlmann qu'elle a hérité de son père, le très controversé Eugène Schueller[1], se rencontrent des responsables de gauche et de droite : son mari André Bettencourt, ami de jeunesse de François Mitterrand, fut aussi ministre du général de Gaulle.

Claude Pompidou a elle aussi abondamment reçu, dans son appartement du quai de Béthune, même après la mort de son mari. Outre les repas autour de l'art moderne, elle s'était fait une spécialité des

1. Voir chapitre « Se protéger », p. 273.

dîners de réconciliation, tout particulièrement au profit de Jacques Chirac.

Autre figure légendaire de ce réseau du Tout-Paris, Jacqueline Delubac, l'ancienne épouse de Sacha Guitry. Elle demeure une hôtesse appréciée des milieux artistiques et du show-business et ne répugne pas à s'aventurer aux marches de la politique. Ainsi a-t-elle organisé une soirée, début 1996, pour fêter la nomination de Jean-Jacques Aillagon à la tête de Beaubourg.

Parmi les « grands-mères », comme les nomment les dîneurs avec respect et affection, mentionnons aussi Simone del Duca, qui a « fait beaucoup d'académiciens » grâce à ses dîners choisis, l'épouse du duc de Luynes qui reçoit avec faste, par fournées de 150 personnes, dans son château de Dampierre, en respectant deux règles de base : des petites tables, et pas d'hommes politiques...

Mais le cercle des dîneurs est impitoyable. La moindre faute de goût y est guettée, répétée et amplifiée. C'est que l'art de recevoir, si essentiel pour épaissir son carnet d'adresses, exige aussi de la patine. Sur les meubles comme dans les mœurs. « L'avantage, dans les dîners organisés par les grands patrons, c'est qu'on y boit de bonnes bouteilles, parce qu'ils ont tous racheté des vignobles prestigieux, juge ce vieux routier de l'exercice mondain, impitoyable arbitre des élégances. L'inconvénient, c'est qu'ils en font souvent beaucoup trop. Chez Claude Bébéar, le patron d'Axa qui impressionne par sa prodigieuse ascension, on se retrouve à 120 au milieu de meubles trop dorés, avec les tableaux assortis aux commodes. Tout cela sent le travail impersonnel de décorateur. Et, en plus, on est beaucoup trop nombreux. »

Ah ! Le dîneur confirmé évoque alors, des trémolos dans la voix, le savoir-faire des Croisset ou des Noailles. Hélie de Noailles, duc d'Ayen, énarque, diplomate, reçoit selon la grande tradition. Charles

Wiener de Croisset, aristocrate inspecteur des Finances, PDG du CCF, épate le Tout-Paris par la qualité de son salon. Ce balladurien affiché a beaucoup reçu au service de l'ancien Premier ministre, quand celui-ci croyait à son destin présidentiel. Mais la victoire chiraquienne n'a pas terni son étoile mondaine. Service à la russe, conversation à la française, meubles du XVIIIe, pas plus de vingt personnes à table : le nec plus ultra. Un sommet que l'on ne peut, de l'avis des connaisseurs, atteindre avant la troisième génération.

Il ne manque, assurent les plus exigeants, qu'un chef à demeure pour que les dîners des Croisset deviennent la référence absolue. Mais cette survivance des temps anciens ne se trouve plus guère que chez les Rothschild, haut lieu des mondanités. Le baron Elie et son épouse Liliane, dans leur hôtel particulier de Saint-Philippe du Roule, cultivent plutôt les réseaux intellectuels et artistiques. Chez les David-Weill, rue Saint-Guillaume, Hélène reçoit sans son mari Michel. D'ailleurs, les relations d'affaires de la banque Lazard, que dirige celui-ci, y sont moins représentées que les férus d'art moderne. Antoine Gallimard pour l'édition, Claude Imbert pour la presse, Karl Lagerfeld pour la mode, Tony Dreyfus pour la politique et les affaires comptent aussi parmi les hôtes distingués dont les dîneurs, tous secteurs confondus, aiment à honorer la table.

En matière d'éclectisme, de convivialité, de décontraction, l'une des attractions les plus courues, depuis des années, demeure la soirée cinéma organisée en haut des locaux de RTL tantôt par Jacques Rigaud, le patron de la CLT (Compagnie luxembourgeoise de télécommunication), tantôt par le patron de la station Philippe Labro. Ce n'est pas tant la projection d'un film en avant-première qui réjouit les cinquante invités que le savant mélange des genres réalisé par le maître de céans, qui papillonne de table en table avec l'apparente simplicité des vrais sophistiqués. Les habitués, comme l'écrivain et chroniqueur littéraire au *Point* Marc Lambron, les historiens Jean Tulard et Jean-Noël Jeanneney, l'écrivain Roger Peyrefitte, le haut fonctionnaire et banquier Simon Nora ou encore Tony Dreyfus savent que le menu ne varie guère d'une séance à l'autre : plat de viande, soufflé et dessert. Ils le dégustent avec quelques « intermittents » : Louis Schweitzer, le patron de Renault, Renaud Denoix de Saint-Marc, ancien secrétaire général du gouvernement et collègue de Jacques Rigaud au Conseil d'Etat, mais aussi l'ancien ministre communiste de la Santé Jack Ralite.

Fondamentaux pour entretenir un réseau élitaire, ces dîners revêtent un caractère presque magique parce qu'ils ne sont apparemment ni codifiés ni institutionnalisés. Personne n'y est inscrit, personne n'en est exclu... en apparence. Rien à voir avec les innombrables clubs qui foisonnent partout en France et surtout dans la capitale. Rien, sinon que la plupart d'entre eux formalisent, aussi, les rencontres autour d'un repas.

Une place à table

Il en est un qui affiche même la gastronomie comme raison sociale. Le Club des Cent applique, comme son nom l'indique, un numerus clausus impitoyable. Comme à l'Académie, seul un décès libère une place à table chez Maxim's, chaque jeudi à 12 h 30 précises. Sauf une fois par mois, quand l'un des membres convie les autres en un lieu de son choix. Celui qui a été coopté dans les années 70 avec le numéro 100 se retrouve ainsi aujourd'hui dans le peloton des vingt premiers.

D'origine paillarde lors de sa création en 1912, le Club est aujourd'hui devenu très sélect. Si l'impétrant doit toujours passer un « grand oral » gastronomique devant une commission de quinze membres, ses titres de gloire et ses parrainages comptent tout autant que la sûreté de son palais. Une fois franchi ce distingué barrage, il suffit de s'acquitter d'une cotisation de 4 000 francs par an, et de régler le prix des repas, « suffisamment élevé pour que l'on puisse dire sans déchoir qu'ils sont parfois dégueulasses », ironise un adhérent.

Les heureux élus ? Les hommes politiques Raymond Barre, Jean François-Poncet, Jean-Pierre Soisson et Pierre Messmer, « jeune recrue » de l'année 1996 ; deux Rothschild, Edmond et Elie ; quelques aristocrates, comme le duc de Luynes et le comte de Fels, qui reçoit aussi somptueusement dans son château de Voisin, près de Rambouillet ; le patron de Lazard Michel David-Weill, celui de Renault Louis Schweitzer.

Le Club des Cent est investi, depuis peu, par un réseau en pleine ascension dans le monde des affaires, la « bande à Bébéar ». Outre le PDG d'Axa lui-même, ses amis Jean-René Fourtou, de Rhône-Poulenc, Didier Pineau-Valencienne, de Schneider, Jean-Louis Beffa, de Saint-Gobain, Pierre Dauzier, numéro un de Havas et parrain du réseau corrézien, y ont conquis leur rond de serviette.

Le mondain vicomte de Ribes y côtoie le très mondain Jean-Marc Simon, du groupe Accor. Deux chefs, Paul Bocuse et Joël Robuchon, trois journalistes gastronomes, Philippe Bouvard, Jean Ferniot et Claude Imbert, sans oublier le très gourmet Jean-François Revel, apportent leurs connaissances de la bonne chère à l'assemblée, où siègent aussi un médecin abonné à la société élégante, Jean-François Lemaire, le commissaire-priseur Jacques Tajan et le couturier Pierre Cardin, qui reçoit chez lui dans les murs de Maxim's.

La liste manque singulièrement de femmes ? Elles en sont exclues depuis 1920 au motif que la seule jamais recrutée, une journaliste, était une telle raseuse, assurent les hommes, qu'il fallut modifier les statuts pour ne pas mettre en péril la sérénité et la pérennité de l'institution. Rien que cela !

Celles qu'un tel ostracisme désespère peuvent se rattraper dans une institution plus récente, moins prestigieuse mais néanmoins prometteuse : « Le Bistrot ». Son fondateur n'était pas n'importe qui. Orfèvre en matière de réseaux, Georges Bérard-Quélin, directeur-fondateur de nombreuses lettres confidentielles, franc-maçon, conseiller très écouté pour la constitution des gouvernements de la IVe République, a aussi initié le très célèbre et très sérieux « Siècle ». Il fut le premier président du « Bistrot », qui se veut le concurrent direct du Club des Cent. Une rivalité qui n'empêche pas 20 de ses membres sur 50 de cumuler les deux affiliations. C'est le cas de l'actuel président Jean-Marc Simon et de son prédécesseur Jacques Tajan.

Parmi les femmes, outre Corinne Fabre, des laboratoires du même nom ou la journaliste Anita Hausser, la magistrate Danièle Burguburu tient le rôle d'égérie. Parce qu'elle était très proche de François Mitterrand, la confrérie se réunissait dans les établissements que fréquentait l'ancien Président, comme « Chez Lulu », « Le Pichet » ou les restaurants de poissons « Le Divellec » et « Le Duc ». Les commensaux cherchent désormais de nouvelles sources d'inspiration...

Mais tous les clubs, avis aux candidats, ne s'apparentent pas forcément à un réseau. Ainsi des instances mondaines comme le « Jockey Club » : s'y reconnaît-on, s'y aide-t-on parce qu'on en est membre ou, plus simplement, parce qu'on appartient à l'aristocratie ?

Le « Siècle », quant à lui, fait plus appel au prestige qu'au sentiment d'appartenance commune que peuvent ressentir ses affiliés. Ils sont certes triés sur le volet, mais si nombreux : environ 400 nomenklaturistes invités à se retrouver, le troisième mercredi du mois, dans les salons de l'Automobile Club de France, place de la Concorde. Il y a là les patrons Ambroise Roux, Claude Bébéar ou Jérôme Monod, le banquier Michel David-Weill, les politiques Jacques Toubon ou Laurent Fabius, les universitaires Olivier Duhamel ou Luc Ferry, les hauts fonctionnaires comme Marceau Long, les télécrates Jean Drucker ou Patrick Poivre d'Arvor. Sans oublier une poignée de femmes, bienvenues au club, comme la journaliste Michèle Cotta, l'espoir du PS Martine Aubry ou Danièle Burguburu, décidément omniprésente. L'apéritif, où les contacts se nouent, est le moment le plus stratégique de la soirée, puisqu'il permet à chacun de naviguer à sa guise avant de se trouver placé d'office à une table de huit.

Rançon du succès, le « Siècle » est copié. Marc Ladreit de Lacharrière, le PDG énarque de FIMALAC, a racheté la *Revue des Deux Mondes*. Autant par goût de la spéculation intellectuelle que par désir de tisser un maillage relationnel opérant à son profit. Les dîners qu'il donne au Royal Monceau ou au Plaza-Athénée sous cet élégant patronage n'ignorent rien du formalisme et des préséances : repas placé avec chaque table présidée par un ambassadeur étranger en France, invité d'honneur convié à prononcer un discours, rien que de très apprêté... Mais les convives, eux, sont toujours les mêmes. Ceux que l'on a déjà croisés au Club des Cent, au « Siècle » et ailleurs...

Cette ronde des dîners, où l'on ne cesse de se rencontrer en donnant l'illusion qu'il s'agit d'un pur hasard, attire aussi les cadets. Trop tendres pour appartenir aux vrais cénacles en vue, certains d'entre eux tentent d'imiter leur style. Ils étaient à peine trentenaires lorsqu'ils décidèrent, en 1990, de fonder le « Banquet ». Référence gastronomique ou philosophique, au choix. Jeunes énarques, polytechniciens, cadres supérieurs, députés, journalistes, ils sont une quarantaine à se retrouver le deuxième mercredi du mois — le jour des enfants ! — à dîner « Chez Edgar », l'un des réfectoires politico-médiatiques les plus célèbres de la rive droite. Ce « Club Mickey » de l'influence veut tout faire comme les grands : les tables de huit, les rituels de cooptation, et bien entendu la pratique obligatoire de la courte échelle. S'ils ne sont pas encore parvenus au sommet, ils s'y efforcent. Les journalistes Claude Askolovitch, Christophe Barbier ou Thierry Portes gravissent les échelons de la hiérarchie à *L'Evénement du Jeudi*, à *L'Express* et au *Figaro*. Jean-François Copé et François Cornut-Gentille forment la garde montante des jeunes députés chiraquiens. L'X-Ponts Edouard Sauvage gère l'aménagement du territoire au cabinet d'Alain Juppé tandis que l'inspecteur des Finances François Werner dirige le cabinet de Guy Drut. L'idée générale est assez simple : le journaliste parle de l'élu, qui donne des informations au journaliste ; le conseiller ministériel délivre quelques renseignements aux précédents, et espère par ailleurs pantoufler un jour dans le secteur privé grâce à ses amis qui y travaillent déjà... Toutes les variantes sont évidemment envisageables dans ce Kamasoutra de la réussite !

Canetons et Poularde

Tous les réseaux de « fréquentation » ne jouent pas sur le seul « effet-miroir » analysé par le philosophe René Girard : on se reconnaît du même monde dans une sorte de sociabilité de la vanité. Sur l'échiquier de la convivialité, les « débiteurs mondains » ne jouent pas seuls. D'autres qu'eux sont soudés par des moments forts, des expériences partagées.

Ainsi, les anciens de certains cabinets ministériels

prennent du plaisir — et parfois quelque intérêt — à se restaurer ensemble. Ils ont travaillé dur, supporté plus ou moins bien un départ forcé de leur bureau à dorures. Après l'adieu aux huissiers, certains continuent d'entretenir la flamme.

Par ordre d'ancienneté, les ex-collaborateurs du ministre gaulliste Olivier Guichard ont fondé le « 109 », qui fonctionne toujours. Ceux de chez Simone Veil, période VGE, se souviennent ensemble, plus de 20 ans après, des rudes batailles autour de la loi sur l'avortement. Jacques Delors est le rassembleur du club Clisthène (le père de la démocratie athénienne, s'il vous plaît) ; sa fille Martine Aubry couve les « Canetons du Châtelet » ; le cercle des « Amis de Béré » a survécu à l'ancien Premier ministre et le Cabaroc (abréviation canaille de « cabinet à Rocard ») s'est créé dès le lendemain de la démission fracassante du ministre de l'Agriculture, en 1985.

Outre l'entraide routinière, il arrive que ces rassemblements aient une petite incidence sur les affaires du pays. Ainsi, René Monory, le président du Sénat, réunit toujours ses anciens directeurs de cabinet deux fois par mois. Parmi eux : Michel Pébereau, le PDG de la BNP, Jean-Jacques Bonnaud, ex-président du GAN... Ce dernier se trouve, au début de 1996, l'objet de pressions insistantes de la part d'Alain Juppé qui veut recaser son directeur adjoint de cabinet, l'inspecteur des Finances Pierre-Mathieu Duhamel, à la tête du CIC (Crédit industriel et commercial), filiale du GAN. « Si ce parachutage a échoué, explique un haut fonctionnaire de Bercy, c'est en grande partie parce que Bonnaud, qui n'avait pas envie de céder et qui avait la loi pour lui, bénéficiait du soutien de Monory. Le président du Sénat n'a eu aucune difficulté à faire passer à Juppé le message selon lequel cette affaire, qui commençait à faire du bruit dans les journaux, pourrait devenir bien contrariante... » Ironie de l'histoire :

c'est un autre réseau, issu du cabinet d'Alain Juppé au Budget entre 1986 et 1988 qui œuvrait secrètement à ce parachutage. Pierre-Mathieu Duhamel appartenait à cette première équipe sous les ordres de l'inspecteur des Finances Daniel Bouton, devenu numéro deux de la Société générale, une banque qui lorgne depuis longtemps sur le CIC...

Ce genre de petits cénacles, mi-« bande de potes », mi-relais corporatiste, existe fréquemment dans l'Administration. Ainsi de la police, où une quarantaine de jeunes commissaires ont fondé, dans les années 80, le club de la Poularde, du nom du restaurant où ils se réunissaient à leurs débuts. Depuis, beaucoup ont conquis des positions importantes, comme Claude Cancès, ex-directeur de la Police judiciaire parisienne, ou Ange Mancini, l'ancien numéro deux de la PJ nationale. Une « boutique » concurrente se crée au début des années 90 sous la houlette du contrôleur général Delebois. Ce policier proche de Charles Pasqua a acquis une petite mais malencontreuse notoriété au fil de sa carrière pour avoir été impliqué, en 1973, dans l'affaire des micros posés au *Canard enchaîné*, puis, en 1986, pour avoir remis à Yves Chalier, chef de cabinet en fuite de Christian Nucci[1], un « vrai-faux » passeport pour le Brésil. Jacques Delebois est l'inspirateur du « Club de la Vaupalière », qui réunit des policiers, un membre de la préfectorale, un ancien gendarme dans les locaux du Cercle militaire, à Paris. Las ! Quelques-uns de ses membres, rivaux malheureux de ceux de « La Poularde », ont commencé de confectionner des dossiers sur le patron des Renseignements généraux, Yves Bertrand, et sur le fonctionnement, à leurs yeux défectueux, de cette direction. Scandale, enquête de l'IGPN, révocations : la Vaupalière n'est plus que l'ombre d'elle-même.

Ces peu glorieuses luttes intestines ne doivent

1. Voir chapitre « S'enrichir », p. 171.

toutefois pas occulter les réseaux où l'amitié, la convivialité forment le ciment commun principal, les petits coups de main venant par surcroît. Ainsi des « Pieds dans l'eau ». Cette honorable association, dont les statuts sont dûment déposés à la préfecture, s'est constituée en 1987. Elle doit son nom à un restaurant situé sur l'Ile de la Jatte, à l'ouest de Paris, où les dîners ont démarré de manière spontanée autour du propriétaire, par ailleurs publicitaire. Ils sont désormais 25, parmi lesquels Michel Charasse, l'ancien ministre socialiste Louis Mexandeau, l'ex-directrice du Budget Isabelle Bouillot, le journaliste Philippe Tesson, Isabelle Ockrent, directrice de la communication de la SEITA, l'avocat de SOS Racisme Francis Terquem, le publicitaire chiraquien Bernard Brochand, sans oublier la présidente à vie, Françoise Sampermans, ancien PDG de la Générale occidentale, filiale d'Alcatel qui possédait notamment *L'Express* et *Le Point*, et dirigeante de la filiale française du groupe papetier canadien Québecor. « Nous nous réunissons une fois par mois pour dîner, sans autre ordre du jour que celui de bien rire, explique-t-elle. Nous sommes parmi les rares à respecter la parité hommes-femmes, et l'équilibre gauche-droite. Pour le débat Chirac-Jospin, entre les deux tours de la présidentielle, nous avions placé la droite d'un côté, la gauche de l'autre, la télé au milieu. C'était très sympa. » Les critères d'admission, aux dires de la présidente : être convivial, ne pas avoir un ego trop développé, ne pas être spécialisé dans la calomnie mondaine.

Du plus frivole au plus sérieux, tous ces cercles de la convivialité ont un point commun : ils sont artificiels. Tous ont été créés par la volonté, l'ambition, l'esprit de fidélité d'un homme ou de quelques-uns. A l'inverse, il existe un réseau dont la composition appartient au seul destin : pour y appartenir, il suffit... d'y être né !

Une mafia de naissance

Elle fume le cigare, roule en Harley Davidson, assure l'alimentation et l'illustration des chroniques mondaines dans les revues spécialisées. A peine trentenaire, elle créait son club, « Le Tonnerre », riche de 150 membres sélectionnés parmi les piliers de soirées parisiennes. Même si l'image qu'elle donne n'enchante guère la plupart de ses pairs, souvent plus à cheval qu'elle sur l'étiquette, Hermine de Clermont-Tonnerre rentabilise un capital qui tient dans la seule particule.

Malgré les dures lois du capitalisme moderne, qui a mis les rentiers au travail, malgré l'assouplissement des mœurs, qui contrevient souvent à leurs codes de la bienséance et de l'honneur, les aristocrates se distinguent encore. « On apparaît comme des troglodytes, s'amuse Henri-François de Breteuil, marquis et président de la "Demeure historique", une association qui défend les propriétaires de monuments historiques[1]. Les terres ne valent plus grand-chose, les châteaux font des noces et des banquets, mais il reste le capital social, c'est-à-dire le réseau. Et ce réseau-là, inscrit dans le temps et dans l'espace, en vaut bien d'autres. Un exemple : qu'a fait la baronne de... lorsque son fils, retour de coopération, s'est mis à chercher du travail ? Elle a donné trois dîners par semaine. Son fils est rapidement embauché par un grand du BTP. Mais il végète un peu dans le Sud-Ouest. Par chance, il se retrouve à l'occasion d'un mariage assis à côté de son président... Et se voit nommé, comme il l'avait rêvé, dans le Sud-Est asiatique... » Un sens presque inné de l'entraide que ne renie pas Laure de Beauvau-Craon, présidente de Sotheby's France, qui avoue recruter volontiers des stagiaires d'origine noble et

1. *L'Expansion*, 12 septembre 1994.

se dévouer pour aider un jeune qui lui aura été recommandé par des amis.

C'est la « distinction », pour reprendre une expression chère au sociologue Pierre Bourdieu, qui fonde le réseau. Un maillage d'autant plus riche que ces gens bien nés disposent d'un opulent « capital social ». Ce patrimoine impalpable et néanmoins indispensable est défini par le sociologue comme « l'ensemble des ressources actuelles ou potentielles qui sont liées à la possession d'un *"réseau durable de relations"* plus ou moins institutionnalisées d'interconnaissance ou d'interreconnaissance[1] ».

Appliquée à l'aristocratie, la notion de « capital social » est un concept rêvé. Même si les salons les plus célèbres de l'entre-deux-guerres, comme ceux de Marie-Laure de Noailles ou d'Edmée de La Rochefoucauld n'ont pas de successeurs modernes, l'art de cultiver ses relations demeure le devoir principal des porteurs de particule. Encore convient-il de s'entendre sur la nature de ladite particule.

Aristocrates, combien de divisions ? Un peu plus de 2 000 familles, selon l'homologation scrupuleuse, voire soupçonneuse, de l'Association d'entraide de la noblesse française (ANF) ? Entre 3 000 et 4 000 familles comme l'affirme le « Catalogue de la noblesse française », assurant que 6 000 autres, bien que dotées de particule, ne peuvent se prévaloir de la qualité de nobles ? L'unité de compte, en tout cas, n'est pas l'individu mais la famille. Chaque individu n'est en effet qu'un maillon dans la lignée. « En même temps, explique le sociologue Eric Mension-Rigau, l'auteur d'*Aristocrates et grands bourgeois*[2], il est enserré dans le réseau complexe des cousinages et des alliances. »

La famille élargie représente donc le cœur de ce « capital social », dont les contours ont longtemps

1. *Actes de la recherche en sciences sociales*, n° 31, janvier 1980.
2. Plon, 1994.

été dessinés par des alliances matrimoniales méticuleusement contractées. Au gré des mariages s'imposent les lieux de vie et de rencontres, du château au bel appartement parisien, assez vastes pour pouvoir recevoir et consolider le capital social. « A Bordeaux, selon leur insertion dans le négoce du vin ou dans celui du pin, les familles possèdent un château dans le vignoble ou une belle demeure dans la forêt des Landes, constatent les sociologues Michel Pinçon et Monique Pinçon-Charlot, auteurs des *Grandes fortunes*[1]. Mais elles possèdent aussi un hôtel particulier ou un vaste appartement près du Jardin public ou sur le cours Xavier Arnozan, et une villa à Arcachon ou au Cap-Ferret ainsi qu'un chalet dans les Pyrénées, pour les sports d'hiver. Cette double ou triple territorialité est bien une composante d'une position dominante. Marquer sa place dans l'espace social semble exiger qu'on puisse aussi la marquer dans l'espace géographique. » A en croire ce couple de sociologues qui étudie depuis longtemps les codes et rituels des « grandes familles », on assisterait donc à une sorte de « collectivisation » du patrimoine immobilier, placé au service du réseau familial élargi. Ces larges espaces contribuent aussi à garantir l'intégrité du clan, en surveillant de près, par exemple, les fréquentations des enfants.

Toutefois, les relations, il y a des lieux pour cela. Le Jockey Club, par exemple, seule instance mondaine composée quasi exclusivement d'authentiques aristocrates : on n'y croise pas moins de 13 La Rochefoucauld, 12 Dampierre, 7 Broglie ou 6 Polignac ! Initialement créé en France pour encourager l'amélioration de la race chevaline, Le Jockey — le « cercle », disent les initiés — fonctionne comme les clubs anglais : les dames n'y sont pas admises, bien qu'elles disposent d'une tribune

1. Payot, 1996.

réservée sur les hippodromes de Longchamp, Chantilly et Deauville ; l'étiquette est importante, et la courtoisie exige que l'on ne fasse pas d'affaires en ce lieu, sis au 2 de la rue Rabelais, dans le VIIIe arrondissement de Paris.

Il s'agit d'un lieu où, pour reprendre un éditorial « maison »[1], « les diplômes, les décorations, les talents et les fonctions ne sont pas toujours des passeports nécessaires ni suffisants pour être admis ».

L'admission, en effet, exige bien plus : être reconnu par les quelque 1 100 membres à jour de leurs cotisations. « Un monsieur assez connu dans le milieu a demandé à se faire présenter au Jockey, raconte un de ses adhérents, il disait y connaître beaucoup de monde. Quelqu'un qu'il croyait pouvoir choisir comme parrain lui a répondu : "Mon cher ami, individuellement, tout le monde sera pour vous, mais collectivement tout le monde sera contre." Cette personne ne faisait absolument pas le poids. On écarte soigneusement quelqu'un qui vit sur une ambition mondaine car il n'apportera rien. La ruche suppose que chaque abeille apporte du pollen, mais pas qu'elle pique le pollen des autres. »

Mais entre gens bien élevés, pas question de faire subir à l'impétrant l'humiliation d'un rejet. On ne présente donc que les candidats assurés d'être cooptés, à l'issue d'une sélection impitoyable. Un vote négatif exprimé par une boule noire annule, c'est la règle, cinq votes positifs exprimés par une boule blanche. C'est aussi un moyen décisif, pour la « ruche », de maintenir la qualité de ses abeilles. Les autres, tous les autres, n'auront pas la chance de pouvoir faire suivre leur nom, dans le « Bottin mondain » — « le livre », pour les initiés — de la prestigieuse et distinctive lettre « J ».

Ce que le Jockey Club réalise de manière feutrée, l'ANF l'effectue de manière volontairement brutale.

1. *Le Courrier du Jockey Club*, n° 10, décembre 1990, par François-Xavier de Vivier.

Créée en 1932 par quelques aristocrates inquiets d'une éventuelle extinction de l'espèce, cette association entend « assurer le maintien et le respect des lois, règles et usages qui gouvernent la noblesse ». Si sa vocation première consiste à « apporter une aide matérielle et morale à ses membres », encore faut-il que ceux-ci soient triés sur le volet. Aussi une part importante de l'activité associative tourne-t-elle autour de l'authentification. Une très formelle « Commission des preuves » examine avec attention les actes de filiation fournis par chaque postulant et exige le parrainage de quatre membres dont deux issus de la même région que le candidat.

Une fois tous ces désagréables obstacles levés, l'impétrant peut profiter de la solidarité institutionnalisée par l'ANF. Un réconfort moral, bien sûr, mais aussi une vraie assistance matérielle. L'une des trouvailles les plus folkloriques se nomme « le vestiaire ». Il s'agit de vêtements usagés donnés par les plus privilégiés. Mais ce très chic grenier d'Emmaüs possède quelques caractéristiques propres à la classe à laquelle il s'adresse : on y trouve des tailleurs et des robes de cocktail portant la griffe des grands couturiers, ainsi que des smokings et des jaquettes. Bref, tous les accessoires indispensables pour continuer de s'adonner à l'art collectif et délicieusement restreint de « l'entre-soi ».

Et quel entre-soi ! Un concentré de tout ce qui compte et de tout ce qui connaît tout ce qui compte. Ainsi du duc de Brissac, figure emblématique de cette aristocratie qui s'est adaptée à son temps et qui a su élargir ses réseaux sans déroger. Polytechnicien, mais sorti dans un rang médiocre qui lui interdit l'entrée dans les grands corps, Pierre de Cossé-Brissac a épousé May Schneider, héritière de la famille des maîtres de forges. Il a fait carrière au sein du groupe du Creusot, où il a dirigé notamment toutes les opérations de relations publiques haut de gamme.

Car les relations, le duc de Brissac les collectionne par atavisme familial et par éducation. « La croisière sur l'*Achilleus*, organisée par une journaliste américaine, à laquelle le duc de Brissac accepte de participer en 1955, représente sans doute un exemple limite de ces fausses rencontres de hasard savamment aménagées », note la sociologue Monique de Saint-Martin dans le livre très documenté qu'elle a consacré à *L'Espace de la noblesse*[1]. L'initiative de cette promenade de deux semaines en Méditerranée revient à l'armateur grec Stavros Niarchos, qui prend en charge tous les frais de voyage contre le privilège de caboter en compagnie de tout le « gratin » européen et américain.

Parmi les Français, le duc de Brissac a alors le plaisir de retrouver l'ancien président du Conseil Paul Reynaud, qu'il a croisé à plusieurs reprises dans les années 30. Il connaît également la comtesse de Contades, qui deviendra la belle-mère de son fils aîné ; ou le baron de Cabrol, un cousin dont l'épouse excelle dans l'organisation de bals caritatifs. Quant à ce jeune ménage prometteur, le vicomte et la vicomtesse de Ribes, ils n'ont guère de secrets pour le duc. Le vicomte, en effet, n'est autre que son neveu. Il a fait un beau mariage en épousant Jacqueline de la Bonninière de Beaumont, fille de Jean de Beaumont, grand chef de l'énigmatique banque Rivaud, président du cercle Interallié et... lui-même cousin du duc de Brissac !

Quels seraient, aujourd'hui, les invités d'une telle croisière ? Cela aurait pu être dans les années 80 quelques membres de l'informelle Association des Amis de Canisy, créée en 1982 par Denis de Kergorlay, tombée en désuétude depuis, par lassitude de son promoteur et surtout de son épouse. Diplômé de l'université de Columbia, Denis de Kergorlay est trésorier de Médecins sans frontières

1. Métailié, 1993.

lorsqu'il entreprend d'organiser des rencontres huppées dans son château de Canisy, dans la Manche. La demeure du XVIIe siècle, réaménagée par ses parents, compte plus de 50 pièces et est entourée d'un parc d'environ 500 hectares. Le week-end, les « amis de Canisy », avocats, écrivains, artistes, patrons, hauts fonctionnaires, hommes politiques se retrouvent au château moyennant une participation modeste aux frais de séjour. Les journalistes Jean Bothorel et Patrick Poivre d'Arvor viennent en voisins. De même que le Breton Jean de Kervasdoué, alors directeur des hôpitaux. Grâce à ce dernier, Denis de Kergorlay héberge bientôt toute la « bande à Fabius » : Maurice Bennassayag, Serge Moati, Gérard Unger et Henri Weber, ravis de jouer les aristos le temps d'un week-end. A droite, les habitués de ces week-ends très cohabitationnistes se recrutent plutôt du côté de l'UDF. Bruno Durieux et Francois d'Aubert, voisin mayennais, se mêlent volontiers à ces week-ends campagnards.

Canisy illustre assez fidèlement l'une des vocations rénovées des réseaux aristocrates : diversifier le « capital social » tout en préservant, autant que faire se peut, la spécificité de la caste. Autrement dit, se mélanger sans déroger.

Luxe, épicerie fine et antiquités

Une épouse contre la toiture du château : le « troc » n'est jamais énoncé en termes aussi triviaux. Mais cela fait tout de même quelques siècles que l'aristocratie a pris l'habitude de s'allier avec des familles de la grande bourgeoisie pourvues d'un enviable patrimoine : échange d'un capital social contre un capital économique.

Vieille tradition : Colbert, fils d'un riche drapier rémois, ne réussit-il pas à « caser » plusieurs de ses filles dans le meilleur des mondes aristocratiques, épousant respectivement le duc de Chevreuse, le duc de Beauvilliers et le duc de Mortemart, neveu de Mme de Montespan ?

Même si la règle n'est pas infaillible, ce sont généralement, encore aujourd'hui, les fils qui s'allient à des roturières : le nom, ainsi que les apparences, demeurent intactes même si personne ne s'y trompe. Au cours de son enquête, le sociologue Eric Mension-Rigau a ainsi dressé une liste indicative des familles bourgeoises que l'aristocratie considère comme honorables, et dignes de s'agréger au réseau.

On y trouve notamment les Bizot, famille lyonnaise établie depuis des générations dans la banque (dont fait partie Jean-François Bizot, l'ancien patron d'*Actuel*), les Cartier-Bresson, dont la fortune provient du textile, les Fenaille, prospères grâce au pétrole, les Firino-Martell et leur célèbre cognac, les Georges-Picot, aux activités plus diversifiées, les Meunier du chocolat, les Say du sucre ou les Manset de Bordeaux. Sans oublier les familles bourgeoises qui ont vraisemblablement le plus contribué à renflouer de grandes et nobles dynasties : les Wendel et les Schneider, légendaires maîtres de forges, ainsi que les Rothschild.

Des alliances fort utiles quand il s'agit de multiplier les opportunités professionnelles. Des aristocrates cooptés par la bourgeoisie ont ainsi peu à peu grignoté des sièges dans les conseils d'administration. Même si les promotions de Saint-Cyr, extraordinairement solidaires par ailleurs, continuent de comporter un nombre statistiquement écrasant de noms à particules, les filières professionnelles de l'aristocratie se sont en effet sérieusement diversifiées.

Sur le front de la diplomatie, la tradition se maintient au fil des différents gouvernements : dans la continuité des dynasties de Jacquin de Margerie comme ambassadeurs de France, le Président Jacques Chirac a nommé comme ambassadeur à

Washington, le poste le plus envié, François Bujon de l'Estang, et le secrétaire général de l'Elysée, Dominique de Galouzeau de Villepin, vient du Quai d'Orsay. Noblesse oblige...

Mais jamais, en vérité, le réseau des « petits marquis » ne fut aussi actif et bien représenté que durant le court règne d'Edouard Balladur à Matignon, entre 1993 et 1995. Qu'on en juge : Olivier Costa de Beauregard, conseiller technique chargé du logement ; Victoire de La Génière au service de presse ; Thierry de Mazancourt, pour l'industrie, l'artisanat et le commerce, Bernard de Montferrand, conseiller spécial, Anne de Danne, à la santé, la famille et la ville, banlieues comprises, Yves-Thibaut de Silguy, chargé des questions communautaires, et qui deviendra commissaire européen à Bruxelles...

Dans la vie politique proprement dite, les maillages aristocratiques sont assez relâchés. Certes, le duc Josselin de Rohan, sénateur du Morbihan, préside le groupe RPR à la Haute Assemblée. Et il sait à l'occasion écouter d'une oreille attentive les requêtes qui transitent par un membre de son volumineux cousinage.

Dans la sphère publique, ce sont plutôt les mandats d'élus locaux qui inspirent les nobles. Survivance, sans doute, de quelques ferments de féodalité. A l'échelon national, ils préfèrent la haute administration. Une étude réalisée par le Centre de sociologie européenne au début des années 70 dénombrait ainsi 12 % de porteurs de noms à particule parmi les inspecteurs des Finances.

Dans le secteur privé, la banque, domaine de prédilection, semble marquer le pas face à quelques métiers modernes liés à la communication. L'art de gérer son carnet d'adresses, de faire la conversation, de savoir recevoir compte pour beaucoup dans les métiers de représentation. Renaud de Clermont-Tonnerre, après avoir dirigé pendant des années *Point de vue Images du Monde*, est devenu président d'Avenir Havas Media tandis que Jean de Yturbe préside l'agence de publicité Ted Bates.

Mais c'est surtout dans le luxe que les noms qui sonnent bien remportent tous les suffrages. Chez Chanel, la communication passe par la très élégante Marie-Louise de Clermont-Tonnerre, tandis que l'image maison fut longtemps incarnée par Inès de La Fressange. Daphné de Saint-Marceaux ainsi que Laure de Fels assurent les relations publiques de la société américaine Estée Lauder. Eliane de la Béraudière, chez Dior, et Elisabeth de Hennezel, pour Guerlain, « vendent » du parfum, tandis qu'Anne de La Rochefoucauld s'est spécialisée dans le champagne.

La carrière d'attachée de presse, donc, s'accorde bien à la particule. Si Ghislaine de la Serre semble représenter une marque plus triviale avec Martini Rossi, ce n'est là qu'une apparence. La marque dispose en effet d'une terrasse de prestige sur les Champs-Elysées, où il est possible d'organiser de grands cocktails...

Le luxe... et aussi les antiquités. Peut-on trouver meilleur expert que celui ou celle qui a baigné, dès sa plus tendre enfance, au milieu des « belles choses » ? Et quoi de plus conforme à son image, pour un grand antiquaire, que de pouvoir afficher un nom qui, comme les objets qu'il propose, a de la patine ? Laure de Beauvau-Craon, présidente de Sotheby's France, reconnaît sans complexe ce penchant. La princesse a inventé, si l'on ose dire, le « pantouflage aristocratique ». Ancienne présidente de la « Demeure historique », qui regroupe les intérêts de 2 000 châteaux en France, elle était on ne peut mieux placée pour connaître les richesses d'un patrimoine dont les propriétaires désargentés sont parfois contraints de se séparer. En faisant appel, de préférence, aux services discrets de Sotheby's.

Christie's, l'autre grand mondial du marché de l'art, investit lui aussi dans le réseau mondain. En

1990, la maison embauche Emmanuel Jacquin de Margerie, ancien ambassadeur de France à Washington, ex-directeur des musées de France, et surtout descendant d'une des plus grandes familles françaises, comme patron de sa branche « Europe ». Elle recrute également parmi ses cadres dirigeants le vicomte Thierry Roy de Lachaise, prié d'indiquer son titre nobiliaire sur les catalogues !

Dans les réceptions organisées pour faire connaître la maison anglo-saxonne défilent les meilleurs noms du Bottin mondain. Une réception parmi d'autres, organisée en Provence durant l'été 1995, réunissait ainsi le prince Charles-Louis de Mérode, Bertrand du Vigneau, la princesse Charlotte de Croÿ, Olivier et Bruno Latil d'Albertas, ainsi que l'incontournable Jonkheer Daniel Cordon de Lichtbuer.

« L'appartenance à une grande famille, la possession d'un réseau de relations fortement intégré constituent une garantie particulièrement efficace contre les menaces de chute ou de perte de position, assure la sociologue Monique de Saint-Martin. La gestion bien maîtrisée des relations permet aux descendants de la noblesse d'éviter plus sûrement le déclin que la possession d'un diplôme ou d'un titre scolaire. »

De tous les adeptes de l'entre-soi, les aristocrates bénéficient, en effet, d'un privilège considérable : ils appartiennent au même réseau mondain, efficace, diversifié, durable, de leur premier à leur dernier soupir.

CHAPITRE IV

Faire carrière

C'est une histoire d'ascenseur. Mais à sens unique : toujours, il s'agit de monter. L'image est vieille comme l'ambition sociale. Pas hypocrite, le préfet Paul Camous, grande figure des réseaux parisiens, avait finement appelé un petit club fondé par ses soins : « l'Ascenseur ». C'était au temps de la Quatrième florissante. Les premières promotions sorties de l'ENA donnaient à la Nation l'illusion qu'elles avaient embrassé la religion ô combien désintéressée du sacro-saint « service public ». Les hauts fonctionnaires venaient deviser en compagnie de patrons et d'élus avec en tête cette devise subliminale : le réseau, c'est bon pour la carrière.

Qui se souvient encore des propos enflammés du fondateur de l'ENA, Michel Debré, lors de son inauguration, en 1946 ? Loin des « élévateurs sociaux », cet impétueux membre du Conseil d'Etat évoque alors « l'objectif moral » de la formation dispensée, « le sens de l'Etat » et « les servitudes du métier ».

L'envolée est sincère, et correspond, dans les premières années, à une certaine réalité. L'idée d'aller folâtrer, contre espèces sonnantes et trébuchantes, dans le secteur privé n'effleure pas les promotions inaugurales. Même l'élite de l'élite, l'Inspection des Finances, n'a pas encore commencé son opération de ratissage des postes dans le secteur financier. Il s'agit de reconstruire la France.

Un demi-siècle plus tard, le bilan ne cadre plus vraiment avec les nobles principes martelés par Michel Debré. C'est un membre de l'énarchie, Jean-Michel Gaillard, magistrat à la Cour des comptes, ancien conseiller de François Mitterrand à l'Elysée, qui s'en inquiète : « En 1994, 60 % des énarques entre 25 et 40 ans envisagent de quitter le service public. »

Il ne s'agit plus seulement de progresser au sein de l'administration. Il faut aussi « pantoufler » : franchir les portes de l'entreprise, lieu naturel de la compétition et des avantages matériels qui lui sont associés. Pour réussir cette mutation, le meilleur trajet ne passe pas forcément par la ligne droite, mais par le réseau.

Un réseau très sélectif qui ne concerne guère l'énarque « moyen ». En effet, à la sortie de l'école, après une lutte des places impitoyable, les uns et les autres se revoient peu, sauf affinités particulières. Il existe bien sûr des exceptions. Ainsi de quelques célébrités de la promotion « Robespierre », sortie de l'école en 1970. Un petit groupe transpolitique se retrouve régulièrement, vingt-cinq ans après, et n'hésite pas à se donner quelques coups de main. Philippe Séguin, président de l'Assemblée nationale, Jacques Attali, Marc Ladreit de Lacharrière, président de FIMALAC, Etienne Pflimlin, banquier, et Philippe Lagayette, directeur général de la Caisse des dépôts et consignations, n'ont jamais rompu les liens. Marc de Lacharrière, riche capitaliste, a racheté, voici quelques années, l'hebdomadaire de droite *Valeurs actuelles* pour le mettre au service des idées défendues par Philippe Séguin. En 1995, le président de l'Assemblée nationale a même embauché dans son staff un normalien, Nicolas Baverez, rédacteur habituel des discours et interventions de Philippe Séguin.

Une telle proximité fait rêver l'énarque de base, qui n'évolue pas de cocktail en dîner en ville. Lui est souvent « cantonné » à des tâches comparables à celles d'un cadre dans le secteur privé. Les regards que les mandarins, sortis dans les premiers rangs, posent sur lui sont plus empreints de mépris que de reconnaissance mutuelle.

« Les offres d'emploi publiées dans le bulletin de l'ENA ? Je m'en fous, s'exclame cette ancienne "bien sortie" dans le classement. Je n'ai jamais profité de l'ENA en tant que réseau. Le seul réseau qui prospère véritablement au sein de l'énarchie, c'est celui des inspecteurs des Finances. »

Le Conseil d'Etat et la Cour des comptes, autres grands corps, feraient-ils simplement de la figuration au grand jeu de la connexion carriériste ? « Au Conseil d'Etat, poursuit notre interlocutrice, ce sont des hédonistes qui préfèrent s'essayer à la littérature plutôt qu'à la maximisation du cash flow. Je ne connais pas une seule entreprise qui ait été colonisée par eux. » Et à la Cour des comptes, corps d'origine de cette experte ès mandarinat ? « C'est une institution qui offre une image besogneuse. Pas bon pour faire rêver les patrons. »

Reste donc l'Inspection des Finances. L'« Inspection » ! Ses réunions régulières, ses dîners, son annuaire particulier, que l'on conserve à portée de main : de quoi cimenter une solidarité indestructible. D'autant que le jeune inspecteur est pris en main dès les premiers jours. Deux ans de « tournée », pour aller vérifier en équipe quelque sombre paierie provinciale sous la houlette d'un grand ancien crée de la complicité et favorise l'esprit de corps.

Pour bien verrouiller le système, un « chef de service » se consacre au moins autant à la gestion de carrière de ses ouailles qu'au suivi quotidien des rapports et missions. Installé à Bercy, il veille à tout ce qui concerne les quelque 320 membres du corps en activité, dont 70 seulement appartiennent au service à proprement parler. Les autres ne sont pas pour autant oubliés. Au contraire. Le vénérable chef de service s'inquiète que tel poste revienne à l'un des siens, ou s'emploie, au contraire, à décourager l'un de ses protégés d'accepter un emploi jugé peu digne d'un inspecteur des Finances. Car, c'est la loi du réseau, le déshonneur ou la gloire d'un seul rejaillissent sur tous les autres. Avec le corps des Mines pour les meilleurs éléments de l'X, « l'Inspection » est le seul lieu étatique où un haut fonctionnaire a pour tâche officielle et quasi exclusive de piloter ses semblables vers l'itinéraire professionnel le plus avantageux pour lui.

« C'est la position et la compétence de chacun qui fait de l'Inspection des Finances un corps reconnu », explique Philippe Jaffré, PDG d'Elf-Aquitaine. Aussi chaque poste qui se libère est-il soupesé. S'il paraît digne d'un inspecteur des Finances, il est investi. « Il m'est arrivé d'opérer des recrutements pour des entreprises américaines s'installant en France qui souhaitaient embaucher un haut fonctionnaire pour ses relations, raconte un chasseur de têtes parisien. Lorsque je contacte un inspecteur des Finances pour un poste, je sais que dans les trois jours, le chef du service de l'Inspection aura pris l'affaire en main, et proposé lui-même à mon client ses propres candidats. »

Préserver la réputation du corps, c'est aussi venir au secours d'un membre menacé, au-delà de toute divergence politique. Au début de 1994, Patrick Careil, inspecteur des Finances et fabiusien, sait que le gouvernement d'Edouard Balladur a décidé de lui signifier prochainement son congé comme PDG de la banque Hervet. Ses résultats financiers sont pitoyables. Mais voilà, il est inspecteur des Finances. C'est donc tout naturellement qu'il fait appel pour le sauver à quatre inspecteurs des Finances. Jean-Claude Trichet, gouverneur de la Banque de France, Charles de Croisset, PDG du Crédit commercial de France, Philippe Jaffré, PDG d'Elf et Michel Pébereau, PDG de la BNP, tous balladuriens, se réunissent tout spécialement pour concocter un « plan de sauvetage » du fabiusien Patrick Careil. Pour l'honneur du corps !

Quelques mois plus tard, un autre membre de la confrérie réussit de même à sauver son poste grâce à quelques complicités bien placées. Jean Farge, ancien directeur de la Comptabilité publique, ancien secrétaire d'Etat à la Santé dans le gouvernement de Raymond Barre, coule une confortable fin de carrière à la tête du PMU. En 1995, à 67 ans, il peut prétendre à une retraite bien méritée. Mais à l'évidence, il ne se voit pas vieillir. La Française des Jeux, qui a des intérêts dans le PMU, souhaiterait pourtant le voir dégager au plus vite.

Le poste, à l'époque, doit revenir à Pierre Charron, ancien collaborateur de Jacques Chaban-Delmas puis de Jacques Chirac et président de France-Galop. Las ! C'est le directeur de cabinet du ministre du Budget Nicolas Sarkozy qui fait capoter l'opération. Par solidarité avec Jean Farge, son collègue de l'Inspection. S'accrochant plus que de raison, ce dernier fait de la résistance. Le décret modifiant le fonctionnement du PMU est retardé. Trois assemblées générales sont annulées. Ce qui a pour effet d'empêcher sa destitution. A un interlocuteur qui s'étonne, Jean Farge répond : « J'ai l'Inspection des Finances avec moi. »

Le corps, qui soutient en effet obstinément son protégé, s'emploie d'ailleurs un an plus tard à barrer la route avec succès à un autre successeur potentiel du patron du PMU. Mais le candidat du ministre des Finances Jean Arthuis a le tort de ne pas appartenir à la confrérie... « Tant qu'une assemblée générale ne m'a pas désavoué et que ma hiérarchie administrative ne me demande pas de quitter ce poste, précisait publiquement Jean Farge le 5 février 1997, je me considère comme l'administrateur général unique du PMU. » Début mars, il cédait à 69 ans la place à un homme choisi hors du « sérail », Bertrand Bélinguier.

De tels comportements peuvent laisser pantois. Ils résultent simplement d'un système où 300 messieurs et quelques dames, parce qu'ils ont un jour bien travaillé à l'école, s'estiment supérieurs aux autres. Ainsi, Jean-Claude Trichet, lorsqu'il était directeur du Trésor, évoquait ses « pur-sang » en parlant des inspecteurs des Finances opérant sous ses ordres. « Ce complexe de supériorité leur confère un culot monstre, note un énarque du ministère des Finances, mais qui n'est pas membre du corps. Ces types sont donc prêts à piétiner n'importe qui pour arriver où ils veulent sans ressentir la moindre culpabilité. »

Un tout petit monde

Les secteurs de la banque et des assurances sont, désormais, quasiment colonisés par les « pur-sang ». PDG de la BNP ? Michel Pébereau, inspecteur des Finances. PDG de la Société générale ? Marc Viénot, inspecteur des Finances, assisté de Jean-Paul Delacour, inspecteur des Finances, et de Daniel Bouton, inspecteur des Finances. Crédit commercial de France ? Charles de Croisset, inspecteur des Finances. Crédit du Nord ? Philippe Toussaint, inspecteur des Finances. Crédit d'équipement des PME ? Jacques-Henri David, inspecteur des Finances. Crédit lyonnais ? Son numéro deux, Pascal Lamy, est inspecteur des Finances. Sans parler des nombreux inspecteurs des Finances qui ont contribué au naufrage du Crédit foncier.

A l'onction de l'Inspection des Finances s'ajoute celle du Trésor. Cette prestigieuse direction du ministère des Finances est entrée dans la mythologie grâce au pouvoir qu'elle a longtemps exercé sur les banques, puisqu'elle déterminait la politique monétaire. Les temps ont un peu changé. Le Trésor a perdu de sa superbe avec, notamment, la privatisation de plusieurs grandes banques et l'indépendance conquise par la Banque de France. Mais qu'importe : Jean-Claude Trichet, le gouverneur de celle-ci, est inspecteur des Finances, ainsi que le sous-gouverneur Hervé Hannoun.

Maîtres du franc à défaut d'être les maîtres du monde, ces hommes puissants connaissent toutefois quelques contrariétés depuis l'arrivée de Jacques Chirac à l'Elysée. Exemple : Jean-Claude Trichet, présenté comme le dépositaire de la « pensée unique », balladurien de choc. Quand il vient pour la première fois remettre le rapport annuel de la Banque de France à Jacques Chirac, et qu'il commence un discours convenu sur ses réalisations et ses perspectives, le Président l'interrompt et lui dit à peu près ceci : « Monsieur le gouverneur, je ne doute pas que la politique monétaire que vous menez soit excellente puisque j'entends ici et là que c'est même la seule qui puisse être menée. Maintenant, il nous reste environ quinze minutes d'entretien. Je souhaiterais que vous m'expliquiez comment, en tant que directeur du Trésor pour le Crédit lyonnais, et en tant que gouverneur de la Banque de France pour le Crédit foncier, vous avez fait en sorte que ces deux catastrophes financières majeures ne se révèlent pas plus désastreuses encore... »

Ambiance ! Trichet apprécie d'autant moins l'ironie présidentielle qu'elle concerne une des pires « casseroles » de l'Inspection des Finances. Au centre de l'affaire du Crédit lyonnais : Jean-Yves Haberer, inspecteur des Finances, et ancien directeur du Trésor comme Jean-Claude Trichet.

C'est Haberer qui a institutionnalisé le réseau de carrière parmi les « trésoriens » : « A la tête du Trésor, Haberer agissait comme un chef de corps soucieux de caser ses ouailles, raconte un autre inspecteur des Finances, tendance critique. Quand un patron de banque venait solliciter son aide, il se montrait arrangeant à condition que le quémandeur se propose pour embaucher l'un de ses protégés. C'est ainsi qu'il a tissé tout un maillage dans les grandes entreprises... »

Le comportement d'Haberer en matière de réseau se révèle d'autant plus intéressant à étudier que sous son règne, le Crédit lyonnais a pu perdre des dizaines de milliards de francs, se trouver en état de faillite virtuelle sans que l'Etat, propriétaire de la banque, ne semble s'en inquiéter outre mesure durant plusieurs années. « Comment aurait-il pu en être autrement ? s'interroge l'un des magistrats de la Cour des comptes qui a participé à l'audit du Lyonnais, au moment du scandale. Les gens qui étaient chargés, au Trésor, de contrôler cette banque disposaient de trois débouchés de carrière principaux : le Crédit lyonnais, la BNP et la Société générale. Comment croire que dans ces conditions, les trésoriens allaient se montrer impitoyables ? »

Ajoutons que le président de la Commission bancaire, chargée de contrôler le bon fonctionnement des établissements de crédit, était à l'époque l'inspecteur des Finances Jacques de Larosière. Que le président de la COB (Commission des opérations de bourse, chargée de surveiller toute entreprise financée peu ou prou grâce à l'épargne publique), Jean Saint-Geours, autre inspecteur des Finances, avait présidé, dans une vie antérieure, aux destinées du Lyonnais qu'il n'avait pas laissé dans un état flamboyant. Que le directeur général de la même COB, Pierre Fleuriaux, appartient au même grand corps de l'Etat. Et que, bien entendu, le président de l'Association française des banques (AFB), organisme représentatif de la profession, est traditionnellement un... inspecteur des Finances.

Le désastre du Lyonnais eût-il été le même si les autorités de contrôle n'avaient pas été trustées par des « camarades » du PDG fautif ? Les réseaux de carrière et de suprématie construits à l'Inspection des Finances ne suffisent peut-être pas à tout expliquer. Ils éclairent néanmoins d'une lumière crue les pratiques d'un tout petit monde si sûr de lui.

Quand Jean-Yves Haberer prend, en 1988, les rênes du Crédit lyonnais, il est animé d'un esprit de revanche irrépressible. La droite, revenue aux affaires pour deux ans de cohabitation en mars 1986 a osé lui faire un affront inacceptable : le limoger de la banque Paribas que lui avait offerte la gauche en 1982 ! On lui a fait ça à lui, l'ancien directeur du Trésor, l'un des hommes les plus puissants de France !

En cette année 1988, la vie professionnelle sourit donc de nouveau à l'inspecteur des Finances. Voilà pour lui l'occasion de donner à la place de Paris une leçon de créativité financière ! Jean-Yves Haberer entend faire de sa banque la plus grande du pays, et pourquoi pas, claironne-t-il à ses amis, la première du monde ? Son objectif : croître à tout prix. Sa méthode : la banque-industrie, inspirée du système allemand où tous les grands groupes industriels sont adossés à des institutions financières. Mais Haberer veut faire en quelques années ce que ses confrères allemands ont mis des décennies à bâtir... Il y est encouragé par son ministre de tutelle, Pierre Bérégovoy, trop content de voir un banquier prêt à investir tous azimuts et très enclin à favoriser les amis du pouvoir en place.

La commission d'enquête parlementaire qui est finalement installée en octobre 1994, un mois après la révélation de l'étendue des dégâts, croit rêver durant certaines auditions. Ainsi ce jour de printemps où les honorables parlementaires reçoivent Jean-Yves Haberer. On est alors au cœur de la tempête, puisque l'intéressé vient d'être révoqué du Crédit national où l'Etat avait cru bon, dans un premier temps, de le recaser pour ne pas faire de vagues. Jean-Yves Haberer confesse ce jour-là un petit jeu navrant auquel il s'est livré à l'égard de ses concurrents : « Je me suis amusé une fois à annoncer comme résultat semestriel le chiffre de 1 610 millions, en référence à la date de la mort d'Henri IV, en 1610. J'ai vu avec délice que la BNP, qui voulait toujours faire mieux que nous, sortait ses comptes une semaine après et affichait 1 611... » Voilà donc à quoi s'amusait un grand commis de l'Etat ! Tel un gamin irresponsable, il jouait presque aux fléchettes pour décider quels résultats financiers il afficherait !

Le plus grand scandale bancaire de l'après-guerre mettra du temps à être révélé sous toutes ses facettes. « La phrase "On ne peut pas faire cela à un ancien directeur du Trésor" a-t-elle été réellement prononcée, en réponse à une note écrite d'un commissaire du gouvernement à sa hiérarchie ? s'interrogent les experts du groupe Equinoxe[1]. Sa carrière de haut fonctionnaire a valu à M. Haberer l'indulgence dont n'aurait pas bénéficié un chef d'entreprise. » Cette sentence peu amène n'est pas prononcée par quelques hooligans irresponsables mais par des hauts fonctionnaires et des hommes politiques décidés à « examiner ce que la commission d'enquête parlementaire n'a pas su, n'a pas voulu ou n'a pas pu dire ». Dans leurs conclusions, ces experts assurent que « la crise au Crédit lyonnais n'est pas la crise du Crédit lyonnais ». « C'est, poursuivent-ils, la crise de l'administration des Finances, d'un système de pouvoir fermé, sûr de lui-même au point d'exclure toute possibilité d'erreur de l'un de ses membres. »

Petites faillites entre amis

Caste, réseau, connivence... Cette trilogie bien française revient sans cesse dès qu'il s'agit de commenter le scandale du Lyonnais. En octobre 1995, les parlementaires votent le plan de sauvetage de la banque, qui prévoit de sortir de son bilan quelque 135 milliards d'actifs « compromis ». Le député RPR Gilles Carrez met alors en cause la fragilité du contrôle, qu'il explique par l'omnipotence de ces réseaux de carrière.

Pouvait-on faire plus vite et plus tôt ? Dans son rapport très sévère, la Cour des comptes assure que les premières inquiétudes, de la part des instances de contrôle, auraient dû naître dès 1989. C'est à

1. *Rapport Equinoxe : dérives bancaires, le système bancaire français à l'épreuve du Crédit lyonnais,* éditions Les Djinns, 1995.

cette date, d'ailleurs, que François d'Aubert, grand pourfendeur des gabegies publiques et des financements occultes, réclame une commission d'enquête parlementaire. Il devra attendre encore cinq ans avant de pouvoir donner libre cours à sa curiosité.

De commission d'enquête parlementaire, on reparle pourtant en 1992. Cette fois, c'est au Sénat que se déroulent les manœuvres, sous la direction du président du groupe RPR, Charles Pasqua. Opiniâtre, ce dernier semble assuré de parvenir à ses fins, jusqu'au moment où il renonce. C'est un court entretien avec Jean-Maxime Lévêque qui le fait changer d'avis. Cet inspecteur des Finances est le prédécesseur de Jean-Yves Haberer à la tête du Crédit lyonnais. Président du CCF (Crédit commercial de France) lors de l'arrivée de la gauche au pouvoir, en 1981, il a démissionné avec fracas avant de prendre la tête d'une croisade anti-nationalisations. Un fait d'armes qui suffit à faire de lui un proche du RPR. Autre lien avec Charles Pasqua : son engagement au plus jeune âge dans la Résistance, comme jeune recrue de la division Leclerc.

Exit la commission d'enquête. Jean-Maxime Lévêque, outre la solidarité entre inspecteurs des Finances qui le lie à son successeur, a une raison beaucoup moins avouable de vouloir étouffer cette initiative parlementaire. Une raison qui tient en quatre lettres : IBSA.

International Bankers S.A. (IBSA) est une société financière créée en 1983 au Luxembourg, avec des capitaux arabes, par Jean-Maxime Lévêque après son départ en fanfare du CCF nationalisé. Après des débuts prometteurs, International Bankers se fourvoie dans des « coups » désastreux, dont le soutien massif à Sylvain Lévêque, neveu du patron, qui rêvait de devenir le roi des brasseries parisiennes. Et, plus grave, International Bankers essuie des pertes colossales sur le marché de l'immobilier : 4 à 5 milliards de francs de créances douteuses !

Ces trous financiers, c'est au Lyonnais de les combler. Car en 1989, Jean-Yves Haberer donne son accord, à la demande de son prédécesseur et ancien collègue de l'inspection Jean-Maxime Lévêque, pour la reprise de 25 % de cette holding par la banque nationalisée qu'il dirige. 25 % qui mettent le Crédit lyonnais en position d'« actionnaire de référence ». Lors d'une audition devant la commission d'enquête parlementaire, le 16 juin 1994, une fois le scandale révélé, le nouveau PDG du Crédit lyonnais, le polytechnicien Jean Peyrelevade, décrit cliniquement et sans langue de bois ce triste épisode dans la vie d'une banque : « L'erreur initiale dans la reprise d'IBSA est une erreur de caractère stratégique, dont les raisons (...) m'échappent (...). Il se trouve que, dans la totalité des opérations qui étaient faites ou approuvées au plus haut niveau du Crédit lyonnais, on était toujours en échange de bons procédés (...). Quand vous entrez dans une banque telle qu'IBSA au degré de dégradation des mœurs que je peux mesurer aujourd'hui, et que vous êtes minoritaire, vous ne contrôlez et ne redressez rien du tout (...). Ce qui m'étonne toujours, c'est la précipitation avec laquelle le Crédit lyonnais — rien ne le forçait — s'est précipité dans ce rôle. »

Suit alors un dialogue éclairant entre Jean Peyrelevade et Philippe Séguin, qui préside la commission :

« Philippe Séguin : Vous avez bien une explication à cette précipitation...

Jean Peyrelevade : Mon interprétation est totalement innocente, monsieur le président.

Philippe Séguin : Innocente ?

Jean Peyrelevade : Relativement. Disons malicieuse. Je pense que c'est de la connivence amicale et parisienne entre inspecteurs des Finances. »

Une connivence que Jean-Yves Haberer, interrogé à la suite de son successeur revendique presque cyniquement. Ne va-t-il pas jusqu'à faire remarquer à la commission d'enquête parlementaire : « Il manque à Jean Peyrelevade d'être passé par l'ENA » ! Interrogé par Philippe Séguin, quant à l'intérêt de la publicité des débats de cette commission, l'ancien PDG du Crédit lyonnais répond : « Je pense que vous pourriez confectionner deux produits. Un petit rapport public de trois pages et un rapport plus long pour le gouvernement. Pour le public, je ne crois pas qu'il faille entrer trop dans le détail... »

Trois pages pour 50 milliards ! Un ratio étonnant ! Ne faut-il y voir que du mépris pour le citoyen lambda ou le souci touchant de ménager les nerfs du contribuable, qui devra débourser plus de 2 000 francs par ménage pour effacer les impérities d'Haberer ? Le sentiment d'appartenance à une espèce supérieure, intellectuellement infaillible, est si fort qu'il fait confesser à Jean-Claude Trichet devant les parlementaires, à propos de son lointain prédécesseur à la direction du Trésor Jean-Yves Haberer : « A priori, c'est vrai, l'idée qu'il puisse se tromper tellement tragiquement, qu'il puisse dire quelque chose qui s'avère faux, cela a été un choc pour moi, presque culturel. »

Jean-Yves Haberer, toutefois, ne réchappera pas du terrible scandale. A trop jouer des réseaux d'amitié dans la haute fonction publique, l'ancien PDG du Crédit lyonnais a laissé son cas s'aggraver à un point tel qu'il n'était plus sauvable. Cruel destin pour celui qui déclarait au *Financial Times* en 1983, du temps de sa splendeur aux commandes de Paribas : « Le jour où je suis entré au Trésor, j'ai su de toute façon que je finirais par diriger une banque. Passer du service de l'Etat à la tête d'une grande banque n'est pas particulier en France[1]. » S'en faire déboulonner l'est déjà beaucoup plus, en effet.

1. Voir Eric Leser, *Crazy Lyonnais*, Calmann-Lévy, 1995.

Des « mineurs » jamais au fond

La même impunité de principe vaut aussi pour les X-Mines. Ils sont les seigneurs de l'Ecole polytechnique, comme les inspecteurs des Finances sont ceux de l'ENA. Seule une petite quinzaine d'heureux élus grossissent, chaque année, les rangs exigeants du mythique Corps des Mines. Ils sont sortis parmi les premiers de l'X ou, pour deux d'entre eux, de l'Ecole normale supérieure. Mais la fermeture des dernières mines, la déroute de la sidérurgie, puis la domination des activités tertiaires ont fragilisé leurs bastions traditionnels.

Ayant largement contribué au naufrage de Creusot-Loire au début des années 80, ils ont certes sauvé l'honneur grâce à Usinor. C'est l'un d'eux, Francis Mer, qui a permis à cet ensemble sidérurgique de redevenir miraculeusement bénéficiaire. Mais, terrible affront, Elf, patrie des ingénieurs des Mines, échappe au corps depuis près de dix ans. Des « mineurs », on en trouve certes à Elf par dizaines. Mais le président n'est pas de la maison ! La mésaventure s'était déjà produite en 1977, quand Valéry Giscard d'Estaing avait eu l'outrecuidance de confier la destinée d'Elf à l'inspecteur des Finances Albin Chalandon, que les X-Mines n'eurent de cesse de harceler et de déconsidérer. Ils durent attendre 1983 pour obtenir le retour d'un des leurs en la personne de Michel Pecqueur.

Un répit de courte durée. Alors qu'il est Premier ministre, l'inspecteur des Finances Michel Rocard déroge de nouveau à la règle, en remplaçant l'X-Mines Michel Pecqueur par l'« autodidacte » Loïk Le Floch-Prigent, diplômé d'une modeste école d'ingénieurs. Trois ans plus tard, le conseiller d'Etat Edouard Balladur décuple l'humiliation en nommant, pour succéder à celui-ci et procéder à la privatisation de l'entreprise, l'inspecteur des Finances Philippe Jaffré. Un malheur n'arrivant jamais seul, le nouveau président, à peine installé, décide que les hauts fonctionnaires travaillant à Elf devront démissionner de leurs corps d'origine. Un non-sens aux yeux de grands commis habitués aux bonheurs du concubinage entre l'Etat et le secteur privé ! De mauvaise, très mauvaise grâce, il a pourtant fallu s'exécuter, et renoncer aux commodes mises en disponibilité, qui offrent un ticket de retour à vie vers l'administration en cas de turbulence de carrière.

« L'un de nous a été abattu. L'un d'entre nous le remplacera. » C'est par ces mots, que ne renieraient pas les héros d'Alexandre Dumas, qu'un représentant du Corps des Mines commenta, en 1986, l'assassinat de son camarade Georges Besse, PDG de Renault, par le groupe Action directe. Sa prophétie, en tout cas, se réalisa. A l'X-Mines Georges Besse succéda, chez Renault, l'X-Mines Raymond Lévy. Mais ce fut, pour les mineurs, une sorte de chant du cygne. Atteint par la limite d'âge, Raymond Lévy doit céder la place en 1992. Il est remplacé par l'ancien directeur de cabinet de Laurent Fabius à Matignon, Louis Schweitzer. Cet inspecteur des Finances prend rapidement la décision de se séparer du patron de RVI (Renault Véhicules industriels), Jean-Pierre Capron, un X-Mines coopté par Lévy.

Mais, dans la mythologie du corps, le grand échec, c'est la SNCF. L'entreprise publique n'est plus gouvernée, depuis plus de dix ans, par un ingénieur du Corps des Mines comme ce fut longtemps la tradition. Les trains, pourtant, continuent de circuler ! Mais en 1994, l'X-Mines Raymond Lévy n'avait toujours pas avalé l'éviction de son camarade Jean Dupuy, un X-Mines remercié pendant la grande grève des trains de l'hiver 1986 : « Jean Dupuy a fait le TGV. On l'a chassé de la direction générale de la SNCF parce qu'il s'exprimait mal à la télévision[1]. »

1. *L'Expansion,* 3 mars 1994.

Il ne s'est finalement trouvé qu'une seule occasion où les inspecteurs des Finances et les ingénieurs du Corps des Mines, impitoyables rivaux, ont uni leurs efforts. En 1986, le nouveau ministre de l'Industrie Alain Madelin décide de réformer sa poussiéreuse administration. Il appelle à la tête de la Direction générale de l'Industrie (DGI), repaire d'X-Mines, le manager international Jacques Maisonrouge, ancien numéro trois d'IBM. Autant dire, pour les fonctionnaires de la rue de Grenelle, le diable en personne !

Maisonrouge a pourtant su résister à toutes les tentatives de déstabilisation au cours de sa carrière à IBM, qui n'a rien d'une association de dames patronnesses. Mais à la DGI, il ne tiendra que onze mois avant de déclarer forfait. Il voulait tout simplement... réorganiser l'administration, réforme qui aurait pu faire de l'ombre au ministère des Finances. La sainte alliance des deux plus grands corps de l'Etat remet bon ordre à ces intolérables projets de modernisation. Dès 1987, Jacques Maisonrouge laisse son fauteuil à Jean-François Saglio, membre... du Corps des Mines en provenance directe d'Elf. La situation est de nouveau sous contrôle. « Pour essaimer à l'extérieur, il faut partir de positions solides. Plus on tiendra de directions au sein de l'administration, plus nombreuses seront les entreprises publiques ou privées sur lesquelles les membres du corps auront à exercer la tutelle de l'Etat, plus fournies les relations entretenues au niveau convenable, plus abondantes les possibilités de départ vers des "pantoufles" rémunératrices. » Ces excellents conseils en géopolitique des réseaux de carrière étaient tenus il y a plus de 20 ans dans un livre acide, *La « Mafia » polytechnicienne*[1], écrit par deux X.

Seul l'un d'entre eux, Jacques Kosciusko-Morizet,

1. Seuil, 1973.

avait courageusement signé l'ouvrage. Son très discret co-auteur savait sûrement que s'exposer ainsi n'était pas la voie la plus rapide vers une belle carrière. Sage intuition ! Jean Peyrelevade, puisqu'il s'agit de lui, a collectionné depuis les postes prestigieux de PDG dans le secteur public.

« La force des X, poursuivaient ces perspicaces auteurs, vient non seulement de leur intime solidarité mais surtout du fait qu'ils ont réussi à convaincre les gens de la sournoise efficacité du réseau. » Ce qui est vrai pour les X l'est a fortiori pour les X-Mines. Car le corps ressemble peu ou prou à une secte, fondée sur la croyance partagée en la supériorité incontestable de ses membres sur le reste de l'humanité. Le corps a son président, actuellement Jean Syrota, PDG de la COGEMA, grand fief de la confrérie, mais aussi son gourou, hier Pierre Guillaumat, le fondateur d'Elf, aujourd'hui André Giraud, ancien ministre de l'Industrie et de la Défense. Elle a aussi son amicale, présidée par Raymond Lévy. Celui-ci, l'une des « voix » les plus actives du corps, s'illustre dans la reproduction familiale des carrières. Son fils aîné, David, est ingénieur au Corps des Mines, dont il défend le territoire dans le secteur militaro-industriel au cabinet du ministre de la Défense Charles Millon. Ses trois autres enfants sont également polytechniciens, mais « seulement » du corps des Ponts et Chaussées.

« Le corps est moins figé qu'on ne le dit, assure Anne Lauvergeon, la très chaleureuse vice-présidente de l'Amicale, dont le style contraste en effet avec le goût du secret cultivé par la plupart de ses mâles collègues. La meilleure preuve de cette mobilité, c'est l'esprit nomade qui existe parmi nous. Le corps a perdu ses bastions, il en a conquis de nouveaux. Ce qui demeure, c'est la capacité de réaction du corps, qui propose un candidat dès qu'un poste se libère. »

Anne Lauvergeon est l'exemple type des nouveaux

conquérants. Ancien numéro deux à l'Elysée de François Mitterrand, elle a rebondi comme associé-gérant à la banque Lazard avant de devenir directrice générale adjointe de la branche « télécommunications » d'Alcatel.

Pourtant, la majorité des ingénieurs des Mines préfèrent s'en tenir à l'entre-soi. Jean-Louis Beffa, à Saint-Gobain, a ainsi recruté Robert Pistre, ancien patron du corps et confident de nombre de ses cadets. Chez Pechiney, Jean-Louis Vinciguerra, dauphin de Jean Gandois, n'a jamais atteint le fauteuil de PDG qui lui était promis. Nanti des seules peaux d'ânes de Sciences Po et d'Harvard, le Corps des Mines l'a fait évincer en 1995 au profit d'un des siens, Jean-Pierre Rodier.

Jean-Luc Lagardère a toujours compensé ses liens distants avec les milieux d'affaires par une proportion inégalée d'X-Mines dans son état-major : Jean-Pierre Souviron, ancien directeur général de l'Industrie, Jean-Bernard Lévy, un proche de Gérard Longuet, ou encore Noël Forgeard. Lagardère est passé à la vitesse supérieure en attirant à lui les deux gourous du Corps des Mines, l'ancien ministre André Giraud et l'ancien patron de Renault, Raymond Lévy. Et le vice-président de son groupe n'est autre que Bernard Esambert, l'ancien conseiller de Georges Pompidou, X-Mines lui aussi. Une garde rapprochée appréciable quand on travaille dans le secteur de l'armement et que l'on veut bénéficier des commandes d'Etat.

Ce prestige, quasiment mythique, qui entoure le Corps des Mines ternit celui des autres corps d'ingénieurs issus de l'X. Les X-Ponts n'ont pourtant pas démérité. Avec Ambroise Roux, Georges Pébereau et Pierre Suard, c'est une dynastie d'ingénieurs issus de leurs rangs qui régna longtemps sur Alcatel-Alsthom. C'était le bon temps, où la Compagnie générale des Eaux (CGE) était dirigée par l'X-Ponts Guy Dejouany et EDF par plusieurs de ses collègues.

Las ! Le PDG de la CGE est désormais l'inspecteur des Finances Jean-Marie Messier tandis qu'EDF est pilotée par l'universitaire centriste Edmond Alphandéry.

Ce sont finalement les X-Télécom, grâce au développement de leur secteur, et les X-ENSAE, influents sur la politique économique par le biais de leur bastion l'INSEE, qui assurent l'avenir de l'Ecole polytechnique. Signe des temps ? En 1993, pour la première fois, les élèves admis à la fois à l'X et à l'Ecole normale supérieure choisissaient majoritairement la seconde filière. Seuls 4 sur 36 pariaient sur Polytechnique. Les autres préféraient l'austère tradition de recherche aux prometteuses perspectives de pantouflage.

Les Normaliens ne retiennent pourtant pas spécialement l'attention pour leurs aptitudes en matière d'entraide. Est-ce là le résultat d'un apprentissage du travail intellectuel en solitaire ? Des Normaliens, on en trouve certes une proportion inhabituelle dans certains cénacles, comme l'entourage du cardinal Lustiger[1]. Mais même l'accession d'un des leurs, Georges Pompidou, à la magistrature suprême n'a guère créé d'appel d'air dans les carrières de ces têtes bien pleines. Tout juste l'ancien Président, nostalgique de sa jeunesse, aimait-il réunir quelques camarades de promotion comme l'écrivain Roger Ikor, le conseiller d'Etat Roger Grégoire, l'ambassadeur de France René Trotobas ou l'inspecteur des Finances Philippe de Montrémy.

La solidarité normalienne, finalement, n'eut réellement son heure de gloire qu'une seule fois. Mais en quelle occasion ! En 1963, la France découvre que l'un de ses brillants agrégés, Georges Pâques, espionne depuis dix-neuf ans au service de l'Union soviétique. Conseiller technique dans de nombreux cabinets ministériels, il s'oriente, à la demande de

1. Voir chapitre « Militer », p. 323.

ses employeurs clandestins, vers la défense nationale jusqu'à devenir chef adjoint du service de presse de l'OTAN. Un poste qui ne lui permet pas de livrer le code secret de la bombe atomique, mais qui l'autorise tout de même à fournir diverses fiches biographiques, quelques rapports classés confidentiels ainsi que des organigrammes...

Avant même son procès devant la Cour de sûreté de l'Etat, en juillet 1964, Georges Pâques reçoit le soutien de quelques anciens condisciples de droite comme de gauche, du maurrassien Pierre Boutang au gauchiste Maurice Clavel. « Rarement l'esprit de corps aura joué, dans une affaire de cette importance, avec une telle célérité et une telle unanimité, s'étonne l'écrivain Pierre Assouline[1]. L'informelle amicale des gens de la rue d'Ulm fait bloc, solidairement, autour d'un des siens "injustement" mis au ban de la société. »

En effet. Les amis de la rue d'Ulm défilent comme témoins à la barre. Ils tentent, vaste programme, de sauver la tête de leur camarade. Maurice Clavel se fait lyrique pour évoquer la complexité de l'âme humaine. Le philosophe Jean-Toussaint Desanti plaide la fibre pacifiste d'un homme obsédé par les volontés hégémoniques américaines. Pierre Boutang lui trouve des circonstances atténuantes dans la fréquentation des « imbéciles » qui constituaient selon lui, le personnel politique de la IVe République.

Georges Pâques échappe au peloton d'exécution et se voit condamné à la détention criminelle à perpétuité. Une fois la sentence prononcée, l'énigme Pâques continue de mobiliser le réseau normalien. Un autre condisciple, l'ancien ministre Michel Soulié, qui s'acharne à le défendre par voie de presse, tente de comprendre l'incompréhensible trahison : « Je ne peux me défendre de penser qu'il a

1. *L'Histoire,* septembre 1985.

surtout été poussé par le désir de compter un peu dans l'histoire. C'est dans cette ambition déçue par une carrière honorable mais sans éclat que je vois la racine la plus profonde de sa trahison. »

Epilogue. En 1970, soit six ans après sa condamnation, Georges Pâques bénéficie d'une libération conditionnelle. Exceptionnelle mesure de clémence qu'il doit au Président Georges Pompidou, promotion 1931 de l'Ecole normale supérieure...

Le « gang » des lessiviers

Les inspecteurs des Finances n'ont, heureusement, pas tout colonisé. La grande distribution, l'industrie légère et, dans une moindre mesure, le conseil en organisation, sont longtemps restés terra incognita pour les réseaux.

Sur ces terres vierges de toute colonisation énarchique se déploient aujourd'hui des brigades moins estampillées mais aussi performantes ! Les clans les plus efficaces ne sont pas toujours ceux que l'on croit. Ainsi, les diplômés d'HEC, de L'ESSEC et de Sup de Co ne forment-ils pas, contrairement aux fantasmes, une structure très soudée : une association, un annuaire, un bulletin de placement des âmes en souffrance, rien de plus. Quelques grands anciens, heureux de s'inventer une retraite active, s'affairent dans l'ombre. L'un d'entre eux, issu de l'ESSEC, téléphone discrètement aux cabinets de recrutement pour leur proposer une liste d'anciens élèves dès qu'un poste est à pourvoir. « Mais cela ne va pas très loin, assure un chasseur de têtes. Rien à voir avec l'extraordinaire organisation des "proctériens". »

Vous avez dit proctérien ? Un « proctérien », c'est tout simplement un cadre qui a fait ses classes dans la célèbre multinationale américaine Procter et Gamble. En 1975, une ancienne de la maison,

Mireille Bouisset, lance le « Club proctérien ». Cette confrérie d'ex, d'un genre inconnu en France, compte alors 70 personnes. Vingt ans plus tard, ils sont 450, dont beaucoup ont réussi une très belle carrière. Grâce à cette influente société secrète ? Pas seulement, assurent-ils en chœur. La solidarité, pourtant, n'est pas étrangère à leur rayonnement.

Procter, c'est un peu l'Inspection des Finances à la mode du secteur privé, tendance américaine, vocation marketing. On y entre après des études souvent brillantes, avec le sentiment d'avoir été sélectionné par l'entreprise parmi les meilleurs de son école. Commence alors un dur apprentissage pour se conformer au moule maison, qui laisse une part microscopique à la fantaisie. Obéissance aux douze commandements concoctés par la maison mère de Cincinnati, dans l'Ohio, agréablement surnommée « Le Kremlin », dressage à la productivité, éloge du professionnalisme, démarrage au bas de l'échelle pour connaître, ne serait-ce que quelques mois, les réalités de base de l'entreprise.

Avant de pouvoir gérer le lancement de grands produits comme les couches Pampers, la lessive Ariel ou le produit ménager Monsieur Propre, le jeune diplômé doit commencer par en baver, pour parler simplement. Une période probatoire qui ressemble fort à celle des « tournées » des inspecteurs des Finances. Elle sécrète entre les êtres qui l'ont traversée une complicité fondée sur la nostalgie de ces années d'initiation, qui marqueront toute une vie et donneront naissance à un vigoureux complexe de supériorité.

Toutes les conditions sont alors réunies pour engendrer une solide entraide carriériste. Car Procter, comme l'Inspection des Finances, est la meilleure des cartes de visite, à condition d'en sortir. Et à Procter, comme à l'Inspection des Finances, les propositions affluent... souvent grâce aux anciens de la maison.

Ce sont ainsi une vingtaine de proctériens qui ont investi la société Jacques Vabre. Le directeur du marketing de Procter France, François Steeg, est embauché pour lancer la marque de café en France dans les années 70. Son premier réflexe ? Recruter parmi les troupes d'élite de la lessive, des couches et des nettoyants ménagers. Le mimétisme est tel que les documents internes, jusqu'aux enveloppes, sont la copie conforme de ceux qu'ils ont connus chez Procter.

Sa seconde réaction ? Confier la campagne publicitaire à Bernard Brochand, un ancien de Procter, qui a bifurqué vers la publicité. La maison mère de Jacques Vabre n'aura pas à se plaindre de cet esprit de cooptation, puisque le publicitaire invente le concept du « Gringo », qui traversera les années sans prendre une ride.

Lorsqu'il travaillait chez Procter, Bernard Brochand a participé au lancement d'un des produits leaders de la firme, Ariel, en compagnie de trois autres jeunes gens prometteurs : Jean-Claude Boulet, Alain Cayzac et Jean-Michel Goudard. Le soir, après une journée de commercial déjà bien remplie, les quatre compères se retrouvaient dans une petite agence de publicité des Champs-Elysées, pour y apprendre ce métier encore neuf en France qu'on appelait la « réclame ». Quand il crée sa propre agence, c'est par les anciens qu'il trouve ses premiers budgets. Notamment chez Lesieur, autre terre d'accueil des anciens lessiviers. Jean-Michel Goudard, tenté lui aussi par l'aventure publicitaire, rejoint Young et Rubicam, que dirige son ancien collègue Jean-Claude Boulet. Les affaires marchent bien... grâce à un gros annonceur nommé Procter. Quelques années plus tard, Jean-Michel Goudard monte sa propre structure en association avec le quatrième mousquetaire de l'aventure Ariel, Alain Cayzac. Ils deviendront ensuite le « C » et le « G » de l'agence RSCG, en compagnie de Roux et Séguéla.

Jean-Michel Goudard retrouvera aussi Bernard Brochand, des années plus tard, pour conseiller le candidat Chirac à l'élection présidentielle.

La colonisation s'est révélée moins payante dans le secteur agro-alimentaire. Au début des années 80, Pierre Dupasquier, ex-étoile montante de Procter devenue PDG de Gervais-Danone, une des filiales de BSN, recrute dans son ancien vivier. Très vite, tous les postes stratégiques sont occupés par des proctériens, de la recherche-développement aux ventes, de la distribution à la direction générale. Ce verrouillage en règle n'est pas du goût de tout le monde. Car, tapie en embuscade, une bande rivale, composée de quelques anciens de chez Colgate, une maison concurrente de Procter, enrage de voir les postes de commandement monopolisés par les proctériens.

Ils n'auront pas longtemps à attendre. A la suite d'un désaccord avec Antoine Riboud, PDG de BSN, Pierre Dupasquier s'en va, pour rejoindre Johnson et Johnson France, qui lui propose depuis longtemps de diriger sa filiale hexagonale. En quelques mois, le transfert de l'équipe proctérienne de Gervais-Danone vers Johnson et Johnson est organisé. Les Colgate se frottent les mains. L'appel d'air organisé par ces départs leur permet de recoloniser Gervais-Danone.

Mais ce que préfèrent désormais ces enfants chéris du marketing, c'est l'industrie du luxe. Hier artisanale, elle est aujourd'hui entre les mains de grands groupes qui entendent rationaliser les méthodes et ne plus se contenter de l'intuition.

Une aubaine pour les lessiviers, dont les trois factions — Procter, Colgate, et Unilever — se disputent les places à prendre. Chez Christian Dior parfums, le parachutage des proctériens semble menacé par l'arrivée de Patrick Choël, un ancien d'Unilever. Mais le réseau Procter prend sa revanche sur le « gang » Unilever chez Givenchy, où deux anciens, Alain Lorenzo, le PDG, et Gilles Dougoud, directeur-

France, sont désormais aux avant-postes. Unilever peut en revanche hisser le drapeau chez Guerlain, dont le président, Christian Lanis, a fait toute sa carrière chez le fabricant de Sun, Cif et autres régals de la ménagère. Seul L'Oréal résiste encore aux assauts des troupes lessivières, en formant lui-même ses génies du marketing.

Malgré les incursions de la concurrence, le réseau Procter reste leader dans sa catégorie. Les anciens d'Unilever et ceux de Colgate ont, à l'image de leur ombrageux concurrent, lancé des clubs. Tout comme l'ont fait les ex des cabinets de consultants Pitt Marwick, Mac Kinsey et Arthur Andersen. De même, les anciens cadres de Rank-Xerox peuvent, depuis 1981, adhérer au Club Honorix, qui regroupe 400 responsables dans le secteur de la bureautique, publie un annuaire et organise quelques dîners-débats alibis. Sans s'être regroupés au sein d'une association, les décideurs de la grande distribution, longtemps considérés par leurs anciens camarades d'HEC ou d'ailleurs comme de vulgaires « épiciers », commencent à s'organiser. L'énarque Michel Bon, lorsqu'il est nommé patron de France Télécom, se souvient qu'il a dirigé Carrefour. Et estime que les gestionnaires d'hypermarchés sauront sûrement mieux adapter l'entreprise publique à la concurrence mondiale que les X-Télécom qui monopolisent les postes à France Télécom. Il nomme donc, pour la branche grand public et la direction commerciale, des « ex » de Docks de France et de Carrefour. Les polytechniciens redoutent la suite : l'invasion d'un de leurs territoires par une espèce rivale et méprisée. Mais les proctériens jugent ces tentatives comme d'insipides plagiats de leur initiative. Il n'est pas sûr qu'ils aient tort...

Le club proctérien est si efficace que sa fondatrice, Mireille Bouisset, s'est recyclée dans la chasse aux têtes lessivières. « Après avoir créé le club, j'ai travaillé dans une société de consultants, raconte-t-elle. J'étais très souvent sollicitée par des consultants qui me demandaient si je connaissais un proctérien. Souvent, j'apprenais, après coup, que ledit chasseur de têtes n'avait même pas eu l'élégance de mentionner mon nom auprès de son interlocuteur. Alors, j'ai décidé de monter mon propre cabinet de recrutement. »

Ses clients ne se limitent pas à ses anciens collègues, mais ceux-ci représentent tout de même près d'un tiers de son « marché ». Les autres font appel à elle en raison de son fabuleux réseau d'information sur les entreprises. « Il est rare qu'une grande entreprise n'ait pas, à un moment ou à un autre, embauché un Procter. Celui-ci me dira toujours la vérité sur une société qu'il connaît bien. Cela me permet de donner des conseils avisés. En vingt ans, j'en ai entendu tellement sur la vraie vie dans les grands groupes que j'ai parfois l'impression de gérer un confessionnal. »

Ce qui crée la force de cette confrérie, c'est la fidélité au premier engagement professionnel. Lorsque Mireille Bouisset fait ses courses dans un supermarché, elle vérifie toujours que le rayon exposant les produits maison est correctement rangé. Si ce n'est pas le cas, elle y met bon ordre. Et, bien entendu, elle n'achète que du Procter, sauf pour la machine à laver la vaisselle, parce qu'il n'en existe pas. Une monomaniaque ? Pas vraiment. Ils sont plusieurs à avoir conservé de telles habitudes étonnantes vingt ans après avoir quitté la multinationale. Comparée à ces phalanges programmées pour la vie, même l'Inspection des Finances paraît un peu endormie.

Un problème ? « 3615 Krivine »

« Vous voulez débloquer une place dans un avion surbooké, décrocher un lit dans un service de pointe à l'hôpital, obtenir la recension de votre dernier livre dans un journal ? Alors, faites "3615 Krivine", actionnez le meilleur carnet d'adresses de Paris », s'amuse l'écrivain Gilles Perrault, vieil ami et complice du patron de la Ligue communiste révolutionnaire (LCR). Alain Krivine connaît tout le monde. Des générations et des générations d'avocats, de médecins, de journalistes, de publicitaires sont passées entre les mains de la Ligue. Mais le chef historique du mouvement n'a jamais utilisé son riche carnet d'adresses pour sa propre carrière. Il gagne 7 300 francs par mois, finance son organisation et son hebdomadaire, *Rouge*, grâce aux travaux d'imprimerie réalisés par une PME de la banlieue et dirigée par la Ligue.

Une trajectoire professionnelle étrangère aux horizons d'un inspecteur des Finances ou d'un proctérien. La Ligue, pourtant, fut une école de pouvoir efficace et productive. Une pépinière de nomenklaturistes particulièrement rompus aux rapports de forces qui prévalent en politique.

Du temps de la splendeur militante, Alain Krivine avait deux adjoints : Daniel Bensaïd et Henri Weber. Le premier, professeur de philosophie, est resté fidèle à l'organisation. Le second s'est pour le moins « recentré ». Entré au PS en 1985, il est devenu en 1995 sénateur socialiste. Socialiste, passe encore, mais sénateur !

L'embourgeoisement de l'homme politique fait sourire à la Ligue. Certains camarades se sont à peine remis de la soirée d'anniversaire de ses 50 ans, célébrée en 1994 dans les studios d'AB Productions. Jamais ils n'auraient cru boire un jour une coupe de champagne sur le lieu de tournage d'« Hélène et les garçons » et de « Premiers baisers » !

Henri Weber, comme beaucoup d'anciens de la Ligue passés au PS, s'est glissé dans le sillage de Laurent Fabius. Etonnantes reconversions, qui ont connu leur apogée à l'Hôtel Matignon entre 1984 et 1986. Témoin le surprenant parcours de Jean-Paul

Besset et Denis Pingaud, deux anciens collaborateurs du quotidien *Rouge*, fondé par la Ligue en 1976. En 1984, alors qu'il vient d'adhérer au PS, Jean-Paul Besset reçoit un appel de Jean-Gabriel Frédet, directeur de la communication du nouveau Premier ministre Laurent Fabius. Les deux hommes se sont connus au *Matin de Paris*. Besset croit à un gag. Pour lui, Fabius, c'est un « Giscard de gauche »[1]. Réalisme oblige, il accepte, tout comme Denis Pingaud et un autre ex-trotskiste, Bernard Poulet. C'est ainsi que Besset et Pingaud, alias Ploëch et Séraphin dans la clandestinité trotskiste, se sont retrouvés, en 1985, nez à nez avec Alain Krivine qui menait une manifestation pour la Nouvelle-Calédonie devant l'Hôtel Matignon...

Le recyclage socialiste ne concerne pas seulement la LCR. Si la migration de l'extrême gauche vers le PS a toujours existé, les lambertistes du PCI (Parti communiste internationaliste), autre officine trotskiste, ont battu tous les records. En 1986, ce sont plus de 300 anciens disciples de Pierre Lambert qui décident d'adhérer individuellement au Parti socialiste, alors dirigé par Lionel Jospin. Parmi les transfuges, sept dirigeants du PCI, dont Jean-Christophe Cambadélis, alias « Kostas », Philippe Darriulat, alias « Crimso », Marc Rozenblat, alias « Ibsen », deux anciens présidents du syndicat étudiant UNEF-ID, Jean Grosset, alias « Saïgon », secrétaire général adjoint du syndicat FO des instituteurs, l'universitaire Benjamin Stora alias « Truffaut »...

Jean-Christophe Cambadélis, qui arbore le grade le plus élevé dans la hiérarchie lambertiste, mène la troupe et négocie les ralliements « individuels ». A peine arrivé rue de Solferino, il y retrouve l'un de ses vieux ennemis intimes, longtemps affilié à la maison concurrente, la Ligue communiste révolutionnaire. Julien Dray, en effet, a quitté la LCR, où il dirigeait

1. Cité par Hervé Hamon et Patrick Rotman dans *Génération*, Seuil, 1987.

le secteur étudiant sous le patronage de Gérard Filoche, pour s'inscrire au PS en mai 1982.

Le « lambertiste » et le « filochard », qui ont déjà une belle carrière militante derrière eux, se sont rencontrés en 1973, alors qu'étudiants et lycéens défilaient, entonnoir sur la tête, contre la loi Debré. A l'époque, Jean-Christophe Cambadélis mène les étudiants de Nanterre. Julien Dray se trouve à la tête des Comités de lutte lycéens. L'appartenance à deux chapelles concurrentes incite à la méfiance. Au point que le futur député de l'Essonne soupçonnera à l'époque le futur élu du XIXe arrondissement de Paris d'être pour quelque chose dans le sabotage de son Solex avec des morceaux de sucre. Ambiance.

Depuis, ils cohabitent sans pour autant se supporter. Cette coexistence, pas toujours pacifique, les porte, en 1980, à la tête de l'UNEF-ID, syndicat étudiant expurgé de ses éléments « staliniens ». Le lambertiste est président, le filochard vice-président. La nouvelle organisation démarre grâce au financement de Force ouvrière, d'où le PCI tire les substantiels dividendes d'un entrisme savamment pratiqué.

L'UNEF-ID est une sorte de vase communicant avec la jeune garde du PS. Presque une « école des cadres ». Tandis que Cambadélis investit — avec succès — dans le contrôle de ce nouvel appareil, Dray fait prospérer l'une de ses créations annexes, SOS Racisme. Cambadélis se rallie à Jospin, qui baguenauda lui-même, jusqu'à l'orée des années 80, du côté du groupuscule de Pierre Lambert. Dray préfère Fabius, qu'Henri Weber a déjà rallié.

Coup de chance : quelques mois seulement après le retour de la droite aux affaires, éclatent coup sur coup deux séismes sociaux. Ce sont, d'abord, les manifestations étudiantes contre la loi Devaquet. La grogne démarre à l'université de Villetaneuse, où se fait remarquer une certaine Isabelle Thomas, militante de l'UNEF-ID et de SOS Racisme, accessoirement protégée de Julien Dray. A cette occasion, les camarades peaufinent plus que jamais leur art de l'agit-prop. Avec succès : des centaines de milliers de jeunes sont dans la rue ; le projet de loi est retiré ; un ministre doit démissionner. A moins de deux ans de l'élection présidentielle de 1988, l'opposition socialiste peut se frotter les mains. A l'Elysée, le secrétaire général Jean-Louis Bianco ne regrette pas les heures passées à chouchouter les petites stars de l'antiracisme.

En remerciement, les zélés agitateurs de la « génération Mitterrand » n'auront pas à se plaindre de la distribution de « fromages » qui suit la réélection de leur mentor. Jean-Christophe Cambadélis devient député du XIXe arrondissement de Paris, où François Mitterrand a recueilli près de 60 % des suffrages. Une circonscription en or, où même une chèvre (socialiste) l'eût emporté. Julien Dray loupe de peu le secrétariat d'Etat à la Jeunesse et aux Sports, et doit se contenter, enviable lot de consolation, d'une circonscription dans l'Essonne. Il y retrouve un allié récent, le jeune sénateur socialiste Jean-Luc Mélenchon, issu du PCI concurrent. Tous deux fondent la « Nouvelle école socialiste » (NES), destinée à rassembler « au-delà des trotskistes ». L'une des premières recrues de la NES n'est autre qu'Isabelle Thomas. Moins heureuse en politique que son ami et mentor Julien Dray, elle sera battue, en Seine-Saint-Denis, par Eric Raoult. Aussi, la voici conseillère à l'Elysée, et gratifiée d'un strapontin au Conseil économique et social. C'est dans ce dernier cénacle qu'Harlem Désir, l'emblématique président de SOS Racisme, trouve une sinécure confortablement rémunérée (19 000 francs par mois). Un minimum vital satisfaisant, mais une reconversion peu glorieuse qui le fait sombrer dans l'oubli après un apogée médiatique étourdissant. La petite bande de l'hiver 1986 franchit donc, en ordre dispersé, le seuil des palais nationaux. Et les petits-enfants de Léon (Trotsky) deviennent ainsi, par la grâce d'une réélection présidentielle, les neveux gâtés de Tonton.

Dans la galaxie trotskiste, tous n'ont pas eu la chance, pour faire carrière, d'appartenir à la « génération Mitterrand ». A part la politique, la plupart des anciens gauchistes se retrouvent massivement dans tous les métiers liés à la communication. « Notre formation de base consistait, après tout, à savoir baratiner sur n'importe quoi, explique un ancien reconverti dans le journalisme. C'est pour cela qu'on retrouve d'ex-trotskistes dans les journaux, à la télévision et dans la publicité. »

L'un des instituts de sondage les plus en pointe, tant en France qu'en Europe, est piloté par un duo d'anciens gauchistes. Jean-Marc Lech et Didier Truchot, co-dirigeants d'Ipsos, ont gardé dans leur style de management un zeste d'esprit libertaire. Les cadres d'Ipsos possèdent d'ailleurs une grande partie de leur entreprise.

A la télévision, le producteur des « Brûlures de l'histoire » sur France 3, Patrick Rotman, ainsi que l'animateur Michel Field et Hervé Chabalier, le patron de l'agence Capa, ont fait leurs classes dans la mouvance trotskiste. Derrière eux, plus anonymes, de nombreux journalistes ont connu la même expérience. « J'ai commencé à faire de la radio grâce à des militants qui avaient aidé le FLN pendant la guerre d'Algérie. Ils connaissaient Hervé Bourges qui était à l'époque PDG de Radio-France International et qui m'a embauché, raconte cet ancien enseignant, aujourd'hui journaliste à France 2. D'une manière générale, le réseau trotskiste vous suit toute la vie. Je reçois au moins un coup de téléphone par mois me sollicitant pour des motifs professionnels. Quand je peux faire quelque chose, je n'hésite jamais. Nous ne faisons jamais de banquets, mais la solidarité dépasse le simple cercle des gens qu'on connaît. Il y a tous ceux que l'on reconnaît, au nom d'un passé commun, sans jamais les avoir rencontrés. »

Dans la presse écrite aussi, la concentration trotskiste est plutôt élevée. Au *Monde*, Georges Marion et Edwy Plenel, qui furent longtemps les deux fracassants enquêteurs maison, ont appris leur métier à *Rouge*. Quand Edwy Plenel est nommé directeur de la rédaction du quotidien il appelle à la rédaction en chef Jean-Paul Besset, un ami de *Rouge*, qu'il a continué à fréquenter du temps où celui-ci travaillait pour Laurent Fabius. On retrouve aussi Olivier Biffaud, journaliste politique et vice-président du conseil de surveillance, ainsi que Laurent Mauduit, responsable du service économique...

A *Libération*, la « cellule mao » des débuts a perdu du terrain, au profit d'autres clans issus du gauchisme. Le sujet semble tabou, si l'on en juge par un « droit de réponse » envoyé à *L'Evénement du jeudi* en 1989 par Dominique Pouchin et Jean-Michel Helvig, alors rédacteur en chef et chef du service politique de *Libé* : « Les cinq lignes et demie qui nous sont consacrées donnent à penser que les embauches à *Libération* pourraient être liées à des états de service anciens dans le militantisme trotskiste. Ceci est notoirement faux et profondément infamant. »

Infamant ! Que d'indignation pour qualifier une entraide professionnelle somme toute assez innocente.

De telles pudeurs sont plus compréhensibles de la part des anciens d'extrême droite. Alors que le gauchisme de jeunesse s'affiche presque sur une carte de visite, le fascisme post-pubère se traîne comme un boulet. Au point que les ambitieux qui ont trop fréquenté le mouvement Occident ont dû emprunter certains passages secrets qui les rapprochent d'une image politique honorable. Non sans succès pour certains d'entre eux...

Le cercle des cogneurs repentis

Ce 12 janvier 1967, à Mont-Saint-Aignan, dans la banlieue de Rouen, des étudiants d'extrême gauche distribuent des tracts pour la paix au Vietnam devant le restaurant universitaire. Un commando du groupuscule d'extrême droite Occident, composé d'une trentaine d'éléments, débarque pour une expédition punitive. Rien de très exceptionnel tant les frictions sont fréquentes sur le campus. Mais cette fois les jeunes gens casqués cognent fort. Si fort que quelques-uns des distributeurs de tracts doivent rejoindre l'hôpital.

Parmi les quatorze militants d'Occident interpellés, Alain Madelin, Gérard Longuet et Patrick Devedjian. Ils ne savent pas, alors, qu'ils se retrouveront, quelques années plus tard, sur les bancs de l'Assemblée nationale, respectables parlementaires de la droite la plus classique.

Les ambitieux extrémistes qui formaient dans les années 60 le noyau dur d'Occident ont dû commencer par se laver d'une sulfureuse réputation, acquise à coups de matraque. Les filières qu'ils ont explorées et initiées pour se recycler relèvent du « blanchiment de carrière », au même titre qu'il existe du blanchiment d'argent. Repentis respectables aux yeux de leurs nouvelles fréquentations, ils passent, auprès de leurs anciens camarades demeurés fidèles aux trois « O », Ordre, Occident et Oriflammes, pour d'affreux renégats.

Ce jour de janvier 1967 marque un tournant dans leur carrière. Est-ce bien le même Alain Madelin qui, un an plus tard, organise les « Semaines de la pensée libérale » ? Financées par le patronat, plus particulièrement la branche parisienne de l'UIMM (Union des industries métallurgiques et minières), elles sont organisées par Claude Harmel, alias Guy Lemonnier. Harmel fut durant l'Occupation l'adjoint de Georges Albertini, lui-même bras droit de Marcel Déat à la même époque[1]. Après guerre, il est toujours le second d'Albertini, devenu le pilier d'un réseau spécialisé dans la lutte anticommuniste.

Comment l'un des leaders d'un mouvement outrancièrement nationaliste, considérant dans le bulletin d'Occident que « ce qu'il faut détruire, c'est le cosmopolitisme et le libéralisme », opère-t-il en quelques mois une aussi éblouissante conversion ? « C'est moi qui ai initié Madelin au libéralisme », avoue aujourd'hui Claude Harmel, pas mécontent d'avoir su déceler dans l'étudiant belliqueux une future pointure politique. C'est un autre disciple d'Albertini, Nicolas Tandler, membre d'Occident-Université, qui le lui a présenté. Les deux étudiants se retrouvent dans des locaux du boulevard Saint-Germain, qui abritent l'Institut d'histoire sociale créé par l'antistalinien Boris Souvarine, mais aussi l'Institut supérieur du travail du même Harmel, qui va fournir activités et émoluments à cette jeunesse fougueuse et extrémiste.

Une fois dans les murs financés par le patronat le moins progressiste, le futur ministre y demeurera jusqu'en 1978, date de sa première élection à l'Assemblée nationale. Il initiera ainsi une véritable « filière » pour ses anciens camarades soucieux d'une reconversion respectable. A commencer par Christian de Bongain, alias Xavier Raufer, journaliste, sociologue et spécialiste du terrorisme.

Lorsque Harmel lance en 1971 l'Institut supérieur du travail (IST), qui choisit-il pour faire tourner la nouvelle boutique ? De Bongain-Raufer, premier secrétaire général de l'Institut. Indépendant de l'Institut d'histoire sociale, mais hébergé dans les mêmes locaux, l'IST devient le principal employeur des jeunes Madelin et Raufer. Le second administre, le premier donne des cours et des conférences dans les

1. Voir chapitre « Se protéger », p. 283.

entreprises sur les différents mouvements gauchistes, qu'il a bien connus, d'un certain point de vue. La différence entre trotskistes et maoïstes, leurs méthodes d'action, leur pénétration dans les différents syndicats, leur implantation dans les entreprises : Alain Madelin devient un « gauchistologue » apprécié des entreprises qui, de Peugeot à L'Air liquide, de Péchiney à l'Aérospatiale, rémunèrent très correctement l'IST pour recueillir sa science sur les « ennemis de classe ». L'aventure dure jusqu'en 1978, date à laquelle Alain Madelin, élu député d'Ille-et-Vilaine, démissionne de ses fonctions de gérant des *Etudes sociales et syndicales*, le bulletin publié par l'Institut supérieur du travail.

Entre-temps, le futur ministre fait école. Il tend, dès ses débuts dans l'orbite Albertini, une main secourable à un autre militant d'Occident : Hervé Novelli. Marié, père de famille, celui-ci connaît des fins de mois difficiles. Pour améliorer l'ordinaire, il se spécialise dans le maniement de la ronéo qui tire les tracts anticommunistes de la maison Albertini. « Ensuite, il est entré par mon intermédiaire à la Chambre de la sidérurgie », se souvient Claude Harmel. Le jeune père de famille nécessiteux quitte toutefois les hauts fourneaux pour faire carrière sous les ors des palais nationaux. En 1986, quand Madelin est nommé ministre de l'Industrie, Novelli devient son chef de cabinet. Comment ne pas placer sa confiance, pour assurer l'intendance et gérer au mieux les fonds secrets, dans un ancien camarade de militantisme ?

Avant d'être élu, en 1993, député UDF d'Indre-et-Loire, Hervé Novelli connaît une traversée du désert confortable. A peine ses cartons ministériels emballés, en mai 1988, il rejoint le groupe financier Drexel-Burnham-Lambert en qualité de vice-président « Europe ». La sidérurgie a-t-elle laissé échapper un virtuose des marchés financiers, un « golden boy » qui s'ignore ? Plus prosaïquement, le président de Drexel, Pierre Rochon, n'est autre que le beau-frère de Gérard Longuet. Or, celui-ci, s'il a préféré la formation dispensée par l'ENA à celle de la maison Albertini, a également abandonné une belle carrière de cogneur à la droite de l'extrême droite.

Gérard Longuet saura lui aussi profiter de l'hospitalité de son beau-frère chez Drexel entre deux cohabitations. Drexel-Burnham-Lambert, la banque qui se fit tant remarquer dans les délits d'initiés, était donc aussi une base arrière de la « bande à Léo ».

Alain Madelin, le premier du lot à s'engager sous les couleurs des Républicains indépendants, où il organise des sessions de formation, fort de l'expérience acquise à l'Institut supérieur du travail, ne fera pratiquement jamais usage de son diplôme d'avocat. A peine plaide-t-il une fois, aux prud'hommes, pour le GIM (Groupement des industries métallurgiques de la région parisienne), principal bailleur de fonds d'Albertini et Cie. Mais l'atmosphère des prétoires ne lui manque pas. Il s'est entiché des théories économiques libérales qu'il défend au sein de l'ALEPS (Association pour la liberté économique et le progrès social), autre création de Claude Harmel qui ne manqua pas de séduire certains patrons.

Avec l'aide active d'Alain Madelin, cette association ne se cantonne pas à d'innocentes conférences de contre-propagande communiste. Comme on ne fréquente pas des années le réseau Albertini sans en tirer quelques précieuses leçons sur l'art de la manipulation, Alain Madelin va s'essayer dans un art un peu spécial, celui du brûlot électoral. A *Est et Ouest*, la fabrication de fiches « clé en main » spécialisées dans l'anticommunisme et distribuées aux candidats pendant les campagnes électorales fait partie de la routine depuis les années 50. Le jeune avocat pousse la témérité quelques crans plus loin. En avril 1974, alors que la campagne présidentielle bat son plein, que Valéry Giscard d'Estaing et François Mitterrand se trouvent au coude à coude, paraît un faux quotidien intitulé *France-Matin*, généreusement tiré à trois millions d'exemplaires sur les presses du journal *Nice-Matin*. L'idée générale consiste à effrayer le lecteur sur ce qui attend le pays si François Mitterrand était élu. Le rédacteur décrit ainsi la journée imaginaire du 9 janvier 1975 dans une France devenue socialiste : « Le Président de la République, François Mitterrand, décide : rationnement dès lundi. Sucre : 2 kilos par personne. Huile : 1 litre... ». Et le reste à l'avenant...

De quoi faire frissonner la France. Les articles ne sont pas signés, mais on en soupçonne l'inspirateur. La fabrication de cette politique-fiction revient à SERVICE (Société d'étude et de recherche visuelle d'impression, de composition et d'édition), une petite société, disparue depuis. L'identité de ses actionnaires et dirigeants n'est pas indifférente, puisque tous appartiennent à la mouvance d'extrême droite, et la plupart d'entre eux à « Faire front », qui réunit Alain Robert et ses amis après la dissolution d'Ordre nouveau, en juin 1973.

Pourquoi, se demandera-t-on, Alain Madelin, alors en quête de respectabilité, a-t-il pris le risque de susciter l'ubuesque prose de *France-Matin* ? Certainement pas par esprit frondeur ou potache. Plus simplement, parce que s'attirer les bonnes grâces du patronat peut se révéler payant aux débuts d'une carrière politique. N'oublions pas que derrière *France-Matin* se profile l'ALEPS qui procure son premier financement politique au jeune candidat à la députation Madelin. Parmi les généreux donateurs, le PDG du centre commercial Parly 2...

Toujours fidèle à Alain Madelin, l'ALEPS contribue, en 1993, à sa réinstallation dans de somptueux locaux de l'avenue d'Iéna. Fidélité réciproque, puisque juste après son éviction du gouvernement d'Alain Juppé, en août 1995, l'ancien ministre des Finances réservera sa première sortie publique à la « Semaine de la pensée libérale », à Avignon.

A l'extrême droite du Père

La « maison Albertini », sous la houlette de Claude Harmel, a donc construit un très efficace réseau de recyclage carriériste qui a irrigué l'UDF. Le RPR aussi a monté un discret service de recrutement administré par Charles Pasqua.

En 1979, au 30 avenue de Messine, non loin du parc Monceau, s'activent d'anciens militants d'Occident, d'Ordre nouveau et du GUD (Groupe Union-Défense, créé après la dissolution d'Occident, fin 1968). Il s'agit de préparer scientifiquement la candidature de Jacques Chirac à l'élection présidentielle de 1981. Charles Pasqua dispose avenue de Messine d'une garde rapprochée imaginative et très professionnelle. Il y a là deux anciens de Sciences Po, Jean-Jacques Guillet et William Abitbol, qui semblent inséparables depuis leur passage à Occident.

C'est à cette époque qu'ils ont croisé Pierre Pasqua, le fils unique de Charles, avec lequel ils partagent les mêmes convictions très droitières. Cette amitié estudiantine leur a permis un recyclage rapide au sein du RPR par la voie la plus fiable qui soit : le vecteur familial. Une fois les deux ambitieux introduits dans la maison du père, les portes du RPR leur sont grandes ouvertes.

Avant de devenir respectivement spécialiste des sondages et « nègre » attitré du futur ministre de l'Intérieur, Guillet et Abitbol ont, malgré leur jeune âge, rendu d'autres services au mouvement gaulliste. L'organisation, par exemple, de quelques raouts de l'UDR en 1973. Preuve que l'on peut activer à la fois son cerveau et ses muscles ! Mais leur métier, la communication, ils l'apprennent auprès de l'inventeur du marketing politique en France, Michel Bongrand.

Décortiquant les sondages, imaginant des slogans pour la campagne de Chaban en 1974, Abitbol et Guillet en retiennent une leçon : mieux vaut être du côté du vainqueur. Mais pour gagner, il faut de la méthode. Jean-Jacques Guillet a fort opportunément fondé une société de sondages, Indice-Opinion, qui ne va cesser de publier des enquêtes, toutes plus favorables à Jacques Chirac les unes que les autres.

« Gonfler » Chirac, c'est bien, mais écorner l'image de Giscard, c'est mieux. La technique de la contrefaçon journalistique, qui avait si bien servi le « citoyen candidat » Giscard en 1974, va cette fois se retourner contre lui. Autour de Charles Pasqua, de jeunes communicants imaginent une brochure anonyme, qui sera diffusée à plus de 30 000 exemplaires. Son titre : *Le candidat du Kremlin*. Une manière de rappeler l'ironie de François Mitterrand sur « le petit télégraphiste » de Moscou...

L'équipe de choc réunie autour de Charles Pasqua compte aussi, à cette époque, un camarade de son fils Pierre, issu des mêmes sphères, Joël Gali-Papa. Il connaît Charles Pasqua depuis ses 18 ans et se plaît à se présenter comme son « fils spirituel ». Après mai 1981, Joël Gali-Papa participe au lancement d'une petite association pasquaïenne farouchement « anti-socialo » baptisée « Solidarité et liberté ». L'initiative n'enthousiasme guère certains dirigeants du RPR, qui y voient déjà la résurgence d'un petit « SAC », ce service d'action civique aux activités troubles où Charles Pasqua excella officiellement entre 1962 et 1969. Leurs craintes, en vérité, ne sont pas totalement infondées. Car on retrouve aussi dans le sillage de « Solidarité et liberté » d'anciens OAS comme l'ex-député d'Alger Pierre Lagaillarde, recyclé au SAC, l'ancien militant d'Occident Gérard

Ecorcheville, et son beau-frère Alain Robert qui en assure le secrétariat administratif.

Alain Robert, fondateur du GUD, s'est progressivement recentré après l'expérience décevante du PFN (Parti des Forces nouvelles), dont il fut l'un des fondateurs. Avec certains de ses camarades, il jette en 1981 son dévolu sur le CNI (Centre national des indépendants), vieux parti de notables souvent somnolents, rarement à l'affût des intrigues parisiennes.

Bien pratique, ce CNI, quand on est toisé comme un semi-pestiféré par la droite républicaine établie. Les dirigeants de ce parti sur le déclin, nostalgiques de leur grand homme Antoine Pinay, n'ont pas les moyens de faire la fine bouche devant un apport de nouveaux militants. Les carriéristes du PFN, rompus à l'exploitation des rapports de forces, le savent bien. Alors, ils noyautent à la mode gauchiste. Le CNI, c'est déjà la droite présentable. Alain Robert mettra encore quelques années pour rejoindre officiellement son mentor au RPR.

En 1986, la nomination de Jacques Chirac à Matignon, et surtout celle de Pasqua au ministère de l'Intérieur sonnent l'heure de la promotion sociale. Nommé délégué national à la formation du RPR en 1986, Alain Robert devient conseiller au cabinet du ministre de la Sécurité publique Pandraud avant de se trouver propulsé au comité central du parti dès 1987.

Mais son irrésistible ascension se heurte à un sérieux obstacle : le suffrage universel, qui lui refuse avec obstination un siège à l'Assemblée nationale. Puisque le noyautage convient manifestement mieux à son genre de beauté, Alain Robert passe à la vitesse supérieure et prend d'assaut, en 1989, le MNEL (Mouvement national des élus locaux) pour le compte de Charles Pasqua. Parce qu'il regroupe plus de 300 000 élus de France, dont l'immense majorité est apolitique, et le reste clairement à droite, le MNEL représente une enviable assise locale pour faire passer des idées et mobiliser quand il le faut. Pendant un temps, la gestion du MNEL aura d'ailleurs le charme des affaires familiales puisque Alain Robert y sera secondé par son propre beau-frère Gérard Ecorcheville.

Quant à Jean-Jacques Guillet, jamais son sillage ne s'est écarté de celui de son parrain, qu'il a suivi au ministère de l'Intérieur entre 1986 et 1988 avant de se replier, en deuxième ligne, au Sénat comme secrétaire général du groupe RPR jusqu'en 1993. Prudent, il avait tout de même essayé, dès 1982, de diversifier ses activités, en dirigeant sans convictions une « entreprise de travail temporaire ». Curieusement, celle-ci, tout comme « Indice-Opinion », l'institut « pasquaïen » de sondages, était domiciliée au 16, rue Clément-Marot, dans le VIIIe arrondissement de Paris. Tout comme les annexes professionnelles de William Abitbol, qui œuvre à la fois dans la communication, la publicité et la production audiovisuelle.

Et comme un hasard n'arrive jamais seul, le 14, rue Clément-Marot, la porte à côté, a longtemps accueilli les activités de la « Mobilière d'Investissements », une société financière mise en liquidation en 1995, dont l'un des administrateurs n'était autre que Pierre Pasqua, le fils de Charles.

Flanqué de cette petite bande, Pasqua courait certes un risque : celui de se marquer trop ostensiblement sur sa droite. Peut-être est-ce pour se « blanchir » à son tour de tout soupçon qu'il a su diversifier ses propres réseaux. Jean-Claude Barreau, ex-ecclésiastique, ancien conseiller de François Mitterrand à l'Elysée, est venu le rejoindre comme conseiller pour les questions d'immigration. Roland Castro, ex-maoïste, architecte et penseur des banlieues mitterrandolâtre, a été recruté pour humaniser les cages à lapins des Hauts-de-Seine. Quant au dentiste Patrick Gaubert, membre de la Licra et président de l'association DAVID (Décider,

Agir avec Vigilance pour Israël et la Diaspora), il était chargé au cabinet du ministre de l'Intérieur de la lutte contre le racisme et l'antisémitisme.

A l'aune des carrières, la filière Pasqua ne semble pas aussi gratifiante, pour les anciens d'Occident, que celle qui passa, au début des années 70, par la « maison Albertini » et les Républicains indépendants. Pour un Patrick Devedjian, qui saura trouver son autonomie politique au RPR, combien d'autres vassaux seront condamnés au ralliement éternel ou à la répudiation !

CHAPITRE V

S'enrichir

C'est un énigmatique Groupe Clemenceau, rassemblement anonyme de maçons, qui a ouvert le jeu. En dénonçant au début des années 90 la mainmise des « vautours et des envieux ». « La seule solidarité existante, expliquait-il dans un libelle à usage interne, est celle des affairistes que l'on trouve de plus en plus. » Terrible affirmation, alors qu'aucune « affaire » n'avait encore été rendue publique. Qui sont les accusés ? Des frères. La maçonnerie ne serait-elle plus ce qu'elle était ?

Ce 7 septembre 1995, les touristes japonais qui traversent le hall de l'hôtel Sofitel Saint-Jacques à Paris assistent à un curieux spectacle que leur tour operator n'a pas prévu au programme. Commedia dell'arte ? Théâtre de rue ? Des hommes d'âge respectable, cravatés et vêtus de sombre, s'invectivent, gesticulent et en viennent même aux mains dans l'espace Saint-Jacques contigu à l'hôtel.

Les 850 délégués des loges du Grand Orient

tiennent convent annuel. Ces notables installés doivent élire les 33 membres du Conseil de l'Ordre, exécutif de l'obédience, avant que celui-ci ne procède en son sein à la désignation du Grand Maître. Depuis la fondation de cette noble institution, en l'an de grâce 1773, on n'avait jamais vu pareil pugilat. « Vendu », « ordure » : les insultes pleuvent, les sifflets et les lazzis enflent. Les « surveillants », chargés de veiller à l'étiquette, sont débordés, même le « Frère Terrible » ne parvient pas à intervenir.

L'objet du contentieux ressemble en apparence à une sombre querelle d'arrière-boutique. Approuvé à 80 % par l'assemblée, le rapport du Grand Maître sortant, Patrick Kessel, s'est plutôt éloigné de la spiritualité de rigueur dans un tel cénacle : « Il y a décidément dans cette maison quelques éléments aux mœurs de voyous... Que de jalousie, de haine, de médiocrité accumulées !... » A ce premier round musclé, succède un second tout aussi enfiévré : Patrick Kessel, bien qu'il ait l'aval des membres du Conseil de l'Ordre, l'exécutif de l'obédience, se fait blackbouler par les 850 délégués qui représentent en quelque sorte le Parlement du Grand Orient.

La crise est profonde. « Le Grand Orient est devenu une sorte d'auberge espagnole, où toutes les opinions se valent, à l'exception, bien sûr, des idées d'extrême droite, commente un ancien membre du Conseil de l'Ordre. Puisque la défense de la laïcité et de la République ne sont plus le ciment commun, tout le monde entre dans notre obédience, y compris des affairistes. Beaucoup de maçons supportent de plus en plus mal de retrouver quelques-uns des leurs régulièrement cités dans les pages “faits divers” des journaux, rubrique corruption et fausses factures. »

Il y eut en effet l'affaire Urba, dans laquelle, du fondateur Guy Marti au « gestionnaire » Gérard Monate, en passant par les anciens trésoriers du PS André Laignel et Henri Emmanuelli, plusieurs francs-maçons occupent les premiers rôles. Ce n'était rien comparé à la SAGES. Le président-fondateur de cette officine, Michel Reyt, est un ancien Grand Maître adjoint du Grand Orient. Ce que ne manquent pas de rappeler des articles aux titres évocateurs : « Michel Reyt, trafiquant d'influence » (*Libération*[1]), « Celui par qui le scandale arrive » (*L'Evénement du Jeudi*[2]), « Un certain Monsieur Reyt (*L'Express*[3]). Le coup de grâce vient de François Mitterrand qui raille devant quelques journalistes « le petit groupe maçonnique de copains ». Pour ne pas gêner les « copains », justement, Michel Reyt démissionne du Grand Orient. Mais le mal est fait.

Une fois Michel Reyt démasqué, certains « frères » somment le Conseil de l'Ordre de réagir. « Comment pourrions-nous prétendre travailler à l'amélioration morale de l'humanité alors que par l'exemple de certains d'entre nous, il semble que nous démontrions le contraire par la corruption, la prévarication, le trafic d'influence, toutes choses que nous nous glorifions de combattre ? » s'insurge ainsi dans un courrier enflammé à sa hiérarchie un architecte grenoblois du GO.

Comment lui donner tort ? Depuis ses balbutiements, la franc-maçonnerie fonctionne peu ou prou en réseau, mais pour le meilleur, pas pour le pire. Tout au long du Haut Moyen Age, les bâtisseurs de cathédrales inventent le compagnonnage pour transmettre de génération en génération les techniques secrètes qui permettent d'ériger des merveilles architecturales. Le vocable « franc-maçon » vient de l'expression anglaise « free mason », maçon libre d'aller de chantier en chantier en dehors de toute servitude. Quant à la « loge », l'unité de base de la maçonnerie actuelle qui doit compter au

1. 15 décembre 1992.
2. 18 mars 1993.
3. 17 septembre 1992.

moins sept membres pour être reconnue, elle désignait à l'époque la cabane où les compagnons entreposaient leurs outils et se réunissaient. Au XVIIIe siècle, cette maçonnerie professionnelle a disparu depuis longtemps. Elle est remplacée par des associations où il ne s'agit plus de construire des bâtiments mais de façonner une société idéale selon les plans d'un Grand Architecte de l'Univers.

La France compte aujourd'hui près de 100 000 frères répartis entre sept grandes obédiences. En dehors d'une loge féminine et de trois loges mixtes, trois obédiences principales se font concurrence. Le Grand Orient de France (39 000 membres), agnostique et plutôt marqué à gauche, s'est illustré dans la défense de la laïcité républicaine. La Grande Loge de France (23 000 membres) et la Grande Loge nationale française (18 000 membres), issues toutes deux d'une scission du Grand Orient et plus marquées à droite, se réclament, elles, d'une certaine spiritualité.

Un numéro spécial d'*Humanisme*[1], la revue du Grand Orient, définit la franc-maçonnerie comme « une institution essentiellement philanthropique, philosophique et progressiste, qui a pour objet la recherche de la vérité, l'étude de la morale et la pratique de la solidarité ».

Vaste programme ? Pour certains, il se concrétise surtout dans son troisième volet. Et pourquoi pas ? La tradition veut que dans chaque loge œuvre un « frère hospitalier », sorte d'assistante sociale au service du reste du groupe : « Il est appelé ainsi parce qu'au XVIIIe siècle, explique un initié du GO, il se déplaçait au chevet des malades, pour les assister et donner des nouvelles aux "frangins". Aujourd'hui, c'est lui qui gère le "tronc de la veuve", c'est-à-dire le tronc qui passe à la fin de chaque tenue et qui sert à dépanner quelqu'un qui se trouve en difficulté dans

1. Avril 1990.

la loge. Il est le lien entre la vie maçonnique et la vie profane. »

De même, l'ancien orphelinat maçonnique, qui prend en charge les frais d'études des enfants de maçons disparus, fonctionne au Grand Orient depuis 1862. Pour éviter ce libellé trop voyant sur les chèques distribués, cette institution s'est rebaptisée « Solidarité jeunesse ».

Crise oblige, les frères de toutes obédiences ont réactivé une commission commune, la « commission E ». E comme emploi. « Nous avons été consternés de constater, il y a quelques années, qu'il y avait autant de chômeurs chez nous qu'ailleurs, raconte un président de loge. Depuis, le samedi matin, des chômeurs francs-maçons viennent avec leur CV. Des francs-maçons chasseurs de têtes ou spécialistes en training vidéo leur donnent des conseils et tentent de les caser. En cas de succès, le recruté doit signer un protocole et s'engager à ne jamais dévoiler que son employeur est franc-maçon ni mettre celui-ci en péril à cause du lien maçonnique. »

Cette ANPE bis fonctionne toutefois moins bien qu'on ne pourrait l'imaginer, puisqu'elle ne règle qu'un tiers environ des cas qui lui sont soumis. Au point que la GLNF s'en est retirée pour fonder sa propre « agence », dont elle assure avoir doublé les performances. La tâche, il est vrai, est facilitée par le recrutement élitiste de cette obédience qui chasse plus volontiers le PDG que l'employé de bureau.

Terres de mission

« Le Grand Orient ne dispose pas de moyens illimités. Il faut bien, dès lors, déterminer des priorités. La solidarité doit d'abord s'appliquer aux frères de l'obédience. » Cette circulaire interne, rédigée par la Commission nationale de solidarité maçonnique, relativise sérieusement le principe de solidarité envers son prochain. Les maçons donnent... aux maçons. Ce fut le cas à Vaison-la-Romaine, où les frères sinistrés furent secourus en priorité par les obédiences. C'est toute l'ambiguïté de cette notion d'entraide qui peut vite tourner à la cooptation, au favoritisme et à la monopolisation des postes dans quelques secteurs où la franc-maçonnerie a « bétonné » de longue date son implantation.

Terre d'élection inattendue, et soustraite au regard du grand public : les tribunaux de commerce. Ces juridictions sont les seules dans le droit français où siègent des juges bénévoles élus par leurs pairs, industriels et commerçants. Créés en 1563 par Michel de l'Hospital, ils sont régis par des règles et des coutumes immuables, qu'une charte écrite vient rappeler à tout nouveau venu. Comme en maçonnerie, ses préceptes imposent aux magistrats un devoir d'entraide, non seulement dans l'accomplissement de leurs fonctions juridictionnelles, mais aussi au-delà des portes, non du temple, mais du tribunal. Comme en maçonnerie, le tutoiement est de rigueur. Comme en maçonnerie, l'habit et le décorum tiennent une place importante dans la vie communautaire. Les magistrats sont invités par écrit non seulement à revêtir leur habit officiel lors des cérémonies judiciaires, mais aussi à porter l'habit « avec décorations pendantes » lors des dîners officiels. Comme en maçonnerie, toujours, les « agapes » prises en commun au « Cercle des magistrats » relèvent d'un cérémonial hautement codifié. Le manuel du parfait juge explique à quel moment se lever lors de l'entrée dans la salle à manger du président, du vice-président... Mieux, il indique que le « culot », le dernier élu dans la dernière promotion, se doit d'illustrer « par un propos de bon goût » la vie du saint du jour avant d'entamer le repas.

Comme en maçonnerie, surtout, les tribunaux de commerce ont leurs « affaires ». Un liquidateur judiciaire écroué à Nice, un autre à Nanterre. Trois magistrats de Bobigny, dont un président de chambre mis en examen, suspectés d'avoir favorisé l'un de leurs pairs à l'occasion d'un dépôt de bilan. Des associations de victimes des tribunaux de commerce qui éclosent un peu partout en France, pour dénoncer, à tort ou à raison, les ententes réalisées sur le dos des chefs d'entreprise en difficulté.

Outre des liens fraternels bien plus fréquents que la moyenne, les tribunaux de commerce réunissent il est vrai beaucoup de conditions pour voir les réseaux occultes prospérer en leur sein. « Les élections se passent un peu à la soviétique, raconte un avocat d'affaires. On n'a aucune chance si l'on n'est pas "présenté" par la Chambre de Commerce, où les maçons sont souvent très actifs aussi. »

Les entreprises ont compris depuis longtemps l'intérêt de détacher l'un de leurs dirigeants vers cette activité bénévole plutôt enrichissante. « Un juge, explique un mandataire, n'oublie jamais vraiment d'où il vient. Il a tendance, même involontairement, à faire évoluer la jurisprudence dans un sens qui favorise son secteur d'activité. »

Les banques, les compagnies d'assurances n'hésitent pas à se séparer ainsi des services d'un collaborateur qu'elles continuent de rémunérer, sauf si l'élu est à la retraite. Mieux, elles participent souvent aux frais de voyages lorsque les magistrats organisent, comme l'exige la tradition, une escapade collective en compagnie de leurs épouses.

Dans cette atmosphère propice aux conflits d'intérêt, le lien maçonnique renforce les possibilités de tractations et d'arrangements occultes. Dans le petit monde qui gravite autour des tribunaux de commerce, tout le monde le sait, mais personne ou presque ne souhaite en parler ouvertement. « Cela joue pour un petit nombre de dossiers, mais qui sont souvent les plus importants, poursuit cet avocat d'affaires. Il existe ce qu'on appelle les "affaires chauffées", qui sont téléguidées depuis le premier jour vers les "bons interlocuteurs". Le mode d'emploi est simple. Au départ, le chef d'entreprise doit avoir dans son équipe un franc-maçon écouté, qui contacte le président du tribunal ou l'un de ses adjoints. Celui-ci "conseille" un avocat, qui pourra être rémunéré au-delà des barèmes en vigueur, une partie de la différence allant on ne sait pas très bien où... Grâce à ce système, le juge est bien choisi, l'expert aussi, l'administrateur judiciaire encore plus. »

Quand sa situation juridico-financière commence à se détériorer sérieusement, Bernard Tapie applique cette recette à la lettre. L'ancien député de Gardanne, s'il n'est pas franc-maçon, a toujours su utiliser au mieux les facilités offertes par les connexions fraternelles. « J'ai été étonné de certaines interventions, confiait au *Point* (3/12/94) le député UDF de Charente-Maritime Dominique Bussereau, rapporteur des deux commissions chargées d'examiner les levées d'immunité parlementaire de Tapie. J'ai vu certains réseaux se mettre en place. Parmi les plus actifs en sa faveur, il y avait certains francs-maçons de droite et un député RPR proche de Pasqua. » Le député en question, l'ancien juge d'instruction Alain Marsaud, lui aussi franc-maçon était déjà intervenu en 1992 dans le règlement du différend qui a opposé Bernard Tapie à l'ancien député des Hauts-de-Seine Georges Tranchant. Ce dernier reproche alors au remuant ministre de la Ville de lui avoir caché certaines recettes de NAVS, l'entreprise commune qu'ils ont créée pour importer les produits Toshiba en France. Il porte plainte et l'enquête conduite par le juge Edith Boizette, qui inculpe Bernard Tapie et le contraint à démissionner du gouvernement, révèle en effet que 31 millions versés par Toshiba ont été dissimulés par Tapie. La procédure s'arrête là. Georges Tranchant retire sa plainte contre un dédommagement de 15 millions de francs. Dans l'ombre, deux francs-maçons ont mené les négociations : Alain Marsaud, proche du RPR des Hauts-de-Seine, et Francis Szpiner, qui est alors l'avocat de Bernard Tapie.

Fin 1994, dans l'épisode qui l'oppose à ses deux principaux créanciers, le Crédit lyonnais (1,6 milliard de francs) et le Trésor public (400 millions), Bernard Tapie joue à nouveau la carte maçonnique. Il choisit comme avocat Bernard Lagarde, familier du tribunal de commerce de Paris où il a longtemps conseillé les anciens syndics de faillite, rebaptisés administrateurs judiciaires et mandataires liquidateurs. Une activité qui rapporte puisque Bernard Lagarde a notamment racheté, à Saint-Tropez, la très luxueuse villa qui appartenait à Thierry Le Luron.

Autre angle d'attaque exploité par le même Bernard Tapie : le président du tribunal de commerce de Paris, Michel Rouger, lui aussi séduit par les charmes des amitiés spéculatives. En mai 1992, la première rencontre entre les deux hommes, initiée par Bernard Tapie, concerne son différend avec Georges Tranchant, pour lequel il cherche une issue via le tribunal de commerce. Un an et demi plus tard, nouvel entretien où le député fait part à Michel Rouger de ses craintes concernant l'arrivée de Jean Peyrelevade à la tête du Crédit lyonnais : ce polytechnicien n'appartient à aucun de ses réseaux, et risque non seulement de couper les robinets qui alimentent le système Tapie, mais aussi de demander des comptes. C'est encore Michel Rouger qui reçoit un SOS quand, à l'été 1994, les meubles de collection du député-homme d'affaires sont saisis à titre conservatoire par le Lyonnais. Trois autres fois encore, les deux hommes se rencontrent de manière informelle, parfois en présence de Jean Veil, l'avocat du Lyonnais.

La première décision du tribunal de commerce de Paris, le 30 novembre 1994, est d'ailleurs très favorable à Bernard Tapie. Contre les réquisitions du parquet, qui réclamait la liquidation immédiate de la plupart de ses sociétés, décision qui aurait immédiatement entraîné son inéligibilité, les juges se prononcent pour le redressement judiciaire et ne demandent ni la vente aux enchères de l'hôtel particulier de la rue des Saints-Pères, ni celle du yacht *Le Phocéa*. Conséquence : Bernard Tapie reste éligible. Il peut briguer la mairie de Marseille et, pourquoi pas, la présidence de la République. N'a-t-il pas réalisé un score de 12 % aux récentes élections européennes ?

Cette clémence suscite bien des commentaires. Bernard Tapie dans la course présidentielle, c'est la division de la gauche, qui devra investir un autre candidat, plus présentable. *Le Point* pose même, en couverture de son numéro du 3 décembre 1994, cette embarrassante question : « Mais qui protège Tapie ? » L'hebdomadaire rapporte les propos qu'aurait tenus l'intéressé au président Rouger : « J'ai tout le gouvernement derrière moi ! Si vous ne me croyez pas, vous n'avez qu'à appeler Sarkozy ! »

Bluff ? L'histoire, et les protagonistes, demeurent évasifs. En revanche, quelques semaines plus tard, le tribunal de commerce rend un second jugement, cette fois très cruel pour Bernard Tapie. Sa liquidation judiciaire, ainsi que celle de sa femme, est prononcée. Il devra troquer la politique contre le cinéma, où l'inéligibilité et l'interdiction d'exercer n'existent pas. « Cette histoire prouve que les réseaux agissent à plein dans un contexte politique favorable, et si aucune volonté forte ne leur oppose de résistance, commente un familier du dossier. La détermination de Jean Peyrelevade, qui a su se montrer audacieux, informer opportunément les médias, a eu raison des tentatives, pourtant astucieuses et bien préparées, de Bernard Tapie. »

Mais certains bastions de la société française furent conquis et défendus de haute lutte par les frères bien avant que Bernard Tapie n'ait même l'idée de son premier coup financier. « Depuis 1923 et jusqu'au début des années 80, tous les directeurs des Postes ont été maçons, raconte le journaliste-écrivain Jacques Duquesne. Le président de la fraternelle maçonnique des PTT fut longtemps consulté sur les nominations importantes. Après l'élection de François Mitterrand, celui-ci a écrit directement à l'Elysée pour se plaindre de ce que le nouveau patron n'était pas un initié... »

Traditionnellement, les services publics représentent les chasses gardées des maçons. L'enseignement bien sûr, dont tous les ministres ont été francs-maçons jusqu'à André Marie en 1954. Mais aussi EDF-GDF, Air France, la police, la Sécurité sociale et quelques banques publiques...

Qui pourrait croire qu'au Crédit foncier, les inspecteurs des Finances se sont fait « doubler » par les francs-maçons ? Et pourtant ! Au moment où l'établissement se retrouve en faillite virtuelle au printemps 1996, on découvre que les liens maçonniques comptent au moins autant que le ciment énarchique. Quand Georges Bonin est nommé gouverneur du CFF en 1982, il s'empresse de promouvoir au poste stratégique de secrétaire général un de ses « supérieurs maçonniques », Marcel Gontard. Les hurlements du cabinet de Laurent Fabius à Matignon ne le font pas plier. Certains murmurent que Gontard a appuyé en loge la nomination de Bonin. Quatorze ans plus tard, le Crédit foncier, sur lequel les deux hommes ont régné pendant plus d'une décennie, affiche des pertes de 11 milliards. D'investissements somptuaires en opérations immobilières hasardeuses, l'établissement n'a pas su anticiper la crise ni s'adapter à la déréglementation. Le duo Bonin-Gontard n'est certes pas l'unique responsable de cette déroute, leurs collègues inspecteurs des Finances ont aussi leur part. Il a néanmoins imposé au Crédit foncier une gestion aventureuse guidée par l'arbitraire.

Plus classique, le secteur mutualiste, engendré par l'idéal maçonnique demeure un bastion puissant qui a su se battre pour conserver ses prérogatives. En 1982, Michel Baroin, ancien Grand Maître du Grand Orient et patron de la GMF (Garantie mutuelle des fonctionnaires) redoute que la nationalisation du crédit ne concerne aussi sa filiale bancaire, la BCCM. Pour échapper à l'étatisation, Baroin agite ses réseaux maçonniques autour du frère Jean Le Garrec, secrétaire d'Etat au secteur public, et de Pierre Mauroy à Matignon, où œuvre notamment Jean-Michel Rosenfeld, ancien conseiller de l'Ordre au Grand Orient. Après moult péripéties, Michel Baroin obtient gain de cause. Il est vrai que la BCCM gère alors, entre autres comptes proches du PS, ceux du bureau d'études URBA-GRACCO.

Mai 1981 réveille d'ailleurs un sérieux appétit de pouvoir parmi bien des frères du Grand Orient auxquels leur étiquette de gauche a pu jusqu'alors barrer la carrière. Mais ces candidats enthousiastes ont la sollicitation fraternelle si démonstrative que leur Grand Maître Roger Leray est contraint de les calmer. Alerté par Guy Penne, ancien membre du Conseil de l'Ordre chargé des Affaires africaines auprès de François Mitterrand, il apprend que l'Elysée, Matignon et les ministères croulent sous les courriers d'offres de service. Le 16 juillet 1981, il envoie une lettre confidentielle aux membres du Conseil de l'Ordre : « On comprend bien qu'une telle correspondance soit gênante à plus d'un titre, ne serait-ce que parce que rédigée en termes maçonniques, elle est reçue par des secrétaires profanes. »

De son côté, le frère Charles Hernu, ministre de la Défense, initié à la fois à la Grande Loge de France et au Grand Orient (il est membre de la loge Locarno comme Guy Penne), irrité lui aussi par cette soudaine levée de tabliers, envoie à toutes ses loges une lettre de rappel au devoir de réserve.

Ces mises en garde se révéleront inefficaces.

Parmi les affaires les plus retentissantes qui ont éclaboussé les années-Mitterrand, quatre au moins mettent en scène des solidarités maçonniques qui n'ont pas contribué, c'est peu de le dire, à l'intérêt général.

Scènes de famille...

Le jeudi 24 avril 1986, Yves Chalier, ci-devant chef de cabinet du ministre de la Coopération Christian Nucci, est convoqué rue de l'Elysée par le conseiller aux Affaires africaines, Guy Penne. Dès son arrivée, ce saint-cyrien débonnaire sent bien que l'atmosphère n'est pas aussi amicale qu'à l'accoutumée. La secrétaire est à peine aimable. Le conseiller tarde à le recevoir. Dans le bureau, l'attend un véritable tribunal composé de Guy Penne, Jean-Christophe Mitterrand, Christian Nucci, ainsi qu'un notaire, Me Gérard Voitey.

L'affaire Carrefour du développement menace d'éclater. Yves Chalier est mis en accusation par ses anciens amis. « J'avais vraiment l'impression, confiera-t-il plus tard, de me trouver face à un tribunal maçonnique où des frères me reprochaient une conduite dont ils avaient pourtant suivi les détails pas à pas. » Fausses factures, rétribution de barbouzes, commande d'armes pour les polices locales, le tout payé sous couvert du sommet africain de Bujumbura au Burundi ; achat d'un château, de quelques appartements pas vraiment « de fonction » : l'association « Carrefour du développement » a financé tout et n'importe quoi, pour le plus grand bénéfice personnel de ses principaux protagonistes.

Tous francs-maçons, tous frères, jusqu'à l'heure de la débâcle. Il y a là Yves Chalier, entré en maçonnerie par tradition familiale. Dans les années 70, il adhère à la loge Victor-Schoelcher du Grand Orient, où il croise quelques personnalités politiques comme André Labarrère et André Rossinot. Yves Chalier s'intègre sans difficulté dans ce nouvel univers et devient vénérable de la loge. A l'époque, son futur patron, Christian Nucci, est encore profane. Il n'est initié qu'en 1984... à la loge Victor-Schoelcher. Le chef de cabinet tire-t-il de sa préséance maçonnique une forme d'autorité informelle et cachée sur son ministre ? Il s'en défendra toujours. Mais, pour détourner les fonds publics via l'association « Carrefour du développement », Chalier agit, Nucci en tire des bénéfices secondaires.

Associée à Chalier dans ce mic-mac franco-africain, Marie-Danielle Bahisson fait aussi partie de la « famille ». Ancien chef de cabinet de la « sœur » Yvette Roudy, initiée comme elle à la Grande Loge féminine de France, elle s'est chargée de l'acquisition, par l'association, du château d'Ortie, officiellement destiné à la formation de cadres africains. L'architecte rémunéré par Carrefour pour la restauration du fameux château n'est autre qu'un ami du « frère » Guy Penne. Le notaire chargé de la transaction, Gérard Voitey, que l'on retrouve dans le tribunal « maçonnique » élyséen, est un adhérent du Grand Orient de France, proche de Marie-Danielle Bahisson. Un carrefour décidément encombré de francs-maçons. Jacques Delebois, le commissaire qui supervise, sous les ordres de Charles Pasqua, la fabrication du vrai-faux passeport d'Yves Chalier pour fuir vers le Brésil est lui aussi membre du club. Mieux, il fréquentait la loge Victor-Schoelcher quand, au début des années 80, le chef de cabinet indélicat en était le vénérable...

Ironie de l'histoire, Nucci, le maçon le plus novice, bénéficie d'une opportune amnistie tandis que l'ex-vénérable Chalier doit purger une peine de prison.

La même ambiance fraternelle a longtemps présidé aux destinées de la GMF (Garantie mutuelle des fonctionnaires) et de son ancienne filiale, la FNAC. Ce petit empire mutualiste a prospéré sous la houlette de Michel Baroin, dont l'entrée en maçonnerie n'est pas banale. Si l'on en croit les *Mémoires* du préfet Jean-Emile Vié, ancien directeur des Renseignements généraux, ce futur Grand Maître du Grand Orient fut apprenti en service commandé : « Les Renseignements généraux pratiquent eux aussi l'entrisme. Ma plus grande réussite en ce domaine fut la surveillance du Grand Orient de France par le truchement de Michel Baroin. Ce jeune et brillant commissaire avait été évincé de la DST (...). J'avais accepté son affectation à la direction des Renseignements généraux et lui avais assigné comme mission la surveillance du Grand Orient (...). Michel Baroin adhéra donc au Grand Orient et, tant que je fus directeur des RG, remplit correctement la mission que je lui avais confiée. Je ne manquais pas d'être frappé par son élection en qualité de Grand Maître du Grand Orient de France en 1977[1]. » Quand le livre de Jean-Emile Vié est publié, en 1988, Michel Baroin n'est plus là pour répliquer. Il est décédé, un an plus tôt, dans un accident d'avion.

Entre-temps, il a réalisé une carrière météorique dans la galaxie maçonnique. Son ascension au Grand Orient lui permet de prendre en main la GMF (Garantie mutuelle des fonctionnaires), joyau de la mutualité française.

« De son passé d'homme de renseignements, Baroin avait conservé quelques séquelles, raconte un ancien de la maison. A côté de l'organigramme officiel, composé d'une administration classique avec quelques non-maçons alibis, fonctionnait une véritable hiérarchie parallèle. Ses membres, qui prenaient leurs ordres directement auprès de Baroin, formaient un état-major occulte qui se chargeait de

1. Jean-Emile Vié, *Mémoires d'un directeur des Renseignements généraux*, Albin Michel, 1988.

tous les investissements "sensibles". » Le même style de management prévalait à la FNAC. Lors de son rachat, l'équipe de François Pinault s'est étonnée du nombre de postes occupés par de faux cadres, mais vrais francs-maçons.

Tout semble continuer comme avant quand, en 1987, Jean-Louis Pétriat succède à Michel Baroin. Jeune ingénieur en informatique et en organisation à EDF, Jean-Louis Pétriat entre en maçonnerie au début des années 60. Il adhère au syndicat des cadres FO, bastion maçonnique, et sympathise avec André Bergeron, qui lui demande, en 1975, d'auditer le système informatique de l'UNEDIC. Il gère les ASSEDIC du Sud-Ouest, son pays natal jusqu'à sa nomination à la tête de la GMF. Jean-Louis Pétriat est choisi... parce qu'il est le plus jeune membre du conseil d'administration ! En vérité, les différentes factions maçonniques espèrent toutes manipuler ce novice.

« J'arrose ma naïveté chaque jour comme un bonsaï », confiait pompeusement Jean-Louis Pétriat en 1988 dans un portrait de *L'Express*[1] qui le présente comme l'archétype du patron moderne et sympa. Irrigation excessive, à l'évidence. En quelques années, Jean-Louis Pétriat multiplie les bourdes stratégiques. Il investit à tort et à travers, dans les voyages, l'assistance, le foie gras, l'hôtellerie exotique. Des opérations qui aboutissent à des pertes de 1,5 milliard de francs en 1992. Un record dans le monde mutualiste. Jean-Louis Pétriat parvient aussi à se faire détester de la plupart des dirigeants maison. Après avoir liquidé la plupart des fidèles de Michel Baroin, il se retire dans sa tour d'ivoire.

Pendant ce temps-là, certains de ses opposants se transforment en corbeaux et font parvenir des données confidentielles à la presse sur la gestion catastrophique de leur président. Il serait trop long

1. *L'Express*, 4 mars 1988.

de détailler ses extravagants comportements. Retenons seulement qu'il ne démissionne qu'en 1994, contraint et forcé, après avoir failli entraîner la GMF dans sa chute. Quelques semaines plus tard, il est mis en examen pour « abus de crédit ». Il avait, pour tenter de sauver son fauteuil, signé des lettres de crédit pour un montant de 6 milliards de francs à un intermédiaire belge plutôt louche, afin que celui-ci trouve des repreneurs aux filiales boiteuses dont il entendait se débarrasser pour obtenir de l'argent frais. En janvier 1997, la justice accordera un non-lieu à Jean-Louis Pétriat pour cette affaire de lettres de crédit — le juge d'instruction chargé de ce dossier considère qu'il a été victime de sa naïveté et que sa responsabilité pénale n'est pas engagée. En revanche, ceux qui lui ont fait signer ces fameuses lettres de crédit se retrouveront devant un tribunal correctionnel.

Rétrospectivement, la longévité de cet Attila des affaires à son poste de PDG — sept ans — a de quoi surprendre. Mais à tous les échelons, les fantaisies de Jean-Louis Pétriat ont été couvertes, étouffées par ses « frères » de toutes obédiences. Ils s'étaient regroupés au sein d'une « fraternelle mutualiste », une sorte d'amicale professionnelle. Après tout, Jean-Yves Haberer a fait plus fort encore au Crédit lyonnais, protégé non par les francs-maçons mais par ses pairs de l'Inspection des Finances[1].

Pétriat se croyait d'autant plus intouchable qu'il appartenait à la loge « Demain » fondée en 89 par l'ancien Grand Maître Roger Leray. « Je vais réunir tout ce qu'il y a de mieux au Grand Orient, nous confiait celui-ci, enthousiaste, à l'époque, il y aura Devaquet et Bambuck, Soisson et Stirn, ainsi que des journalistes et des grands médecins... » En 1993, parmi les soixante-deux adhérents à jour de cotisations de la loge « Demain », on comptait aussi

1. Voir chapitre « Faire carrière », p. 118.

l'ancien Grand Maître du Grand Orient, Gilbert Abergel, par ailleurs directeur de la communication interne de la GMF, l'ancien ministre radical Jean-Michel Baylet, l'ancien conseiller au ministère de la Santé, le Dr Jean-Martin Cohen-Solal, le gaulliste de gauche Philippe Dechartre, le professeur de médecine Jean-Paul Escande, le journaliste de télévision Jean Lanzi, le chanteur d'opérette Armand Mestral, l'ancien membre de la Haute Autorité et ami de François Mitterrand Marc Paillet, sans oublier le co-fondateur de la FNAC, impliqué dans l'affaire Pechiney, Max Théret...

Las ! Le 27 juin 1996, Jean-Louis Pétriat est écroué à la prison de la Santé mais pour une autre affaire que celle des lettres de crédit. Il doit s'expliquer, cette fois, sur les deux milliards de francs engloutis dans la construction d'un complexe touristique à Saint-Martin, bâti sur des marais infestés de moustiques, dans une atmosphère aux relents d'argent sale et d'intermédiaires fort douteux. Ce qui permet à son avocat, Olivier Metzner de grouper en cet été 1996 ses visites fraternelles à deux de ses clients : le frère Jacques Crozemarie, et le frère Jean-Louis Pétriat, tous deux incarcérés à la Santé.

La « maçonnerie alimentaire »

Le fonctionnement de la GMF est symptomatique d'un regrettable dévoiement de la franc-maçonnerie : la multiplication des fraternelles. Ces associations par affinité professionnelle, politique ou géographique prospèrent en marge des obédiences, d'autant plus qu'elles regroupent indifféremment des membres du GO, de la GLF et de la GLNF. Elles violent ainsi la règle de base, selon laquelle la loge est le seul pôle de regroupement des maçons.

Il en existe, certes, de relativement inoffensives.

Les fraternelles de quartier, à Paris, Lyon ou Marseille, servent tout juste à repérer commerçants, médecins ou artisans frères. Celles qui fédèrent golfeurs, nudistes ou amateurs de régate flirtent rarement avec le trafic d'influence.

Les regroupements professionnels, en revanche, favorisent des connivences plus troublantes. Certes, que les restaurateurs et hôteliers frères se rassemblent au sein du bien nommé GITE (Groupement interprofessionnel du tourisme européen) ne permet pas de parler d'une maçonnerie d'affaires. Ces professionnels se contentent d'éditer chaque année une sorte de guide touristique, qui se présente comme un petit calepin sans titre. « Rien de bien méchant, relativise un usager. Ce signe de reconnaissance ne donne pas droit à un repas gratuit. Le patron se contente de vous taper dans le dos et de vous offrir l'apéritif. » Mais pourquoi, alors, adopter des attitudes de conspirateurs ? « Cet annuaire est un document confidentiel et personnel, lit-on en préambule du fameux calepin. Il est absolument recommandé de ne jamais s'en dessaisir ni le transmettre et de le détruire chaque année. »

La mention de quelques vedettes des fourneaux, tels Georges Blanc à Vonnas ou Gérard Nandron à Lyon, justifie-t-elle cet excès de précautions ? En tout cas, des frères étoilés comme Gaston Lenôtre, Alain Senderens ou Joël Robuchon, préfèrent se priver d'une telle publicité.

Ce que des initiés pointilleux nommaient avec mépris, entre les deux guerres, la « maçonnerie alimentaire » n'a en revanche jamais cessé de prospérer. Le « dîner du Palais », qui réunit magistrats et avocats, publie lui aussi un annuaire qui se révèle bien utile en ces temps troublés par les abus de biens sociaux.

Autre appellation, le « Dîner amical » réunit une fois par mois les frères hauts fonctionnaires de tous les ministères. On y planche sur des sujets liés à l'Etat, mais surtout, on y fourbit ses armes pour peser sur les nominations.

Tout cela n'est rien encore comparé à la très corporatiste fraternelle des HLM et à celle du BTP, au sein de laquelle les mises en examen se multiplient depuis quelques années. « Dans certaines loges, le frère hospitalier doit avoir bien du travail, et passer plus de temps au parloir des prisons qu'au chevet des malades », ironise un maçon excédé.

Ces associations « professionnelles » s'activent à l'évidence beaucoup plus que les mythiques fraternelles politiques aujourd'hui tombées en relative désuétude. La fraternelle Ramadier, qui réunit les parlementaires socialistes et avait joué un rôle de tout premier plan dans le Congrès d'Epinay, ne fait plus vraiment recette et trouve difficilement des volontaires pour présider à ses destinées. Créé en 1982, le Cercle des Amis 25, intitulé ainsi en hommage à l'élection de Chirac à la mairie de Paris le 25 mars 1977, réunit les frères gaullistes. L'UDF bénéficie quant à elle du concours poussif du Club de la rue de Poitiers, fondé par l'ancien ministre André Rossi.

Mais la plus pittoresque de ces associations qui n'a jamais existé que de manière informelle est sans conteste la « fraternelle des créanciers de Charles Hernu » (sic) qui a compté jusqu'à douze membres ! « Dans ses nombreuses périodes de vache maigre, raconte l'un de ces généreux donateurs, Hernu tapait ses frères. Jamais remboursés, nous nous sommes ligués dans une fantaisiste fraternelle dont l'objet était plutôt le réconfort mutuel ! L'impécuniosité chronique de notre ami avait atteint d'incroyables sommets puisqu'il n'avait pas son pareil pour puiser dans le "tronc hospitalier", notre caisse d'entraide maçonnique... »

Les « frères » de la Côte

Avec la décentralisation, les amicales politiques les plus actives œuvrent aujourd'hui à l'échelon local ou régional. L'exemple le plus caricatural est sûrement le « Club 50 » de Montpellier, révélé par le journaliste Jacques Molénat[1]. Pour en faire partie, il faut être à la fois franc-maçon et notable. Ils se réunissent le dernier jeudi de chaque mois dans un grand restaurant montpelliérain. Ils forment un échantillon choisi de la petite nomenklatura locale : un banquier, un notaire, un avocat d'affaires, un assureur, un magistrat, un inspecteur de police, un ancien bâtonnier, un professeur de droit ancien Grand Maître de la GLF, un ex-responsable régional d'URBA, un député RPR, un collaborateur du maire socialiste Georges Frêche, le président du club de football, le président du tribunal de commerce, le président de la Chambre de commerce, le directeur de la Caisse régionale d'assurance-maladie... On dîne, on bavarde, on échange des dossiers et des services, tout cela sans tenir compte des étiquettes partisanes. La présence d'un nombre équivalent de frères autour des deux chefs politiques locaux neutralise les rapports de force. « En revanche, explique Jacques Molénat, les liens s'intensifient entre la franc-maçonnerie et le monde patronal, entre le compas et le portefeuille. »

A Cannes, le léotardien Michel Mouillot a utilisé le même système. Grand Maître provincial de la GLNF, il s'est servi de ses amitiés franc-maçonnes pour se faire une clientèle fidèle et dévouée, notamment dans le monde des commerçants et des patrons de PME. Pour les municipales de 1995, le RPR décide de présenter un candidat contre ce sulfureux personnage déjà compromis dans l'affaire Botton. C'est Pierre Lellouche, conseiller diploma-

1. *L'Evénement du Jeudi*, 18 janvier 1996.

tique de Jacques Chirac, qu'on envoie affronter les réseaux Mouillot. Ses premières tournées sur la Croisette l'édifient rapidement sur l'ampleur du phénomène. Quand son état-major veut réserver une table dans un restaurant, il suffit de décliner son identité au téléphone pour que l'établissement affiche subitement complet. Peut-être des abonnés du GITE... qui continuent envers et contre tout à soutenir leur champion pourtant mal en point quand, à l'été 96, il se retrouve piégé dans une sale affaire de corruption. Un pot-de-vin de 3 millions de francs en contrepartie d'une autorisation municipale de machines à sous accordée à des dirigeants anglais de casino met en effet à mal sa fulgurante ascension politique. Sa carrière maçonnique également, déjà fort compromise depuis l'affaire Botton. Claude Charbonniaud, le Grand Maître de la Grande Loge nationale française l'avait en effet mis en « sommeil forcé » après le procès qui lui avait valu menace d'inéligibilité et prison avec sursis.

La GLNF ne s'est pas montrée aussi regardante envers les francs-maçons qui entouraient Jacques Médecin au bureau de la mairie de Nice. Initié aux Etats-Unis, Médecin ne pouvait encourir les foudres d'une obédience française. Les membres de son entourage appartenant au Grand Orient de France ont en revanche reçu un ultimatum de leur maison mère : « Il faut choisir entre le Grand Orient et la mafia. » Tous sauf un ont, paraît-il, choisi de ne pas choisir. Ils sont passés avec équerre et compas à la GLNF. Une obédience que l'ancien Grand Maître de la Grande Loge de France, Jean Verdun, ne porte pas franchement dans son cœur. « Cette Grande Loge, prétendue nationale, souffre d'une exécrable réputation dans les loges des autres obédiences françaises, écrit-il. Comme elle s'est murée dans son orgueil d'être la seule reconnue par la Grande Loge unie d'Angleterre, et, par conséquence, la seule en relations officielles avec les Grandes Loges des Etats-

Unis, elle attire comme des poux ces affairistes de tout poil qui prennent le dollar pour l'étoile flamboyante[1]. »

Sur la Côte, les connections entre francs-maçons et réseaux mafieux ne cessent de se resserrer si l'on en croit un spécialiste, le journaliste niçois Roger-Louis Bianchini, auteur de *Mafia, argent et politique*[2]. « Le fondé de pouvoir de la banque immobilière monégasque poussé au suicide, l'agent immobilier cannois assassiné par des Calabrais de la 'Ndranghetta dans une histoire de change clandestin, l'industriel d'Antibes "exécuté" à cause d'une rivalité commerciale, nombre de responsables du "système Médecin", l'adjoint du maire de La Seyne victime de deux tueurs à moto, l'animateur de la foire de Toulon réchappé d'un attentat, la plupart des protagonistes de l'affaire Yann Piat, des mandataires de justice et des magistrats suspectés de corruption dans la région de Cannes et de Grasse, énumère-t-il, tous appartiennent à la franc-maçonnerie. On ne peut qu'être impressionné face à toutes ces connexions qui rappellent une loge italienne de sinistre réputation, la loge P 2. »

Les « canaris » s'en mêlent

Huit mois après la révélation des turpitudes de quelques initiés dans le Gard, le Grand Orient s'est résigné à suspendre « à titre conservatoire » trois moutons noirs en novembre 1994. Quelques mois plus tard, après que deux « canaris » du Grand Orient — ainsi appelle-t-on les frères qui contrôlent le fonctionnement des loges —, ont constaté sur place la dérive mafieuse de deux loges nîmoises, celles-ci furent « suspendues ». Il est vrai que les idéaux de la franc-maçonnerie y étaient dévoyés

1. *Carnets d'un Grand Maître,* Editions du Rocher, 1990.
2. Seuil, 1995.

avec un rare cynisme. Le « parrain » local, Claude Pradille, sénateur-maire socialiste de Sauve, tout-puissant à la tête de l'office d'HLM du Gard, faisait la pluie et le beau temps dans les loges baptisées « Echo 1 » et « Echo 2 ».

« La loge "Echo 1", c'est un peu la loge P 2... Si j'en suis membre, il y a des années que je n'y suis plus allé. Ils sont vraiment redoutables, ils sont partout. » Gilbert Baumet, un autre homme fort du Gard, girouette patentée en politique, longtemps président du conseil général gardois, auteur de ces propos peu amènes, est un connaisseur. Lui aussi impliqué dans toutes les magouilles affairistes locales — son père et son frère furent, entre autres, les heureux bénéficiaires de la manne du conseil général —, il n'a eu de cesse de dénoncer son "frère ennemi" Claude Pradille, fils d'un haut dignitaire du GO.

Travaux personnels payés par l'office d'HLM, acquisitions foncières douteuses, gestion laxiste, missions fictives rémunérées par le même office pour un montant d'un million de francs à son beau-frère Max Boulin, vénérable de la loge « Echo 2 », corruption endémique, la liste des griefs que la justice reprochait à Pradille est suffisamment longue pour qu'il écope de trois ans de prison. Au grand dam, d'ailleurs, de ses « frères » sénateurs qui œuvrèrent activement pour empêcher la levée de son immunité parlementaire. N'entendit-on pas Etienne Dailly, initié à la GLNF, pourtant en bisbille avec son obédience pour cause de climat affairiste, stigmatiser « l'arrogance des juges », et Claude Estier, président du groupe PS, se réjouir en public de la fin de non-recevoir sénatoriale de la première demande des juges nîmois. « La réaction est saine parce que les juges se croient tout permis », commenta-t-il.

Claude Pradille et son beau-frère Max Boulin qui partagent alors même la cellule à la prison de Nîmes n'ont pas manqué d'apprendre la réouverture d'une nouvelle loge, purement philosophique celle-là, où les élus ne sont pas les bienvenus. Le mélange des genres hérisse désormais de plus en plus de francs-maçons irrités d'être sans cesse suspectés par les profanes. A Montpellier, par exemple, des frangins excédés par les prétentions du vénérable de la loge Bélisaire 2, qui avait fait de son atelier un club élitiste, avec « tenues fermées » organisées dans les hôtels les plus chic, smoking de rigueur et robes longues pour les dames lors des « tenues ouvertes », ont obtenu sa fermeture pour « démesure mondaine ». Mieux, six vénérables du GO de Montpellier, aspirant à plus de simplicité et voulant faire une sorte d'« opération Mains propres » ont même fondé une « loge sauvage ». Baptisée avec une volontaire ambiguïté « JNS » : Jésus Notre Seigneur pour les croyants, Je-Ne-Sais pour les agnostiques. Cette loge de puristes réunit des frères sobrement vêtus de l'humble tablier blanc des compagnons et coopte avec une rare sévérité les nouveaux apprentis. Par peur de la mafia, expliquent-ils, qui a gangrené quelques loges de la Côte d'Azur. « Le rêve des hiérarques de JNS, commente le journaliste Jacques Molénat, est d'adjoindre, au compas et à l'équerre, un nouvel ustensile symbolique : le balai[1]. »

Pauvre Victor Schoelcher !

Le balai ! Une petite corporation s'en empare justement dès la fin des années 80. Quelques juges décident d'aller jusqu'au bout de leurs investigations quand une instruction les confronte à de fausses factures « politiques ». Thierry Jean-Pierre ouvre le feu au Mans, suivi par Renaud Van Ruymbeke à Rennes, Jean-Marie Charpier à Versailles, Philippe

1. *L'Evénement du Jeudi*, du 18 au 24 janvier 1996.

Courroye à Lyon, Jean-Michel Prêtre à La Réunion, Philippe Assonion à Bourg-en-Bresse, Jean-Louis Lequé à Pau, Eric Halphen à Créteil...

Tous ces magistrats découvrent un milieu d'intermédiaires, mi-concurrents, mi-complices, virtuoses de l'étude bidon, de la fausse facture et de la mallette de billets, qui possèdent un autre point commun : tous « frères » ! Par ordre d'entrée en scène, Gérard Monate gère depuis 1976 les affaires d'URBA, la pompe à finances « officielle » du PS. Ce vieux militant socialiste a le mérite de ne pas s'enrichir personnellement grâce à ce métier peu recommandable et de rappeler inlassablement à ses commerciaux que l'objectif final n'est pas de « faire du chiffre » mais de servir la cause militante. Mais ces louables préventions ne l'empêchent pas de connaître les autres membres de ce petit club très fermé.

Jean-Claude Méry par exemple. Surnommé « Méry de Paris », cet ancien membre du Comité central du RPR est le patron et fondateur de la SEPG (Société d'études et de participations générales), bureau d'études virtuelles et intermédiaire quasi incontournable pour accéder aux marchés publics de la capitale. Mis en examen en septembre 1994 par le juge Halphen, cet adhérent de la Grande Loge nationale française avait rencontré à plusieurs reprises l'argentier occulte du PS. « Mes hommes connaissaient Méry par le canal maçonnique, a expliqué Gérard Monate au juge Halphen au cours d'une "consultation technique". Je savais qu'il faisait la même chose que moi, mais pour le RPR. Mais, contrairement à moi, Méry avait la réputation de faire beaucoup de financement officieux sans aucune facture. Comme on dit, il travaillait à la valise. »

Ils sont ainsi plusieurs adeptes de la mallette. Michel Pacary, basé dans la région Centre, se chargeait officiellement du rééchelonnement des dettes des collectivités locales de couleur RPR. A Nantes, le « frère » René Trager était politiquement polyvalent, du PS au PR. A Angoulême, l'ancien maire socialiste Jean-Michel Boucheron, débusqué par le citoyen-contribuable indigné Marcel Dominici pour avoir mis sa ville en quasi-faillite, entraîne dans sa chute l'« ingénieur-conseil » Michel Gabaude, qui, en dehors des préceptes maçonniques, l'initie à l'art du détournement de fonds. Ce pygmalion a monté tout un réseau d'usines à fausses factures qui travaillent pour le Sud-Ouest socialiste et franc-maçon.

Mais Hubert, René, Michel et les autres demeurent de modestes apprentis, en affaires comme en maçonnerie, en comparaison de Michel Reyt. La vie de cet autodidacte est presque un roman. Avant guerre, il quitte l'enseignement général à 14 ans pour entrer à l'Ecole hôtelière de Paris. Un an d'apprentissage, et le voici serveur au buffet de la gare Montparnasse, tenu par sa mère. Morne existence, interrompue par la guerre. Le jeune Reyt ne se trompe pas de camp et entre dans la Résistance. On le retrouve même en Autriche, après guerre, dans les services de renseignements alliés. C'en est fini de la restauration. Michel Reyt se lance dans l'aviation, et devient steward à Air France. Trois années à jouer à l'homme de l'air avant d'exploiter son vrai talent : la vente. D'abord dans le secteur des accessoires automobiles puis, comme concessionnaire Renault.

Mais l'entreprenant commercial est aussi homme de gauche, et adhère à la SFIO, tendance Mauroy, en 1963. Un nouveau changement d'emploi, en 1969, lui donne l'occasion de se rapprocher de la galaxie politique. Michel Reyt est embauché par la SERETE, une société d'ingénierie, pour prospecter les collectivités locales. Son patron n'apprécie guère son engagement maçonnique ? Ce sera sa chance. Michel Reyt décide de se mettre à son compte et crée la SAGES (Société auxiliaire générale d'études et de services), « intermédiaire pour toutes transactions, sauf celles qui sont réglementées par la loi » (sic), selon l'époustouflante définition donnée par son fondateur. En un peu plus d'une décennie, la SAGES réussit une expansion spectaculaire, jusqu'à réaliser, en moyenne, 30 millions de francs de chiffre d'affaires annuels. Michel Reyt gagne très bien sa vie. L'entreprise dont il est l'actionnaire majoritaire engrange tellement d'argent qu'elle multiplie les investissements immobiliers. Ce qui lui permet de traiter généreusement ses amis et de tenir table ouverte autour de repas gastronomiques. Ce ne sont pas les jolies filles qui manquent à ces soirées épicuriennes que quelques-uns, plus tard, préféreront oublier. Mais, Reyt, lui, n'a pas la mémoire courte.

Plus que son itinéraire professionnel, c'est son cheminement maçonnique qui explique l'étonnante ascension de Michel Reyt dans le trafic d'influence haut de gamme. En 1971 déjà, son rang l'autorise à accueillir François Mitterrand à la porte du Grand Orient de France, rue Cadet où se déroule une « tenue blanche ouverte ». Mais c'est en 1979 qu'il passe à la vitesse supérieure.

Avec quelques amis, parmi lesquels l'homme d'affaires Max Théret, Michel Reyt fonde la loge Victor-Schoelcher, en hommage à ce franc-maçon qui obtint au XIXe siècle l'abolition de l'esclavage dans les colonies françaises. Ce grand homme, dont la mémoire est honorée au Panthéon, méritait mieux que de parrainer, fût-ce à titre posthume, une loge qui résume à elle seule l'affairisme fraternel.

La loge Victor-Schoelcher se réunit à l'Haÿ-les-Roses, dans un temple situé rue des Maréchaux. Cette domiciliation ne trahit qu'un attrait tout relatif pour la banlieue. « Quand ils ont créé cette loge, raconte un de ses adhérents, ils voulaient demeurer entre eux, et éviter le tout-venant qui fréquente le siège du GO, rue Cadet, et qu'il est difficile d'éconduire. Alors, Michel Reyt et ses amis ont trouvé une solution bien pratique : ouvrir une loge domiciliée à Rungis, commune où il y avait très peu d'habitants. Et surtout, pas de temple. Ils se réunissaient donc à L'Haÿ-les-Roses, ce qui contribuait à brouiller un peu plus les pistes. »

Précaution supplémentaire, les 120 membres de Victor-Schoelcher se réunissaient le jeudi matin, à un moment où le salarié lambda éprouve quelques difficultés à se libérer sans provoquer l'ire de son chef de service.

Certains jeudis matin, en ce début des années 80, la rue des Maréchaux accueille un cortège de berlines confortables. Le faux facturier Hubert Haddad y croise le député socialiste Alain Vivien. Le maire radical de Nancy, André Rossinot, y côtoie le PDG d'Air Inter Pierre Eelsen. Sans oublier quelques héros de l'affaire Carrefour du développement comme Yves Chalier ou Jacques Delebois.

Michel Reyt, qui dans la vie profane travaille beaucoup avec le courant poperéniste du PS négligé par URBA, intronise en 1984 Jean Poperen en personne à la loge Victor-Schoelcher. La cérémonie d'initiation se déroule au Temple n° 1 de la rue Cadet, baptisé Arthur-Groussier en hommage à un ancien Grand Maître et vice-président du Sénat. « Je me souviens y avoir vu André Labarrère, le maire de Pau, raconte un dignitaire du GO qui assistait à la cérémonie. Pour tout dire, l'ambiance n'était pas vraiment à la spéculation métaphysique. Mon voisin m'a d'ailleurs glissé à l'oreille : “Regarde en bas des colonnes, il y a d'un côté les maires, de l'autre les vendeurs de bennes”. »

Parallèlement à l'expansion de Victor-Schoelcher, Michel Reyt entreprend de fédérer toutes les fraternelles. Une idée géniale pour le métier de « contactman » qu'il dit pratiquer. Rue de Constantine, dans les locaux de la SAGES qu'il revendra plus tard au Parti républicain, l'ancien steward fait des fichiers par corporation, puis les connecte entre eux.

Pour l'assister dans cette tâche, il embauche Maurice Pannequier. Ce franc-maçon, qui fut pendant trente ans secrétaire général au Grand Orient, est une véritable banque de données vivante. Avec ce dispositif, Michel Reyt peut se faire des centaines d'obligés. Il rend de petits services, aide les frères dans le besoin, met les gens en relation. Sa réputation se répand dans les loges. « Il y a plusieurs années, j'ai dû enclencher dans ma loge un processus d'exclusion à l'encontre d'un membre qui avait abusé de la confiance d'un autre frère, directeur d'agence bancaire, raconte un ancien vénérable. L'exclu a immédiatement couru chez Michel Reyt pour demander du secours. »

Cet activisme n'enthousiasme guère Roger Leray, Grand Maître entre 1984 et 1987. Il considère avec bienveillance les fraternelles bon enfant, qui ne risquent pas de dériver vers l'affairisme. Mais il redoute qu'un super-réseau ramifié dans toutes les régions de France et tous les compartiments de la société n'aboutisse à l'avènement d'une très critiquable maçonnerie d'affaires. Sage prémonition ! Simplement, les mesures prises par la rue Cadet ne sont pas à la hauteur du péril. D'une part, la loge Victor-Schoelcher, à peine mise en sommeil par Roger Leray, se reconstitue rue Cadet. D'autre part, les fraternelles, qui échappent à tout contrôle de l'obédience, continuent de prospérer.

Car les avertissements répétés venus de sa hiérarchie n'effarouchent pas Michel Reyt, tout à son épanouissement de « contactman ». En 1973, la SAGES s'était constituée avec un capital de 100 000 francs, dont 99 800 apportés par lui-même. En 1987, l'entreprise, forte de 30 millions de chiffre d'affaires, le salarie généreusement, investit dans l'immobilier et réussit encore à dégager des bénéfices. La vie de château !

Le succès de la SAGES provient notamment de la « souplesse » qu'elle offre aux élus par rapport aux règles rigides édictées par URBA. Quand elle met en relation, dans le cadre d'un marché public, une entreprise et un élu, la SAGES laisse la moitié de la commission à la disposition de celui-ci, et non de la trésorerie du Parti.

Parce qu'elle est directement liée au siège du PS, la société URBA favorise inévitablement le courant socialiste majoritaire. Michel Reyt prospecte donc en priorité les « exclus » du système URBA, qu'il promet de rémunérer de manière autonome. Le patron de la SAGES, de surcroît, n'est guère regardant sur l'emploi des fonds qu'il ristourne aux élus : usage politique ? usage personnel ? c'est leur affaire. Lui se contente de jouer les caissiers. Il tient à jour des petites fiches cartonnées sur lesquelles apparaît le solde créditeur de chacun. Ces « comptes bancaires » occultes ne financent pas seulement des activités politiques. Le maire d'Evry, Jacques Guyard, veut-il offrir un voyage aux Etats-Unis en Concorde à sa petite famille ? Le frère Guy Penne, conseiller aux Affaires africaines de Mitterrand et maire de Sainte-Cécile-les-Vignes, désire-t-il réaménager sa cuisine ? Michel Reyt assure...

Au total, il a en portefeuille, si l'on ose dire, les municipalités de Clermont-Ferrand, Nantes, Le Mans, Montpellier, Dunkerque, Conflans-Sainte-Honorine, Strasbourg, Elbeuf, Saint-Brieuc, Lorient, Massy, Evry, sans oublier Angoulême du temps de l'inénarrable Jean-Michel Boucheron...

Les entreprises, elles, ont le choix entre deux formules : l'abonnement à l'année ou la mission ponctuelle. Les factures de la SAGES sont toujours rédigées sur le même modèle : « Notre intervention commerciale, missions, réceptions, déplacements ». Suit le montant de ladite intervention, estimée entre 0,5 et 1 % du montant du marché, parfois un peu plus.

Ces entrepreneurs, ces hommes politiques avec lesquels Michel Reyt entretient un contact privilégié sont-ils tous francs-maçons ? Tous, non... Mais le système Reyt fonctionne tout de même beaucoup à la fraternité. Avec cette touche d'élégance qui veut qu'un service rendu n'ait pas forcément une contrepartie immédiate en termes de marchés publics. Michel Reyt ne tient pas seulement des fiches cartonnées. Il entretient aussi sa mémoire.

Quand, en 1985, son ami et frère Jean-Yves Le Drian, maire socialiste de Lorient, lui demande de prendre en charge ses frais d'hébergement à Paris, Michel Reyt s'exécute. Sans exiger un quelconque avantage immédiat en retour. Jusqu'en 1991, date à laquelle Jean-Yves Le Drian est nommé secrétaire d'Etat à la Mer, c'est donc la SAGES qui règle ses factures au Méridien Montparnasse. A fonds perdus ? Pas tout à fait. Car Michel Reyt a un autre ami. Et cet ami dirige la société Transexel, qui gère les transports en commun publics dans plusieurs villes de France dont, heureux hasard, Lorient. Transexel n'a donc pas grand-chose à refuser à Jean-Yves Le Drian, et accepte de rembourser à Michel Reyt les factures d'hôtel parisiennes du maire de Lorient. Pour entretenir cette heureuse connivence avec l'obligeante société de transports, Michel Reyt lui apporte quelque temps plus tard le marché de la modernisation des services de bus du Mans...

Cette chaîne de l'amitié est cruellement brisée, le 14 janvier 1992. Ce jour-là, le juge Van Ruymbeke perquisitionne au siège de la SAGES, boulevard Saint-Germain. Depuis plus d'un an, les magistrats qui instruisent les affaires de financement occulte au Mans et à Angoulême voient apparaître le nom de la SAGES. Le 24 janvier, Michel Reyt est inculpé de trafic d'influence et écroué à la prison de Rennes, ville avec laquelle, pourtant, la SAGES ne travaillait pas ! Il y reste plus de six mois, y reçoit 1 700 lettres dont une seule d'un de ses amis politiques, Jean Poperen.

C'en est fini des généreuses « choucroutes parties » qu'il offrait, boulevard Saint-Germain, aux caciques socialistes. Une fois sorti de prison, Michel Reyt liquide son entreprise et doit se préparer, à 67 ans, à une retraite moins dorée qu'il ne l'aurait souhaité. Adieu appartement parisien, chalet à la montagne, maison en Bretagne et bateau acquis par la filiale SAGES-Marine ! Preuve que les réseaux ne résistent pas toujours aux facéties du destin, que les solidarités cèdent alors le pas aux intérêts — et aux peurs — individuels, Michel Reyt est lâché par les siens.

Des loges « béton »

« Ne dites pas à ma mère que je suis faux facturier, elle me croit franc-maçon. » Au printemps 1994, les policiers, qui interrogent pour le compte du juge Eric Halphen, du parquet de Créteil, quelques virtuoses de la fausse facture n'en reviennent pas. Alors que le secret est de règle dans toutes les obédiences maçonniques, voilà des frères qui soulèvent sans façons leurs tabliers et dévoilent des rites réservés aux initiés. Lors d'une perquisition chez un certain Jacky Chaisaz, un ancien directeur commercial de Bouygues recyclé comme intermédiaire dans les marchés publics, soupçonné de recevoir des commissions occultes et de les « blanchir » via des sociétés-taxis, ils trouvent un annuaire de francs-maçons de toutes obédiences.

Y sont répertoriés les membres d'une curieuse « fraternelle », puisque les enquêteurs reconnaissent quelques vedettes de l'actualité comme Max Théret, impliqué dans l'affaire Pechiney, l'omniprésent Michel Reyt, quelques cadres influents de la Garantie mutuelle des fonctionnaires, ou encore une de leurs connaissances, Francis Poullain, un entrepreneur du BTP. Devant cette découverte, Chaisaz ne fait pas mystère de son appartenance au Grand Orient, et il s'attarde même complaisamment à décrire les symboles et les rituels de son obédience.

Quand ils s'intéressent de plus près à Francis Poullain, chez qui le fisc a trouvé moult fausses factures, le même scénario se reproduit. Cet initié de la Grande Loge de France justifie sans complexes sa présence dans le fameux annuaire : désireux d'élever son esprit, il aime à discuter métaphysique entre hommes... Si la quête métaphysique semble douteuse, la solidarité maçonnique, elle, ne fait aucun doute. Au milieu des fausses factures, les policiers découvrent que la SAGES et son PDG Michel Reyt ont profité des services de... la SAR ! Francis Poullain n'est pas le seul à balader ainsi les policiers. D'autres prévenus brouillent les pistes à plaisir en parlant « amitiés philosophiques » à des enquêteurs qui pensent « réseaux de financement politique ».

En fait, ces copinages solidifiés par les liens maçonniques aboutissent à un maillage serré d'intérêts où les marchés publics se négocient contre des fausses factures et des valises de billets. Au centre de ce feuilleton politico-affairiste : Jean-Claude Méry, l'adepte de la valise ! Plus familièrement appelé « le Gros », en raison de sa silhouette massive et bonhomme — après un séjour en prison et trente kilos de moins, ses amis le rebaptiseront finement « Slim Fast »... —, il est connu pour être un des principaux collecteurs de fonds du RPR. « Je n'ai jamais récolté directement de l'argent pour le parti, se défend-il pourtant. J'incitais les entreprises à le financer, ce qui n'est pas la même chose. » Une incitation suffisamment persuasive en tout cas pour que les chefs d'entreprise intéressés par les marchés publics de la Ville de Paris fréquentent ses somptueux bureaux, 47, quai des Grands-Augustins. Président de la section RPR qui regroupe les professionnels de l'immobilier, puis membre du comité central du parti chiraquien (jusqu'en 1989), il bétonne ses relations professionnelles qui se trouvent être aussi souvent des relations maçonniques.

Le plus « rentable » de ses obligés est en effet le très spiritualiste Francis Poullain. Ce généreux donateur est PDG de la SAR, une société de peinture « amie » du RPR. Ancien agent de la circulation recyclé un temps voyageur de commerce, militant breveté, il s'est lancé sans trop de préparation dans la carrière managériale, mais il a vite assimilé le système des passe-droits, des bakchichs et autres commissions. Pas besoin d'avoir fait HEC pour traiter avec l'ami Chaisaz ou « Méry de Paris ». Francis Poullain estime que la solidarité maçonnique n'est pas un vain mot. Après son séjour à la Santé où le juge Halphen l'a envoyé méditer, il fait la tournée de quelques rédactions parisiennes où il pense trouver un appui auprès de journalistes frères. Peine perdue. L'un d'eux, qui ne tient pas à ce que ses confrères remarquent cette encombrante amitié, ne veut même pas l'entendre. Il ne trouve pas davantage de réconfort auprès de son ami et frère le sportif Guy Drut, fondateur à la GLNF de la loge « L'esprit olympique »[1]. L'ancien médaillé d'or s'était pourtant montré moins regardant quand, en 1982, Francis Poullain lui avait offert quelques actions de sa florissante société de peinture, puis avait participé amicalement à la rénovation de sa résidence, à Nogent-sur-Marne !

D'autres entrepreneurs « frères » s'en remettent de même aux bons soins de Jean-Claude Méry. Ils acceptent de cotiser à ce très particulier « tronc de la veuve », passage obligé pour obtenir des marchés publics. Pas moins de quarante-cinq entreprises ont réglé des factures de complaisance à l'entreprenant « Méry de Paris ».

1. Alain Guédé, Hervé Liffran, *op. cit.*

Mais la mairie de Paris, la vraie cette fois, ne semble pas être le seul destinataire de ces largesses. Dans les Hauts-de-Seine, Didier Schuller, directeur de l'office des HLM départemental et conseiller général, paraît bénéficier de la mansuétude de quelques entrepreneurs, via son journal électoral, *Le Clichois*. Les pages de publicité de cette confidentielle publication ont coûté aux annonceurs complaisants jusqu'à 108 000 francs l'unité ! Le juge Eric Halphen décide donc de s'intéresser de plus près à cet élu des Hauts-de-Seine, par ailleurs ami de bien des protagonistes du dossier parisien. N'est-il pas un des meilleurs amis de Méry, qu'il côtoie à la GLNF, et de Poullain qui bénéficie dans ce département aussi de juteux marchés auprès des HLM ?

Schuller, dont les locaux du *Clichois* ont été perquisitionnés le 13 décembre 1994 par le juge Halphen, redoute d'autres investigations plus poussées. Il se souvient alors opportunément qu'un de ses frères de la GLNF l'a convoqué deux mois plus tôt au prétexte de lui parler de la santé de sa mère. Comme le monde fraternel est petit ! Mme Schuller mère consulte depuis 1988 le psychiatre Jean-Pierre Maréchal, membre de la loge Atlas de la GLNF. Schuller, lui, opère à la loge Silence. Coïncidence supplémentaire : Maréchal se trouve être le beau-père du juge Eric Halphen. Tous les éléments d'une manipulation grand-guignolesque sont réunis.

Très vite en effet, Maréchal et Schuller trouvent d'autres sujets de conversation que la santé de la vieille maman. Lequel des deux évoque le premier la possibilité d'influencer le magistrat dans son instruction ? Qui relance qui ? Il est en tout cas convenu d'échanger un million de francs en liquide à l'aéroport de Roissy. Mais Schuller, qui veut jouer aux victimes, a prévenu la police. Après ce flagrant délit, le scandale éclate. François Mitterrand, pas mécontent de voir la droite mêlée à son tour à de nauséeuses affaires de financement politique, s'en mêle, et le juge peut continuer son travail. Le docteur Maréchal, indigné d'avoir été trahi par un « frère », confie même aux policiers qu'il va demander l'exclusion de Schuller de la maçonnerie...

Pour Didier Schuller, les ennuis ne font que commencer. Car un intermédiaire de ses amis, Jean-Paul Schimpf, est pris la main dans la liasse de billets, sur le parking de l'hôtel Mercure de Nogent-sur-Marne, au moment où la gérante d'une petite entreprise d'assainissement et de voirie lui remet 46 000 francs. Tout ce joli monde est expédié en prison, à la grande fureur de Schuller. Car Schimpf est aussi son trésorier occulte. A son domicile, les policiers saisissent la liste des membres de la loge Silence, dont il fut avant Schuller le vénérable. Cette loge « spéculative » ne l'était pas dans le sens où on l'entend habituellement. Après leur réunion, le lundi matin à Neuilly où était à l'époque située l'obédience, les frères du BTP célébraient plus profanement encore leurs agapes à l'office d'HLM. A Jean-Paul Schimpf, ami décidément précieux, Schuller avait confié la présidence d'une « fraternelle Gambetta », qui n'a guère eu le temps de fonctionner.

La GLNF se trouve pourtant au confluent de toutes les affaires de fausses factures. Comme le racontent les journalistes du *Canard enchaîné*, Alain Guédé et Hervé Liffran dans *Péril sur la Chiraquie*[1], un livre très documenté sur l'affairisme en région parisienne, un autre fabricant de fausses factures, Henri Montaldo, y a ses entrées. PDG de deux sociétés de gardiennage, Henri Montaldo doit justifier auprès des policiers un million de francs de factures suspectes émises par lui et réglées par la SAR de Francis Poullain. Il préfère fuir à l'étranger. « Depuis, révèlent les deux limiers du *Canard enchaîné*, Montaldo est censé être recherché par la

1. Stock, 1996.

police. Mais dans quelle planque lointaine se cache donc le fugitif, à l'abri des risques d'extradition ? La réponse se niche dans le XIIe arrondissement (...) Elle tient dans l'invitation que lance deux fois par mois à ses membres la loge "La vallée des rois silencieux", affiliée à la GLNF. En présence de deux de ses anciens vénérables maîtres, Henri Montaldo et le commissaire Alexandre Daurelle, cette loge se réunit les premier et quatrième mercredis du mois. Et là, au vu et au su de tous les "frères", les deux hommes discutent sereinement avec des élus chiraquiens et les bétonneurs »...

Au siège de la GLNF, que les anciens appellent toujours « la loge Bineau » en référence à son ancienne adresse neuilléenne, un certain nombre de frères trouvent tout de même que les aventures de Schuller and Co commencent à ternir l'image de l'obédience. D'autant plus que celle-ci vient d'être tancée par les maçons anglais, des puristes qui n'apprécient guère le mélange des genres.

« Mes relations privilégiées avec les responsables de la Grande Loge unie d'Angleterre m'ont exposé à leurs observations critiques et à leur jugement sévère sur l'état de notre ordre. Je pense que, faute d'un sursaut, votre honneur sera atteint et que notre ordre connaîtra une crise grave et profonde. » Après avoir fait part verbalement à quelques frères amis de ses inquiétudes, Alexandre de Yougoslavie, assistant grand maître, numéro trois de la GLNF, résistant notoire — il fut un brillant officier de la Royal Air Force —, se décide le 14 octobre 1995 à écrire en ces termes à son Grand Maître, Claude Charbonniaud.

La GLNF a mal résisté à son expansion. Modeste obédience de 1500 initiés lors de la scission de 1913, elle compte aujourd'hui 18 000 frères éparpillés dans 900 loges. Cette opulente obédience déiste, qui recrute plutôt à droite chez les notables, s'est d'ailleurs lancée il y a peu dans l'acquisition d'un nouveau siège, plutôt luxueux, sur des terrains appartenant... à la ville de Paris. « Si elle est si mal en point, commente un dignitaire du GO pas franchement compatissant, c'est parce qu'ils recrutent massivement, avec un discours qu'on ne peut qualifier d'idéologique. »

Invité à déjeuner par un confrère de Bineau, un des plus grands promoteurs parisiens s'est vu proposer d'entrer dans l'obédience. Une enquête positive avait été, lui a-t-on dit, réalisée sur lui. Devant son refus poli, l'émissaire de la GLNF grinça : « C'est regrettable, dans l'immobilier, il y a bien des pépins. Certains, et non des moindres, ont été sauvés grâce à nous. Tu peux en avoir besoin. » Pis, ce laxisme aurait attiré des frères suspects d'extrémisme politique à l'instar d'un haut responsable du Front national, particulièrement influent au sein de la branche « païenne », et de Jacques Tauran, un vieil ami de Le Pen. Cet ancien secrétaire de Pierre Poujade a été l'un des premiers adhérents du Front national. Il est même devenu l'un de ses élus au Parlement européen tout en étant membre du bureau politique. Imprimeur de profession, ses rotatives ont souvent servi aux publications lepénistes jusqu'à sa mort en 1996.

Ce prosélytisme et cet œcuménisme ne sont pas du meilleur effet pour la réputation de l'obédience. Peu après la défection d'Alexandre de Yougoslavie, le sénateur Etienne Dailly, « Député Grand Maître », a une crise de conscience tardive. « Je ne peux accepter, écrit-il le 28 décembre 1995 au même Claude Charbonniaud, seul habilité selon la règle de l'obédience à prendre des sanctions, de cautionner plus longtemps un état de fait que je déplore. » Début février, le Grand Maître de la GLNF « met en sommeil » la trop voyante « Loge Silence » et décide de répartir ses membres dans d'autres loges.

Les ennuis de la GLNF ne sont pas terminés pour d'autant. L'« Amicale fraternelle de la représentation et de la distribution du commerce et de l'industrie » lui donne du souci. Enquêtant début 1993 sur les pots-de-vin que Jean-Pierre Destrade, l'ancien député PS des Pyrénées-Atlantiques, a reçus de tous les « grands » de la distribution, les policiers bordelais ont trouvé, côté hypermarchés, une étonnante concentration de frères de la GLNF. Les liens maçonniques auraient-ils favorisé les activités de Destrade lui-même initié au Grand Orient ? Ce n'est bien sûr pas le sujet de leurs investigations, mais les coïncidences sont troublantes. Mais, dans cette affaire aussi, la solidarité maçonnique a ses limites. Après huit mois de détention, Jean-Pierre Destrade « craque » et avoue au juge, dans une étonnante confession, avoir agi à la demande du « frère » Henri Emmanuelli, alors trésorier du PS. Il assure même avoir apporté 33 millions de francs occultes au PS, des fonds livrés tantôt en espèces, tantôt virés à l'étranger, au Panama et au Luxembourg.

Destrade tirait ces abondantes liquidités de sa position à la commission d'urbanisme commercial chargée de délivrer un avis sur les implantations d'hypermarchés. Un avis favorable, dans ce genre d'instance, vaut souvent plusieurs millions de francs.

Mais les autres membres de cette fraternelle ont eu l'occasion de se retrouver, pour d'ultimes agapes moins festives, sur les bancs du tribunal où se coudoyaient politiques et cadres de la grande distribution, tous « frères ».

Le clan des Charentais

Le détournement d'argent sur les marchés publics, la mise en coupe réglée des fournisseurs de quelques grands offices de HLM, le transport de valises d'argent liquide et quelques autres turpitudes ne sont guère recommandés par l'idéal maçonnique.

D'autant moins que l'argent ponctionné est ainsi volé à la collectivité publique, donc soustrait de l'effort de solidarité que la crise prolongée rend si nécessaire. Avec tous ces détournements, que de troncs hospitaliers aurait-on pu remplir !

En matière de dévoiement de l'esprit fraternel, le sommet est toutefois atteint avec l'affaire de l'ARC. C'est avec la complicité de nombreux frères que Jacques Crozemarie, l'ancien président-fondateur de l'ARC (Association pour la recherche contre le cancer) a pu s'enrichir aux frais des donateurs et au détriment des malades.

Ce jeudi 18 janvier 1996, c'est la fin ou plutôt le début de la fin. Jacques Crozemarie, l'homme qui depuis vingt ans entend régenter l'argent du cancer en France, fait savoir qu'il démissionne de ses fonctions. Contraint et forcé.

Malgré le rapport de la Cour des comptes récemment révélé, et qui accable sa gestion, le président de l'ARC s'accroche encore. C'est sa nature. Il veut continuer d'utiliser son service de secrétariat quelques jours de plus. Le temps, sans doute, de nettoyer son bureau de quelques documents compromettants. Refusé. Il entend conserver sa confortable Citroën XM de fonction, ainsi que son chauffeur. Refusé. Il demande à profiter quelques mois encore de son « studio » de fonction — en vérité un magnifique appartement de 95 mètres carrés — qu'il occupe au-dessus de locaux de l'ARC, à Villejuif. Refusé aussi.

Alors, Jacques Crozemarie quitte les lieux. Non sans arracher les appliques murales et déménager le réfrigérateur, qu'il n'avait pourtant pas payés. Et pour cause : de fausses factures avaient servi à leur achat ! Près de 400 000 francs ont ainsi servi à l'équipement du « penthouse » présidentiel. Réglées par l'ARC, les factures présentaient comme libellé officiel l'aménagement de laboratoires de recherche.

Fausses factures, faux honoraires, fausses prestations. C'était la face cachée de l'ARC, plus gros collecteur de fonds pour la lutte contre le cancer. 600 millions de francs de chiffre d'affaires les meilleures années. Les chercheurs étaient contents. Les donateurs étaient contents. Jacques Crozemarie était très, très content.

Crozemarie ne pouvait ignorer que des dizaines de millions de francs étaient détournés chaque année de leur vocation, que 15 % seulement de l'argent collecté servait effectivement à la lutte contre le cancer. Il ne pouvait l'ignorer puisqu'il était l'un des premiers bénéficiaires de cette scandaleuse imposture financière. Au point qu'il est incarcéré, fin juin 1996, en raison de l'extrême gravité de faits qui lui sont reprochés : ne s'est-il pas enrichi personnellement avec « l'argent du cancer » ? Outre les installations pharaoniques de son « studio » de fonction, Jacques Crozemarie a été saisi, vers le milieu des années 80, par la folie de l'aménagement. Sa cible : ses deux résidences successives dans le Midi de la France, à Rians d'abors puis à Bandol. A Rians, plus de 10 millions de francs, provenant de l'ARC par le biais de fausses factures des prestataires de services, sont engloutis en transformation, construction de salles de bains, piscine et autres commodités propres à délasser le grand homme. Il s'agit de tout financer sans débourser personnellement un centime, du plus modeste au plus somptueux, de la plantation de massifs floraux à la construction d'un corral destiné à assouvir une passion tardive pour l'équitation.

Mais le bâtiment n'est pas tout. Jacques Crozemarie aime les voyages. Deux séjours à l'île Maurice et une partie de pêche au gros au Sénégal coûtent ainsi 200 000 francs payés par International Development (ID), la holding du groupe prestataire de services pour l'ARC, qui maquille les imputations et compense cette charge par des fausses factures adressées à l'association. Sans parler des 82 trajets en avion vers la Provence financés par les mêmes moyens.

Tous ces avantages ne lui interdisent pas de s'octroyer un peu d'argent de poche. 3,9 millions de francs sont arrivés miraculeusement sur les comptes bancaires de Jacques Crozemarie en cinq ans ! 2,1 millions proviennent d'honoraires fictifs versés par trois sociétés américaines gérées par des amis. Mais l'origine du 1,8 million restant demeure mystérieuse.

Y aurait-il, en plus de circuits de détournement financier, des valises d'argent liquide qui auraient circulé dans la nébuleuse de l'ARC ? Pourquoi pas, au vu de la meute de faux facturiers et aventuriers des affaires en tous genres qui maraudaient depuis des années autour de l'association ? Un réseau plus structuré qu'il n'y paraît, et qui possède au moins un dénominateur commun : la franc-maçonnerie.

Jacques Crozemarie a baigné très jeune dans cet idéal de tolérance, d'humanisme et de quête spirituelle. Simplement, aux outils symboliques que sont le compas et l'équerre, il ajoutera rapidement le caramel mou destiné à piller les troncs de la générosité publique. C'est le ministre de la IVe République et franc-maçon notoire André Marie, député de Rouen, un ami de sa mère, qui évite à Jacques Crozemarie de se contenter d'un modeste statut d'ingénieur en électricité. Ministre de l'Education nationale, André Marie nomme son jeune protégé au CNRS, dont il a la tutelle. Jacques Crozemarie y gravit rapidement quelques échelons administratifs et découvre tout le potentiel qu'il y a à tirer du site de Villejuif, où il travaille pour le CNRS.

Il déclare l'Association pour le développement de la recherche sur le cancer à Villejuif (ADRCV, ancêtre de l'ARC) en 1960 et obtient en 1966 une reconnaissance d'utilité publique qui permet de bénéficier d'avantages fiscaux sur les dons et d'exonérations de droits de succession sur les legs. L'ADRCV devient ARC en 1984. A cette époque, le « réseau Crozemarie » a déjà commencé à ponctionner l'argent destiné aux malades.

En mars 1982, Jacques Crozemarie réunit l'état-major de l'ARC à Angoulême. Ordre du jour : créer des « délégations régionales ». La décentralisation semble à l'ordre du jour pour les détournements de fonds aussi. Le choix de la ville d'Angoulême n'est pas innocent. Car la capitale des Charentes réunit, d'une manière ou d'une autre, nombre d'acteurs de cette filière de corrompus.

L'un des premiers est un Charentais d'adoption. Yvan Ledoux, spécialiste en « communication », crée en 1960 la FAT (Films artistiques et techniques), société spécialisée dans la production de films institutionnels, puis le BERES (Bureau d'études et de recherches économiques et sociales). Deux sociétés connues dans la mouvance socialiste. Mais Ledoux a une autre casquette : il est, jusqu'en 1988, secrétaire général de l'ARC, donc principal adjoint de Jacques Crozemarie. Yvan Ledoux est donc son propre fournisseur puisque la FAT et le BERES travaillent pour l'ARC. Au mieux, un extravagant conflit d'intérêts. Au pis, l'amorce des détournements qui ne cesseront de grossir jusqu'à la mise hors d'état de nuire de Jacques Crozemarie, début 1996.

Tous ses pseudopodes convergent vers la ville rendue tristement célèbre, dans les annales des « affaires », par son ancien maire Jean-Michel Boucheron, un autre idéaliste maçon. Yvan Ledoux navigue depuis toujours dans les eaux les moins claires qui entourent parfois le Parti socialiste. Il travaille notamment avec le frère Hubert Haddad, le patron de l'OFRES. Cet organisme, officiellement spécialisé dans la vente d'espaces publicitaires dans les journaux municipaux, a en fait acquis une technologie de pointe dans la fausse facture, en vertu d'un cocktail aux proportions simples : lorsqu'une entreprise est rackettée pour passer une publicité dans une revue municipale, la moitié de l'argent revient à l'élu local, l'autre moitié à l'OFRES. Rentable ! Or, il se trouve qu'Hubert Haddad travaillait activement pour *Vivre ensemble*, le mensuel de la ville d'Angoulême, comme responsable de la publicité et de l'imprimerie. Ce sont d'ailleurs les détournements réalisés conjointement par l'OFRES et par Jean-Michel Boucheron qui ont permis à Marcel Dominici, modeste administré angoumoisin et « tombeur » du maire indélicat, de déposer sa première plainte, celle qui a fait éclater l'« affaire Boucheron », en 1987.

« En janvier 1996, à l'heure où Crozemarie se retrouve bouté hors de l'ARC, mon ami Marcel Dominici me fait part de sa dernière découverte, écrit Jean Montaldo dans *Le Gang du cancer*[1] : "Quand le scandale de l'ARC a éclaté, mon sang n'a fait qu'un tour, raconte-t-il. Je me suis précipité au sous-sol de ma villa, dans la cave blindée où sont entreposées mes archives. En consultant les anciens numéros de *Vivre ensemble*, j'ai retrouvé toute une série d'encarts publicitaires réglés par l'ARC, par l'intermédiaire de l'OFRES." » De fait, entre 1984 et 1987, dans chacun des numéros (58 à 80) de *Vivre ensemble* fleurissent des publicités de l'ARC. Payées au prix fort... Introduit à l'ARC par Yvan Ledoux, Hubert Haddad fabrique d'ailleurs pour le compte de l'association, à partir de 1983, le magazine *Plus*, dont le directeur de la publication est... Jacques Crozemarie.

Hubert Haddad a démarré sa carrière à la régie publicitaire du magazine socialiste *L'Unité* dont le directeur, Claude Estier, lui aussi franc-maçon, a longtemps siégé au conseil d'administration de l'ARC.

1. Albin Michel, 1996.

Parmi les petites gloires politiques nées de l'alternance, Hubert Haddad connaît aussi le frère Georges Fillioud, ministre de la Communication entre 1981 et 1986. Fillioud compte parmi ses conseillers un diplômé de Sup de Co Montpellier, Jean-Claude Remaury. Comme Yvan Ledoux, dont il est un ami, ce jeune gestionnaire donne à la fois dans la création d'entreprises et dans la politique. Un temps directeur de cabinet de Pierre Maille à la mairie de Brest, il a créé deux entreprises de communication, Im'Media et Paris Marketing. Un douloureux souvenir puisqu'il fut épinglé à cette occasion pour escroquerie à la charité à l'égard du CFCF, Comité français pour la campagne mondiale contre la faim. Il travaille également pour l'ARC, dont il gère la communication en province. Quoi de plus naturel entre frères puisqu'on retrouve parmi ses actionnaires... le BERES d'Yvan Ledoux !

S'il ne s'agissait de l'argent détourné de la recherche contre le cancer, les mésaventures de ces Pieds nickelés de la fausse facture nourriraient un scénario du plus grand burlesque. Ces sinistres branquignols s'illustrent en fait dans les trafics en tous genres. Jean-Claude Remaury et Jean-Michel Boucheron ont un ami commun, Marc Proux-Delruyre, qui a eu la géniale idée de créer la Bolster. Cette société française de droit panaméen se livre à une intéressante activité : la fabrication de faux champagne à Cuba, sous la dénomination de « Moët et Chandon Brut impérial ». Pour avoir mis en œuvre ce « concept », Jean-Claude Remaury est condamné à 18 mois de prison avec sursis, 100 000 francs d'amende et 5 millions de francs de dommages et intérêts à Moët et Chandon. Pendant ce temps, Crozemarie et ses amis achètent 1 700 bouteilles de champagne, du vrai celui-là, aux frais de l'association. Et qui est chargé de la communication de la Bolster ? L'incontournable Yvan Ledoux.

Mieux, ces « Charentais » se retrouvent associés dans diverses affaires, avec Michel Simon, un personnage qui partage avec Jacques Crozemarie le premier rôle dans la triste saga de l'ARC. Michel Simon n'est pas socialiste, il serait même plutôt à droite. Mais il est né à Angoulême. Et il entre en contact avec Yvan Ledoux par le biais des affaires. Une des sociétés qu'il dirige, Publicadvise, fournisseur attitré de l'ARC pour l'aménagement de laboratoires ou la conception d'événements promotionnels (souvent fictifs), traite fréquemment avec la FAT et le BERES de l'ami Ledoux.

Quand à la fin des années 70, la double casquette d'Yvan Ledoux à l'ARC — à la fois dirigeant et fournisseur par le biais de ses deux sociétés — commence à devenir trop voyante, Michel Simon prend le relais. Il fonde International Development en 1979. Cette modeste société anonyme au capital de 100 000 francs devient le navire amiral des sous-traitants de l'ARC, puisqu'avec les filiales qu'elle crée au gré des besoins, elle facture jusqu'à 200 millions de francs par an à l'association... pour des travaux souvent plus qu'hypothétiques.

Ledoux, Remaury et Simon deviennent si proches, si « complices » oserait-on dire, qu'ils créent en 1984 un groupement d'intérêt économique, le GECA (Groupement d'entreprises de communication associées) qui inclut leurs sociétés respectives, toutes prestataires de services — et surtout éditrices de fausses factures — pour l'ARC. Le « gang du cancer » est au complet.

Michel Simon en est le meilleur parrain. Il a touché en cinq ans 17 millions de francs de salaires du groupe International Development et de ses filiales. Ses comptes bancaires ont été crédités, entre 1990 et 1995, de quelque 34 millions de francs. Des sommes à ajouter au financement, via les fausses factures réglées par l'ARC, d'une chasse en Sologne pour plus de 10 millions de francs.

La vie de château semble alors éternelle. Le clan des Charentais n'imagine pas, en ce début de 1996, que la débâcle est commencée. Ainsi, alors même que Jacques Crozemarie est démis de ses fonctions, que ces malversations sont l'objet d'une instruction judiciaire, le gang croit pouvoir continuer à se donner de lucratifs coups de main. Quand la FAT, une des entreprises d'Yvan Ledoux, est mise en liquidation judiciaire, qui se propose pour la reprendre ? Michel Simon et International Development. Une solution finalement rejetée par le tribunal de commerce. La chance a définitivement tourné. Les protections dont bénéficiait Jacques Crozemarie grâce à l'enchevêtrement de plusieurs réseaux — réseaux maçonniques, réseaux d'obligés constitués par les éminents chercheurs qui bénéficiaient de subventions de l'ARC, réseaux politiques comme le montre l'irresponsable soutien apporté par Bernard Pons pour faire échapper l'ARC aux contrôles publics —, toutes ces parades s'effondrent subitement.

Cette dérive finira par troubler même les frères les plus indulgents. Dans toutes les obédiences, il est question de grand ménage, de traque impitoyable aux affairistes qui dévoient l'idéal commun. Mais comment opérer dans des organisations fondées sur le secret et sur le cloisonnement ?

Le Grand Orient de France fut le plus prompt à réagir au plus haut niveau. Patrick Kessel, pour s'attirer les suffrages de ses frères dans la course à la grande maîtrise, en 1995, s'était paré des atours de « Monsieur Propre ». Non sans arrière-pensées électoralistes, puisqu'aucune des grandes tendances de l'obédience — républicaine, ésotérique, politicienne... — ne peut prétendre dégager une majorité.

Mais il s'agit, comme il l'apprit à ses dépens, d'une stratégie risquée dans une institution dont la transparence n'est pas la qualité première. L'une de ses plus proches collaboratrices s'est en effet rendue coupable en pleine campagne électorale maçonnique d'une incroyable indélicatesse en maquillant à son profit un chèque de 70 000 francs. Il correspondait à la cotisation annuelle de la loge Montesquieu. Une fois l'escroquerie découverte, Patrick Kessel licenciait sa collaboratrice, mais avec indemnités, afin qu'elle rembourse le produit de ses méfaits. Une attitude pour le moins compréhensive qui a heurté, de la part d'un ennemi autoproclamé de la malversation.

Cette mésaventure n'a pas contribué à détendre une atmosphère déjà lourde. Tout maçon ou presque finit par soupçonner l'autre d'arrière-pensées politiques ou affairistes. Ce qui est vrai au Grand Orient l'est plus encore à la Grande Loge nationale française dont les autres obédiences dénoncent aujourd'hui ouvertement la complaisance à l'égard des affairistes qu'elle tolère en son sein. « Imaginons qu'éclate ici ou là une horrible affaire comme celle de la loge P 2 en Italie où de faux maçons se couvrent des vrais, quel juge d'instruction voudra croire que dans plus d'une vingtaine de villes nous ignorions tout de cette obédience ? » s'inquiète l'ancien Grand Maître de la GLF, Jean Verdun, avant de prophétiser : « L'évolution de la situation maçonnique française est probable et sans doute imminente. » Nécessaire en tout cas.

CHAPITRE VI

Monopoliser

Alexandre Lazard n'a pas le physique de l'emploi. En ce début de XIXe siècle, ce fils de maraîcher lorrain, d'une constitution fragile, ne semble pas destiné à briller dans les travaux ruraux. Devenu colporteur faute de mieux, Alexandre Lazard entend parler des « Amériques », lieu mythique de tous les possibles.

Les « Amériques » ! C'est là qu'un cousin est déjà installé, dans une ville drôlement baptisée « La Nouvelle-Orléans ». Alexandre y émigre et monte une quincaillerie, rapidement si prospère qu'il fait venir deux de ses frères, Simon et Lazare. Ainsi naît, à La Nouvelle-Orléans, dans les années 1840, la maison de commerce « Lazard Frères ». Les fils du maraîcher phalsbourgeois Elie Lazard comptent bien faire fortune. Ils s'y emploient sans relâche. Un jour, le destin leur sourit, comme à tous les ambitieux. Deux incendies dévastent coup sur coup, au printemps 1848, une grande partie de la ville... mais pas les entrepôts des Lazard ! Ceux-ci peuvent ainsi rééquiper les malchanceux qui ont tout à reconstruire.

Mais les trois frères ne s'attardent pas. Dopés par les bénéfices engrangés, ils partent pour un village d'à peine un millier d'habitants situé en bordure de l'océan Pacifique, San Francisco, saisi par la fièvre de l'or. Or, qui plus qu'un chercheur de pépites a besoin de s'équiper dans une quincaillerie ?

La fortune des frères Lazard, bientôt rejoints en Californie par leur cousin Alexandre Weill, est faite. Pour eux, mais surtout pour leur nom et pour leur descendance qui n'a cessé de faire fructifier l'héritage familial. L'arrière-petit-fils d'Alexandre Weill, Michel David-Weill, règne depuis la disparition de son père Pierre David-Weill, en 1975, sur la « maison Lazard ». Une entité extraordinaire et indéfinissable. Une banque d'affaires ? Oui. Implantée à Paris, Londres et New York, Lazard appartient incontestablement à cette catégorie. Mais cette appellation se révèle bien réductrice pour une institution qui a ses entrées partout. Auprès des grandes entreprises et auprès des gouvernements. Les 18 associés-gérants que compte Lazard Frères à

Paris cultivent leurs relations avec un soin d'horticulteurs. Au point de représenter, à eux tous, l'un des réseaux les plus puissants de France.

A quelques rares exceptions, tous les grands patrons ont choisi Lazard comme banquier d'affaires. Et comme... confesseur, afin de partager leurs secrets avec des gens discrets et imaginatifs. « Sans employer le mot réseau d'influence, j'évoquerais plutôt l'expression réseau d'amitié et de services rendus. Et le fait qu'un Michel David-Weill ou un Jean Guyot puisse appeler un ministre ou un grand responsable sur-le-champ est un élément fondamental de la puissance de Lazard[1] », explique Jacques Calvet, président du directoire de Peugeot.

La technique du râteau

« Réseau d'influence » : l'expression est prononcée par l'un des patrons les plus emblématiques de l'Hexagone. La liste des PDG qui ont confié leurs affaires, et la destinée de leur entreprise à Lazard, rassemble tout de qui compte en France : Antoine Riboud, de Danone (ex-BSN) ; Bernard Arnault, le pétulant capitaine de LVMH, un groupe édifié grâce à Lazard ; Jean Gandois, ex-PDG de Rhône-Poulenc, de Cockerill-Sambre et de Pechiney, aujourd'hui président du CNPF, ainsi que son vice-président Ernest-Antoine Seillère, PDG de la CGIP qui gère les intérêts de sa famille, les Wendel. Et aussi Vincent Bolloré, Didier Pineau-Valencienne, de Schneider, Serge Kampf, patron de Cap Gemini-Sogeti. Et encore Jean-Louis Beffa (Saint-Gobain), Jérôme Monod (Lyonnaise des Eaux), Jérôme Seydoux, PDG des Chargeurs réunis et propriétaire du quotidien *Libération*. Ces trois derniers souscrivent d'ailleurs un abonnement annuel qui leur permet de

1. Anne Sabouret, *MM. Lazard Frères et Cie*, Olivier Orban, 1987.

bénéficier, à tout moment, de l'écoute et des conseils prodigués par leur « officier traitant » chez Lazard.

Comme il existe des réseaux structurés en étoile, celui-là prend plutôt la forme d'un râteau. Depuis les temps héroïques de la conquête américaine, Lazard a conservé la même forme juridique : une société de personnes en commandite simple, où chaque associé-gérant est responsable sur ses biens propres. Chacun joue donc avec l'argent de tous. Un dispositif particulièrement motivant, qui permet de ratisser large.

Ce que Lazard propose à ses prestigieux correspondants, c'est de la matière grise et de l'entregent pour conclure des mariages d'entreprises, organiser des rachats ou imaginer des stratégies de défense contre d'éventuels agresseurs financiers. Des idées et de l'influence : c'est le minimum requis pour pouvoir un jour espérer pénétrer dans le cercle magique des associés-gérants.

Dans l'entre-deux-guerres, la maison recrute dans la haute administration : Georges Wormser, normalien, agrégé de lettres, ancien du cabinet de Georges Clemenceau, fils et frère de collaborateurs chez Lazard. Ou Jean-Frédéric Bloch-Lainé, un inspecteur des Finances dont le fils François, inspecteur des Finances lui aussi, aujourd'hui octogénaire, incarnera l'image du haut fonctionnaire exemplaire de l'après-guerre.

Mais l'homme qui marque le plus la destinée de Lazard ne se prévaut d'aucun parchemin. André Meyer est une sorte de surdoué de la Bourse. Embauché dans les années 30 par la branche parisienne, il traverse l'Atlantique dès le début de la guerre pour échapper aux persécutions antisémites. Pendant les hostilités, il réforme la maison de New York, alors à son apogée. Il partage avec Pierre David-Weill, l'héritier maison, le sentiment que Lazard doit devenir une toile d'araignée permettant de capter tous les « deals » fructueux.

L'un des contacts de Pierre David-Weill et d'André Meyer s'appelle Jean Monnet. Ce père de l'Europe, homme influent écouté à la fois par la haute administration et les hommes politiques, leur présente un de ses protégés, le jeune conseiller d'Etat Christian Valensi, qui a travaillé sous ses ordres dans les Forces françaises libres. Un temps conseiller financier à l'ambassade de France à Washington, Christian Valensi navigue avec aisance dans les subtilités du Plan Marshall. Il devient, en 1949, associé-gérant et réalise son premier « gros coup » en restructurant Le Printemps.

Toujours dans l'orbite de Jean Monnet gravite un inspecteur des Finances tout juste trentenaire. Jean Guyot ne rechigne pas à la tâche puisqu'il est à la fois sous-directeur au Trésor et chargé des questions financières à la Haute Autorité européenne. Un haut fonctionnaire si titré ne peut qu'intéresser les Lazard. Devenu associé-gérant, Jean Guyot obtient que sa banque soit désignée pour lever un emprunt en dollars destiné à la CECA (Communauté européenne du charbon et de l'acier) créée et présidée par... Jean Monnet.

Ainsi s'étoffe le réseau. Parmi les « pièces rapportées », Antoine Bernheim n'est pas passé par la « filière Monnet ». Quand il entre chez Lazard en 1967, il est déjà assis sur une confortable fortune consolidée par son père, l'avocat et homme d'affaires Léonce Bernheim. Sa créativité financière, son sens de l'argent, son incroyable opiniâtreté séduisent André Meyer. Bernheim apporte une part de sa fortune dans le capital de Lazard, et lance une nouvelle activité. Désormais la banque détient aussi des participations financières, si enchevêtrées qu'Antoine Bernheim est le seul à s'y retrouver.

Vincent Bolloré lui doit les montages financiers gigognes grâce auxquels l'héritier d'une PME bretonne a pu passer à la dimension multinationale. Agacé d'être toujours présenté comme son protégé,

Bolloré a sèchement assuré récemment que Bernheim ne passait pas plus de 3 % de son temps à se préoccuper de son cas ! Ce n'est déjà pas si mal...

Bernard Arnault, PDG de LVMH, ne serait pas non plus devenu l'empereur du luxe en France sans lui. Sa rencontre avec Bernheim date de 1984. Arnault, alors PDG d'une modeste société immobilière familiale, Férinel, veut reprendre le groupe textile Boussac, malade depuis des années. Outrecuidance de jeune héritier ? Antoine Bernheim est au contraire étonné par la détermination d'Arnault, qui a bûché son dossier. Mais, au sein du gouvernement qui choisit le repreneur, Bernard Arnault est un parfait inconnu. Lazard accepte de mettre sa réputation et son argent dans la balance, apportant autant d'argent que Férinel dans l'opération. Une association gagnante, qui l'emporte face à l'autre candidat, le groupe Bidermann. Antoine Bernheim a misé juste : Lazard réalise une belle plus-value financière, et s'attache la reconnaissance d'un futur grand des affaires en France.

Quelques années plus tard, les deux hommes se lancent dans une manœuvre encore plus audacieuse qui leur sera beaucoup reprochée. Alors que Lazard, sous la houlette de Bruno Roger, autre baron de la maison devenu associé-gérant en 1978, a célébré le mariage de Louis Vuitton, propriété de l'ombrageux Henri Racamier, et de Moët-Hennessy, dirigé par le fringant Alain Chevalier, le tandem Arnault-Bernheim entreprend, en coulisses, de soustraire le nouveau groupe, LVMH, à l'autorité de son président Alain Chevalier. L'enjeu caché ? Une société-écran située au Luxembourg, et que Chevalier croit contrôler alors qu'elle est déjà aux mains de l'ennemi ! La situation est pour le moins délicate : au même étage, dans la même institution, Bruno Roger tentait de sauver Alain Chevalier que son associé Antoine Bernheim, lui, s'employait à abattre. Mauvais genre ! « Mais comment faire autrement, se défend avec candeur un associé-gérant. Lazard connaît tout le monde, et intervient donc dans presque toutes les grandes opérations financières ! »

Le jeune homme au carnet d'adresses

En 1982, un jeune inspecteur des Finances entre dans une amicale de technocrates poétiquement intitulée « Association pour l'étude des expériences étrangères ». Sous cette égide, il part en Grande-Bretagne observer les méthodes utilisées par Thatcher pour faire maigrir l'Etat. Heureuse initiative qui lui permet de se faire repérer dès son retour à l'inspection par un ancien, Jacques Friedmann. Cet ami d'enfance de Jacques Chirac, devenu en 1986 un proche conseiller d'Edouard Balladur, fait appel à lui pour orchestrer, au cabinet du ministre des Finances, le programme des privatisations. Un poste stratégique pendant cette première cohabitation.

La réélection de François Mitterrand, en 1988, n'est pour lui qu'une péripétie. A peine l'été passé, Jean-Marie Messier devient associé-gérant chez Lazard. Sa cooptation fait jaser. Lazard n'a-t-elle pas figuré parmi les banques-conseils sélectionnées par le gouvernement pour mener à bien certaines privatisations, notamment celle de Saint-Gobain ? Ne peut-on voir dans ce pantouflage précoce une violation un peu voyante du code pénal (article 175), qui interdit à un fonctionnaire de rejoindre une entreprise avec laquelle il a eu à traiter avant un délai de cinq ans ? Jovial, aimable, incroyablement travailleur, comme le décrivent ses portraitistes souvent fascinés, Jean-Marie Messier ne se départ pas de son sang-froid pour répondre : « Je me suis fixé une règle déontologique : refuser les propositions provenant d'entreprises que j'avais privatisées ou membres des noyaux durs. Si j'avais voulu pantoufler confortablement, j'avais le choix. Ma décision fut autrement plus risquée[1]. »

Risquée, c'est peut-être beaucoup dire. Mais payante, sûrement. Sous la seconde cohabitation, Edouard Balladur, Premier ministre, poursuit son programme de privatisations. Et c'est à Lazard qu'échoit la plus prestigieuse, celle de la BNP. Mais l'univers mondain de Jean-Marie Messier dépasse de très loin le cercle des amis d'Edouard Balladur. On raconte, ébloui, la fête qu'il a donnée pour ses dix ans de mariage, en 1993, dans un hôtel particulier de la place Saint-Georges, où se côtoyait ce que la politique et la finance comptaient de plus brillant. Les deux Nicolas, Bazire (qu'il a présenté à Balladur) et Sarkozy, mais aussi Jean-Louis Beffa ou Didier Pineau-Valencienne. Un concentré du pouvoir, en 150 personnes.

Les activités de ce nouveau parrain à l'allure si juvénile ? Innombrables. Il est par exemple président du cercle de l'Orchestre de Paris, association destinée à financer le rayonnement de la musique dans la capitale. Coup de chance : cette activité bénévole lui permet, lors d'un concert, de rencontrer Didier Pineau-Valencienne, PDG de Schneider. Après les arpèges, les affaires. Peu de temps après, ils montent ensemble le rachat de Square D par Schneider, la plus grosse acquisition d'une société américaine réalisée jusqu'alors par une entreprise française.

Chez Lazard, les connivences multiples de Jean-Marie Messier avec le « gratin » en font vite un associé-gérant en vue. Malgré ses succès, le jeune prodige préfère rejoindre la Générale des Eaux. Ses anciens patrons recherchent alors avec acharnement la collaboration d'un familier des allées du pouvoir. Un haut fonctionnaire de la même génération que Messier est coopté comme associé-gérant.

1. *Libération*, 29 octobre 1994.

Grande première : il s'agit d'une femme. Et qui plus est mitterrandiste. Anne Lauvergeon, normalienne et ingénieur des Mines, a été « sherpa » de l'ancien Président pour les sommets internationaux avant de devenir secrétaire général adjoint de l'Elysée. « Les premiers contacts ont eu lieu pendant que j'étais encore à l'Elysée, raconte-t-elle. Ensuite, mes nouveaux associés ont été d'une efficacité redoutable. Ils ont continué de me courtiser. Je n'ai pas eu de mal à accepter. C'était intellectuellement ce que je pouvais faire de plus excitant. » Pas suffisamment, toutefois, pour supporter les intrigues ourdies par Edouard Stern, le gendre du patron, follement épris du pouvoir. Elle a donc préféré rejoindre le groupe Alcatel.

Une stratégie : « acheter à la baisse »

Les Lazard, pour consolider leurs réseaux, ne se contentent pas de fréquenter les puissants. « Ils ont ce talent particulier d'acheter à la baisse, raconte cet ancien ministre. Lorsque vous venez d'être viré, que votre téléphone ne sonne plus, que votre agenda reste désespérément vide, ils vous appellent, vous invitent à déjeuner. Ils l'ont fait avec moi et avec beaucoup d'autres. C'est une méthode très efficace, car les intéressés, une fois revenus sur le devant de la scène, savent s'en souvenir. » Les Lazard aussi, qui facturent leurs services au prix fort, bien plus cher que la plupart de leurs concurrents. S'en offusquer serait commettre une faute de goût, surtout après avoir été reçu à « Sous le vent », la somptueuse demeure méridionale de Michel David-Weill qui, de l'avis général, sait traiter princièrement ses invités. « Au fond, c'est un peu comme chez le psychanalyste, ironise un ancien associé new-yorkais. Pour que ça fasse vraiment du bien, il faut que ce soit cher. Evidemment, pour que ça marche, il faut que tout le monde en soit convaincu : le thérapeute et le patient. »

Cette situation de quasi-monopole dépasse le cadre de l'entreprise, où Lazard commence d'ailleurs à être concurrencé par Rothschild et les banques américaines installées en France. Mais les antennes de Lazard se déploient jusque dans les ministères, aux confins de l'activité politique. « Pour négocier avec le Trésor par exemple, je recommande toujours Lazard à mes clients, raconte un avocat d'affaires. Personne n'est mieux placé qu'eux pour frapper aux bonnes portes. »

Cette connivence avec tous les gouvernements, quelle que soit leur couleur politique, ne date pas d'hier. En 1924 déjà, les Lazard sauvent le franc. Ou du moins y contribuent fortement. Alors que la livre sterling grimpe dangereusement, le gouvernement Poincaré s'avoue impuissant. La banque lui propose une solution risquée, mais originale : gager l'encaisse-or de la Banque de France, pour contracter un emprunt en dollars, acheter du franc, et stopper ainsi la spéculation. Grâce à leurs relais dans toutes les places financières importantes, les Lazard font racheter du franc à tour de bras, jusqu'au moment où, la livre cédant du terrain, les spéculateurs prennent peur et dénouent leurs positions.

La banque se mobilise à nouveau, avant 1981, pour échapper à la vague de nationalisation du crédit. Question de survie ! Dès 1978, Michel David-Weill s'emploie à sonder l'âme de certains socialistes. Des contacts se nouent, notamment avec Jacques Attali, qui a fait son stage d'entreprise de l'ENA chez BSN, où il a rencontré Antoine Bernheim et Michel David-Weill. Les Lazard font valoir qu'ils n'ont de banque que le nom, ou presque. Qu'ils sont une société de personnes ne produisant rien d'autre que de la matière grise. Or, qu'existe-t-il de plus impalpable, de plus inestimable, en un mot de moins nationalisable que la créativité humaine ?

La tension monte tout de même quand, en 1982, à la veille de l'examen de la loi de nationalisation en Conseil des ministres, on murmure que le seuil de dépôt retenu ne s'élève pas à un milliard de francs comme prévu, mais à 500 millions. Lazard, qui a pris toutes ses précautions pour ne pas dépasser le milliard, serait dans ce cas nationalisable. Finalement, le seuil reste fixé à un milliard de francs. « Ils ont opté pour une stratégie diamétralement opposée à celle de Pierre Moussa qui, à la tête de Paribas, a voulu jouer au plus malin en faisant échapper une partie de son empire à la nationalisation, estime ce banquier classé à gauche. Ils ont concocté des dossiers d'explication, organisé des déjeuners pour comprendre ce que les socialistes avaient dans la tête. Ils leur ont aussi fait comprendre, il est vrai, que le nouveau pouvoir aurait besoin d'eux pour emprunter en dollars sur les marchés de capitaux. Un argument qui, je crois, n'a pas manqué de poids... »

Incontournable, Lazard fait des jaloux. Pour banaliser la reprise contestée de LVMH par le tandem Arnault-Bernheim, un proche de la banque assure qu'entre un quart et un tiers des dossiers posent problème parce que la partie adverse est déjà cliente de la maison. Un associé-gérant soutient par ailleurs que la déontologie est parfaitement respectée : « D'une part, assure-t-il, nos réunions du jeudi matin nous permettent de savoir sur quelles affaires travaillent les autres. D'autre part, nous avons embauché un juriste, un ancien de la COB (Commission des opérations de Bourse), qui épluche tous nos contrats. Nous ne pouvons pas nous engager sans son accord. » Fort bien. Les banquiers anglo-saxons sont néanmoins étonnés par cette gestion, disons informelle, des conflits d'intérêts : « Dans les banques américaines ou britanniques, il y a un type par étage chargé de veiller au respect des règles éthiques, explique l'un d'entre eux. Des affaires comme celle de Bernard Arnault et LVMH, où la banque émet d'une main, celle de Bruno Roger, du papier qu'elle rachète de l'autre main, celle d'Antoine Bernheim, apparaîtraient chez nous comme parfaitement sidérantes. Idem dans l'affaire du rachat de Bénédictine par Martini Rossi où deux associés-gérants, François de Combret et Antoine Bernheim, appartenaient aux camps opposés. On raconte que l'affaire est remontée jusqu'à Michel David-Weill pour arbitrage. »

Cette vision assez singulière du conflit d'intérêts s'explique par la taille relativement restreinte du monde des affaires en France, et par la position tout à fait remarquable que Lazard y occupe. Loin d'être un simple prestataire de services, cette banque poursuit ses objectifs propres : la prospérité et le rayonnement. Parce que son réseau est exhaustif et multiforme, elle choisit ses alliés du moment en fonction de ses intérêts. Mais il arrive que les membres du réseau mettent celui-ci en péril à cause de leurs rivalités internes. Comme les organisations trotskistes, Lazard peut être l'objet de luttes de courants, voire de « scissions » entre associés-gérants. Au Parti communiste internationaliste (PCI), au moins, les intrigues font partie du folklore !

Patrons dans l'adversité

« Messieurs, avec l'AFEP, je veux recréer l'establishment, mis à mal par les nationalisations (...). Je souhaite redonner vigueur au capitalisme et à l'économie de marché, car vous savez que je défendrai toujours le capitalisme. Je veux reconstituer un establishment avec une solidarité entre ses membres. Solidarité qui s'exprimera à chaque fois que l'un de ses membres sera en difficulté[1]... ». Tenus en 1982 par l'ancien PDG de la Compagnie générale d'élec-

1. Cité par Anne de Caumont, *Un prince des affaires,* Grasset, 1996.

tricité (CGE)[1], Ambroise Roux, ces propos donnent une définition sans ambages de ce que doit être un réseau d'intérêts.

Ce jour de décembre 1982, la gauche est au pouvoir depuis un an et demi. Beaucoup de grands patrons, chefs de file du fameux establishment, ne sont plus au pouvoir depuis dix mois. Depuis que la loi de nationalisation les a presque tous relevés de leurs fonctions. Parmi eux, Ambroise Roux est le seul qui a, calmement mais fermement, indiqué qu'il ne dirigerait pas la CGE nationalisée. Ce 15 décembre 1982, il entre en résistance. Une résistance courtoise mais déterminée.

Jusqu'au 10 mai 1981, et un petit peu avant pour les plus intuitifs, les « milieux d'affaires » poursuivaient leur chemin... Il y avait deux pôles bancaires, d'un côté Suez, de l'autre Paribas. Il y avait d'éphémères alliances, des liens matrimoniaux autant que patrimoniaux. Il y avait des haines recuites, aussi. Et encore la crise... Mais il y avait aussi, pour amoindrir ces nouveaux soucis, ce concubinage permanent avec l'Etat. Celui-ci, princier, confiait aux grandes entreprises ses meilleurs éléments, hauts fonctionnaires « pantoufleurs » que la couleur de l'argent ne rebutait pas. En cas de problème, la République volait au secours d'un groupe en difficulté à grand renfort de subventions. Ainsi allait le « capitalisme à la française ».

Avant même ce joli mois de mai 1981, le CNPF n'était plus que l'ombre de lui-même. Une façade, un lieu pour organiser les conférences de presse. Mais rien qui ressemble à un réseau d'influence. Dès 1969, naissait donc l'AGREF (Association des grandes entreprises françaises faisant appel à l'épargne), sous l'impulsion de Roger Martin, un X-Mines alors PDG de Saint-Gobain. Sept ans plus tard, Ambroise Roux en prenait la présidence, en

1. Qui deviendra Alcatel-Alsthom.

remplacement de Jacques Ferry, président de la Chambre syndicale de la sidérurgie, l'héritière du Comité des Forges. On trouvait déjà à l'AGREF tout ce qui se faisait de mieux dans l'industrie et la finance. Avec les nationalisations, ce petit groupe perdait sa raison d'être.

« Plus les finalités d'une organisation patronale s'éloignent de la mission corporative que sa nature même lui assigne, moins peut se préserver la solidarité de ses membres, expose l'historien Jean-Noël Jeanneney dans son livre *L'Argent caché*[1]. Sauf dans un cas pourtant : celui où une menace grave semble peser sur le système politique et social. Alors, seulement, on serre les rangs et on retrouve les réflexes collectifs élémentaires. » On ne saurait mieux dire. L'initiative d'Ambroise Roux, ce 15 décembre 1982, est donc couronnée de succès parce que menace il y a, mais aussi parce qu'il s'agit de restaurer l'establishment.

Il les a réunis, ce matin-là, à l'hôtel Crillon, pour les exhorter au courage. Il y a là l'élégant Antoine Dupont-Fauville, inspecteur des Finances, remercié de la présidence du Crédit du Nord pour cause de nationalisation. Ou encore Jean-Marc Vernes, ancien propriétaire et dirigeant de la banque qui porte son nom, homme de réseaux et de combats politiques, indemnisé (généreusement) et éjecté.

Parmi la vingtaine de patrons qui ont répondu à l'invitation d'Ambroise Roux, certains ont échappé à l'étatisation et se trouvent toujours aux commandes. Et d'abord l'ami de toujours, Guy Dejouany, PDG de la Générale des Eaux, devenue après les nationalisations une des premières entreprises privées françaises. Roux et Dejouany se sont connus sur les bancs de l'Ecole polytechnique, en 1940. Depuis, ils se sont toujours épaulés. Au point qu'Ambroise Roux, en 1995, cogère la succession de son ami à la

1. Seuil, 1983.

présidence de la Générale des Eaux. C'est lui qui engage les pourparlers avec Jean-Marie Messier, et qui convainc le jeune espoir de l'establishment de perdre une partie de ses revenus dans ce prestigieux transfert.

Se pressent aussi au Crillon, en cette matinée pluvieuse de décembre 1982, Alain Chevalier, patron de Moët-Hennessy et opposant potentiel à Ambroise Roux au sein du CNPF, Marc Fournier, de la Navigation-Mixte, Gilberte Beaux, la très barriste directrice générale de la Générale occidentale, Jérôme Monod, PDG de la Lyonnaise des Eaux, François Dalle, PDG de L'Oréal, René Granier de Lilliac, de la Compagnie française des pétroles (CFP), Gérard Pélisson et Paul Dubrule, qui bâtissent hardiment le groupe Accor, ainsi que quelques autres.

Tous acceptent la proposition d'Ambroise Roux : créer l'AFEP, Association française des entreprises privées, avant-garde d'un capitalisme de combat. Evidemment, tous les membres doivent appartenir au secteur privé. Evidemment, ils doivent afficher des convictions sans ambiguïté. Evidemment, les cooptations nouvelles, comme au Jockey Club, se feront à l'unanimité.

Au fil des mois, Ambroise Roux approche personnellement les éventuels impétrants. Au début, certains de ses plus proches alliés, tel Edouard de Ribes, de la banque Rivaud, tardent à adhérer à l'AFEP. On n'est jamais trop prudent. D'autres, au contraire, acceptent avec enthousiasme une proposition qu'ils considèrent comme un honneur.

C'est le cas de François Pinault. En 1983, il n'est encore qu'un entrepreneur autodidacte inconnu en dehors de la filière bois. Mais ce Breton est déjà riche, grâce à une exceptionnelle intuition. Il a créé en 1963, à 26 ans, une petite entreprise de négoce de bois dans la banlieue de Rennes, et l'a revendue dix ans plus tard pour 30 millions de francs. Deux ans plus tard, il la rachète pour 5 millions ! Entre-temps, il a arrondi son portefeuille de plusieurs dizaines de millions de francs en spéculant sur le sucre. Il s'est également fait des amis. Entre autres, Jacques Chirac qu'il connaît depuis 1976. Toujours prêt à rendre service, il a accepté de reprendre une scierie en faillite à Meymac, dans la circonscription du futur Président.

Malgré ces quelques faits d'armes prometteurs, recruter Pinault à l'AFEP en 1983, comme le fait Ambroise Roux, est assez audacieux. L'industriel se montre d'ailleurs incrédule quand le parrain du grand patronat l'invite à boire une tasse de thé dans son repaire de la rue Margueritte, dans le XVIIe arrondissement. Ce jour de 1983, il convainc aisément François Pinault. Caprice de vieux patriarche, ricanent les vieux adhérents. Mais Ambroise Roux restera toujours fidèle au « coup de foudre » qu'il assure avoir éprouvé pour Pinault. Il le soutiendra dans toutes ses entreprises. Connivence de Bretons, peut-être...

Un an plus tard, c'est David de Rothschild qui reçoit un appel du président de l'AFEP. Son père, le baron Guy, a choisi d'émigrer après l'arrivée de la gauche, n'admettant pas qu'on le dépossède de sa banque. Le fils tente de remonter une structure dans la finance. Mais le nom de Rothschild, en 1984, n'est pas le meilleur passeport pour accélérer les procédures administratives. David de Rothschild se contente donc d'ouvrir un modeste établissement, Paris-Orléans Gestion, où, seul signe d'ostentation, les portraits des ancêtres trônent sur les murs.

Un Rothschild à l'AFEP, c'est le rêve secret de Roux qui, là encore, n'aura pas à regretter son choix. Une décennie plus tard, Paris-Orléans Gestion, devenue, après plusieurs mutations, Rothschild Cie Banque, se classe deuxième derrière Lazard pour les fusions-acquisitions en France.

Au fil des ans, l'AFEP grandit. Les soixante-neuf présidents des plus grandes entreprises françaises entourent Ambroise Roux, et se rencontrent au moins une fois par mois pour un déjeuner ou un dîner autour d'un hôte de marque. A droite, ce sont d'abord Chirac, Barre, Giscard qui partagent un menu unanimement considéré comme gastronomiquement insignifiant. Mais très vite, on accueille aussi le camp adverse. Des ministres comme Jacques Delors, Laurent Fabius, puis Pierre Bérégovoy. Des conseillers du prince comme Jacques Attali ou Jean-Louis Bianco. Pierre Mauroy est le seul banni : les nationalisations, c'est lui !

Ces bonnes relations, rapidement restaurées, avec le pouvoir qui a tout chamboulé vont de soi pour l'AFEP telle que l'a voulue Ambroise Roux. Chaque membre verse une cotisation annuelle de 230 000 francs. Celle-ci ne disparaît ni dans des agapes dispendieuses ni vers des destinations exotiques, mais dans le financement d'études. L'AFEP fonctionne comme un pourvoyeur d'idées, une fabrique clandestine de projets de lois que l'on vient déposer discrètement sur le bureau de tel ou tel ministre en lui glissant une consigne qui arrange tout le monde : « Bien entendu, nous n'y sommes pour rien. »

Cette formule originale de sous-traitance législative connaît un grand succès durant les années Mitterrand. Ambroise Roux, qui partageait une grande complicité avec Pompidou, n'a jamais accroché avec Giscard. Avec François Mitterrand, c'est autre chose. Les deux hommes se sont rencontrés pour la seconde fois chez Robert Mitterrand au début de 1981. Ambroise Roux, prévoyant, a embauché dès 1975 ce « frère de quelqu'un » qui pourrait, sait-on jamais, servir un jour. Bien vu. Une fois Mitterrand élu Président, Ambroise Roux est reçu — et écouté — à plusieurs reprises à l'Elysée.

Subtil et rusé, il ne s'oppose pas directement, par exemple, à l'impôt sur la fortune, mais s'arrange pour faire « bricoler » les seuils ou suggérer des cas d'exemption. Il propose aussi la loi sur les « stock options » qui permet aux patrons de s'octroyer un second revenu moins fiscalisé, ainsi que la baisse du taux d'imposition sur les bénéfices des sociétés...

Cette discrète collaboration n'empêche nullement Ambroise Roux et les siens de préparer l'alternance. Avant même la création de l'AFEP, à l'été 1981, alors que rien n'est encore joué sur l'ampleur et les modalités des nationalisations, les sommités de l'AGREF contactent l'avocat d'affaires Jean Loyrette, qui anime l'un des plus gros cabinets de Paris, pour voir « ce qu'on peut faire ». « Au début, nous avons eu une réunion hebdomadaire, et cela s'est interrompu en septembre, raconte Jean Loyrette à Stéphane Denis dans *Le Roman de l'argent*[1]. Tout cela était officieux. Une opération "moustaches" : il y avait autour de la table une série de représentants des grandes entreprises, et des juristes. » Jean Dromer, un protégé d'Ambroise Roux, inspecteur des Finances et président de la BIAO, préside un comité occulte de « suppliciés », comme s'appellent entre eux les patrons de Suez, Rhône-Poulenc ou Thomson. Il sortira de ces rencontres un rapport volumineux, très argumenté, qui fait un point complet sur la question. Pour la petite histoire, le texte en trois volumes sera porté à François Mitterrand par un collaborateur de Jean Loyrette, l'avocat Jean-Marie Burguburu, dont l'épouse, Danièle, future présidente du Conseil supérieur de la magistrature, est une intime du Président...

Les années passent, Ambroise Roux demeure

Une chose est de limiter les dégâts commis par le pouvoir en place. Une autre est de préparer la restauration. Jean Dromer ne perd pas de temps. Il

1. Albin Michel, 1988.

participe dès 1983 à un groupe de travail destiné à préparer les privatisations. C'est l'inspecteur des Finances Jacques Friedmann qui l'anime. Ambroise Roux, évidemment, n'est pas très loin. Dès l'automne 1984, il concocte avec Edouard Balladur les fameux « noyaux durs », destinés à verrouiller le capital des entreprises retournées au secteur privé.

Ces noyaux durs deviennent autant de réseaux qui s'entrecroisent en toute amitié. Ainsi de celui de la Société générale. Les AGF et la CGE (qui sera rebaptisée Alcatel-Alsthom après sa privatisation) figurent parmi les actionnaires les plus importants de la Générale. Or qui est justement le premier actionnaire de la CGE ? Paribas. Après privatisation, siègent notamment au conseil de la CGE Claude Bébéar (Axa), Jean Gandois (Pechiney), Jean Dromer et... Ambroise Roux.

En 1993, une fois Edouard Balladur installé à Matignon, les privatisations peuvent reprendre leur cours interrompu. On ne parle plus, cette fois, de noyaux « durs », mais de noyaux « stables ». Simple nuance de vocabulaire. Car on peut remarquer que les deux grandes privatisées de la seconde cohabitation, la BNP et l'UAP, forment un véritable couple : la première possède 20 % de la seconde, qui possède 15 % de la première. Toujours ces irrésistibles délices de l'entre-soi, agrémentés par des jetons de présence considérables. A raison, en moyenne, de 100 000 francs par an pour assister aux conseils d'administration d'une entreprise, les plus cumulards, comme le PDG du Crédit lyonnais Jean Peyrelevade (14), celui de la BNP Michel Pébereau (13 mandats), Ambroise Roux (11 mandats), Guy Dejouany (10), Michel François-Poncet (Paribas, 9), suivis de Jacques Calvet, Marc Viénot, Jacques Friedmann, Jean-Louis Beffa (Saint-Gobain), Claude Bébéar (Axa), bref, tous ces patrons savent joindre l'utile à l'agréable : cultiver un prestigieux réseau de relations tout en tirant de cet exercice quelques bénéfices palpables.

Depuis ce 15 décembre 1982 et la réunion des « suppliciés » à l'hôtel Crillon, le capitalisme français s'est restructuré mais sacrifie toujours au rite de la « barbichette », qui veut que les dirigeants s'échangent, dans un vaste élan de solidarité, les postes de pouvoir dans les grandes entreprises. A preuve, Ambroise Roux, quinze ans après sa retraite forcée, continue de jouer les « parrains ».

Toujours président de l'AFEP, il a repris du service en 1995 et a convaincu Jacques Chirac de relancer la consommation grâce à des bonus fiscaux pour les ménages aisés. A 74 ans, Ambroise Roux se sentirait presque rajeunir. A-t-il d'ailleurs songé à un successeur, un homme d'influence de son envergure, doté d'un réseau comparable au sien ? Ambroise Roux assure avoir proposé cet impressionnant héritage à Claude Bébéar, mais avoir essuyé un refus. Le PDG d'Axa se dit trop occupé pour assumer cette lourde tâche. Son aîné le comprend, bienveillant et... un peu condescendant.

La bande à Bébéar

« Les chefs d'entreprise et les personnalités soussignés tiennent à exprimer toute l'émotion qu'ils ressentent en apprenant la mesure prise à l'encontre de Didier Pineau-Valencienne, président du Groupe Schneider, dont la rigueur morale, la déontologie et la compétence sont unanimement reconnues. » Ce message « publicitaire », si l'on ose dire, encarté dans *Le Monde* et d'autres journaux à la fin du mois de mai 1994, fait suite à l'incarcération en Belgique du PDG de Schneider, auquel il est reproché d'avoir lésé les actionnaires minoritaires de deux filiales belges, suite à des opérations de cession partielle en cascade. Parmi les signataires, treize administrateurs de Schneider. Vingt-six autres signatures suivent, à titre de soutien personnel. La plus remarquée est celle d'Edith Cresson, que Didier Pineau-Valencienne a recrutée dans son groupe. Sinon, on note la présence de la quasi-totalité du nouveau capitalisme français.

La plupart des pétitionnaires appartiennent à la « bande à Bébéar » : outre le PDG d'Axa, on retrouve Bernard Arnault (LVMH), Jean-Louis Beffa (Saint-Gobain), Jean-René Fourtou (Rhône-Poulenc), Michel François-Poncet et André Lévy-Lang (Paribas), Bertrand Collomb (Lafarge-Coppée), Vincent Bolloré, Pierre Dauzier (Havas), Pierre Faurre (Sagem), Claude Heurteux (Auguste Thouard), Serg Kampf (Cap Gemini), Henri Lachmann (Strafor), Michel Pébereau (BNP), François Pinault, Philippe Villin (alors au *Figaro*)...

Didier Pineau-Valencienne, évidemment, appartient à ce club distingué. « Entreprise et Cité » est un cercle de réflexion pour patrons d'avenir, créé en 1983 dans la périphérie du Parti républicain. Ses membres, au nombre de 28, sont les mêmes depuis la création. Il n'y a pas eu de nouvelle cooptation, et un départ seulement. Le plaisir de se retrouver une fois par mois pour dîner prime sur toute autre considération. On parle beaucoup de grands crus, une passion que Claude Bébéar partage avec quelques-uns de ses pairs, un peu d'économie. On se tutoie et on retombe parfois en adolescence dans ce délicieux huis clos des puissants. Les petits déjeuners bimensuels autour d'une personnalité, sorte d'alibi intellectuel, recueillent nettement moins de suffrages !

A ses débuts, ce groupe aux allures de commando solidaire se structure autour de l'X Claude Bébéar, qui, sorti mal classé de Polytechnique pour avoir trop profité de la vie durant sa scolarité, a gardé d'excellents contacts avec son camarade de promotion Bernard Dumon, PDG du groupe sucrier Saint-

Louis, qui décédera en 1994 dans un tragique accident d'avion. Jean-René Fourtou, lui, est sorti de la grande école quelques années plus tard. Mais Claude Bébéar l'a croisé dans l'orbite de l'UDF. Ces deux-là, qui plus est, ne manquent pas de points communs : ils sont polytechniciens, certes, mais aussi gascons, fils d'instituteurs et amateurs de bonne chère. Jean-René Fourtou, de son côté, a conservé de bonnes relations avec deux anciens camarades de promotion : Bertrand Collomb et Jean-Louis Beffa, tous deux sortis dans les premiers rangs, et par conséquent ingénieurs du Corps des Mines. Serge Kampf, le très discret fondateur de Cap Gemini, passionné de rugby comme Claude Bébéar et Pierre Dauzier, a croisé Jean-René Fourtou dans les années 70. A l'époque, il a failli rafler la majorité du capital de Bossard à ses consultants-actionnaires, dont Fourtou était le patron. Il s'est finalement arrêté à 49 %, et les deux hommes ont appris à s'apprécier.

C'est encore Jean-René Fourtou qui contacte un PDG croisé dans des réunions du Parti républicain : Claude Heurteux de la société Auguste Thouard apporte au groupe ses talents de juriste et sa précieuse bonne humeur. Il représente avec Gérard Brémond, le PDG de Pierre et Vacances, le secteur de l'immobilier. Igor Landau fait partie de la direction générale de Rhône-Poulenc, présidée par Fourtou. Celui-ci, l'une des chevilles ouvrières du réseau, a connu Didier Pineau-Valencienne lorsqu'il était consultant. Bossard, qu'il présidait, a en effet audité Creusot-Loire, propriété du groupe Schneider dont DPV s'est débarrassé avec peine, passant alors pour un fossoyeur d'entreprise.

Didier Pineau-Valencienne n'est pas X, mais HEC. C'est moins chic mais il faut bien ouvrir un peu l'establishment ! Dans son école de commerce, il a croisé un Alsacien, Henri Lachmann, avec lequel il a sympathisé. Voilà le PDG de Strafor coopté.

Claude Bébéar appelle aussi dans les rangs Vincent Bolloré, l'éternel jeune premier des affaires en France, qu'il a connu lors de l'introduction en Bourse de Bolloré Technologies, en 1982, et avec lequel il a créé une fondation pour le mécénat humanitaire. David de Rothschild, en 1983, n'est pas encore incontournable pour réussir un beau tour de table, fût-il seulement gastronomique. Mais Claude Bébéar prend, avant même Ambroise Roux, l'initiative heureuse de le convier dans le club.

Les liens tissés entre les uns et les autres sont donc multiples et parfois très anciens. Mais à quoi leur sert Entreprise et Cité ? Que Claude Heurteux et Igor Landau se rendent bras dessus bras dessous à Edimbourg pour assister au match France-Ecosse, que Claude Bébéar et Jean-René Fourtou adorent se retrouver impromptu, le dimanche soir, pour déguster des pâtes arrosées d'un château-cheval blanc, que Didier Pineau-Valencienne et Henri Lachmann dévalent ensemble les pentes enneigées de Val d'Isère, voilà qui est bien sympathique. Mais ces hommes si occupés auraient-ils créé de toutes pièces un réseau simplement pour meubler ensemble de trop rares moments de loisirs ?

Evidemment, une bande de chouettes copains qui pèsent, à eux tous, plus de 500 milliards de chiffre d'affaires, soit environ le tiers du budget de l'Etat[1], a aussi des préoccupations plus terre-à-terre. Ils peuvent, par exemple, évoquer les conseils d'administration où ils siègent ensemble. Claude Bébéar est ainsi administrateur de Paribas et de Schneider. Deux entreprises représentées au conseil d'administration d'Axa par Michel François-Poncet et Didier Pineau-Valencienne. Pour que la symétrie soit parfaitement respectée, Michel François-Poncet siège au conseil de Schneider, et Didier Pineau-Valencienne à celui de Paribas... Une manière de se pré-

1. Evaluation effectuée par *Enjeux-Les Echos,* novembre 1993.

munir contre les intrusions intempestives dans le capital et la gestion de ces entreprises...

En décembre 1995, par exemple, André Lévy-Lang, polytechnicien, entré à Paribas il y a bien longtemps sur recommandation de Jean Riboud, son ancien patron chez Schlumberger, est mis en examen par le juge Eva Joly. Ses ennuis judiciaires proviennent de l'affaire des Ciments français, filiale de Paribas : les comptes de cette entreprise auraient été maquillés. Lévy-Lang, à l'évidence, n'y est pour rien. Mais ce genre de mésaventure judiciaire fait plutôt mauvais genre dans le temple du capitalisme à l'ancienne. Au conseil d'administration de Paribas, Claude Bébéar fait clairement sentir qu'il serait malvenu de déstabiliser Lévy-Lang... Cela relève sans doute de la solidarité bien comprise.

L'AFEP, confrérie des grands patrons du privé, ou Entreprise et Cité, réseau générationnel, ne fédèrent pourtant pas tous les hommes forts de l'économie française. Témoin Jacques Calvet. Au moment où se crée l'AFEP, il est diplomatiquement délicat de choisir entre les deux dirigeants de Peugeot, Jacques Calvet et Jean-Paul Parayre. Il est plus impensable encore que le groupe automobile ne soit pas représenté dans le groupuscule naissant des capitalistes entrés en résistance. Pour ne pas faire de jaloux, Ambroise Roux invente un artifice : c'est GEFCO, une des entreprises du groupe, présidée par un membre de la famille Peugeot qui rejoint l'AFEP. « Finalement, personne ne se plaint vraiment de l'absence de Jacques Calvet, explique un éminent membre de l'association. Il est incontrôlable, émet des théories souvent inapplicables et ne montre pas une grande propension à la solidarité. »

Certains patrons sont carrément bannis de l'association. Dès la création de l'AFEP, Ambroise Roux rédige une « liste rouge » des PDG à éviter. Une demi-douzaine de noms, en tête desquels se trouve celui de Jean-Luc Lagardère. Pourquoi ? Le parrain de l'establishment, quand on l'interroge à ce sujet, en perd presque sa légendaire urbanité, sans donner ouvertement la clé d'une telle hostilité. « Ambroise » tient à ce tableau de déshonneur, qui lui permet d'exprimer des jugements de valeur sévères et définitifs sur ceux qu'il n'acceptera jamais dans son réseau.

Les « filleuls » de la troisième génération

Déjà, derrière Entreprise et Cité, poussent de jeunes ambitieux âgés d'à peine 40 ans. Dire qu'Ambroise Roux les parraine serait trop. Mais il organise avec soin, sinon affection, la carrière du plus brillant d'entre eux, Jean-Marie Messier. C'est autour de ce dernier que gravite la quarantaine de jeunes quadragénaires ambitieux du « Club 40 ». Chaque mois, ils se réunissent pour déjeuner au sixième étage de l'hôtel Raphaël, ce qui prouve que le goût du luxe n'attend pas toujours le nombre des années. Pour faire comme les grands, ils invitent une fois sur deux une personnalité du monde politique, scientifique ou intellectuel. L'invité est prié de décliner ses « dix commandements ». Une sorte de questionnaire de Proust à la mode carriériste.

Initialement, c'est un jeune chasseur de têtes, Eric Besson, qui a l'idée de monter un club de « bébé-managers ». Il s'inspire d'une liste de jeunes gestionnaires à fort potentiel — comme ils disent — qu'il avait établie à l'occasion d'un recrutement. Ceux-là mêmes qui se retrouvent régulièrement à l'hôtel Raphaël : François Auque, de la Cour des comptes, directeur financier de l'Aérospatiale, Patricia Barbizet, la « financière » du groupe Pinault, Jérôme Contamine, X et ENA, directeur financier d'Elf-Aquitaine, Patrick Kron, étoile montante de Pechiney, Véronique Morali, inspectrice des Finances et bras droit de Marc de la Charrière,

Cyrille du Peloux, X-Ponts et patron de Lyonnaise-Communication, Guillaume Pépy, membre du Conseil d'Etat, ancien directeur de cabinet de Martine Aubry recyclé lui aussi chez Marc Ladreit de Lacharrière, Jean-Marc Forneri, énarque et banquier chez Worms et Cie, Lionel Zinzou, normalien, ancien du cabinet Fabius et directeur général de Danone.

Nos amis des lettres

Les maîtres de l'intellocratie politique n'ont, sur le plan monopolistique, pas grand-chose à envier aux amis d'Ambroise Roux et de Claude Bébéar. Des exemples ? Ils foisonnent. Mais l'un des parrains les plus emblématiques des « médias-parleurs », comme les appelle le journaliste Jean-François Kahn, est sans conteste le philosophe-éditeur-chroniqueur-dramaturge-cinéaste Bernard-Henri Lévy.

La carrière de ce normalien grand teint démarre tôt et en fanfare. Dès son arrivée chez Grasset en 1973 — il a 25 ans — comme directeur de collection, BHL se souvient de quelques amis khâgneux auxquels il commande astucieusement des manuscrits. Ainsi s'alimentent la reconnaissance et... la machine médiatique. En 1977, Lévy et ses amis s'autoproclament « nouveaux philosophes ». « Guérin, Jambet, Lardreau, Lévy, Némo et quelques autres étaient en 1966 à la khâgne de Louis-le-Grand... Est-il étonnant que tous, aujourd'hui se retrouvent chez le même éditeur, dans des collections dirigées par Bernard-Henri Lévy[1] ? », interroge prudemment Roger-Pol Droit. Une prudence qui tient sans doute au fait qu'il appartient, lui aussi, au clan des khâgneux qui publient chez Grasset. D'ailleurs, quand Bernard-Henri Lévy publie

1. Hervé Hamon et Patrick Rotman, *Les Intellocrates*, Seuil, 1981.

La Barbarie à visage humain, la petite troupe, dont le même Roger-Pol Droit, se mobilise pour en faire parler.

Mais ces bontés d'éditeur à chroniqueur, de chroniqueur à éditeur, transactions si routinières dans la vie logistique des lettres, ne représentent que les prémices du réseau BHL, qui s'étend bien au-delà du seul périmètre littéraire. « Aujourd'hui, les mêmes ont des revues, écrivent des livres, font des journaux, émargent au ministère de la Culture et dirigent Yves Saint Laurent », s'exaspère un jour le philosophe Alain Finkielkraut[1]. La cible de cette perfidie ? Bernard-Henri Lévy, bien sûr.

Récapitulons : la revue, c'est *La Règle du jeu*, à l'esthétique raffinée, dont l'une des chevilles ouvrières, Jean-Paul Enthoven, transfuge du *Nouvel Observateur* au *Point*, peut être considéré comme le meilleur ami de Bernard-Henri Lévy. Les livres, Finkielkraut aurait mauvaise grâce de reprocher à BHL d'en écrire. Côté journaux, il n'est pas difficile de deviner une allusion à *Globe*, hebdomadaire mitterrandolâtre défunt financé par Pierre Bergé, auquel BHL a prêté son talent et son nom puisqu'il en fut actionnaire. Il y a également amené quelques-uns de ses affidés comme Laurent Dispot, un autre ancien de Normale, ainsi que Vincent Léry et Gilles Hertzog, deux ex-collaborateurs de *L'Imprévu*, le quotidien qu'il avait créé en 1975 et qui avait duré dix numéros. Hertzog, homologue et rival de Jean-Paul Enthoven dans le cœur du maître, est spécialisé, lui, dans l'organisation et l'accompagnement des voyages vers l'ex-Yougoslavie. Au ministère de la Culture, le même BHL a présidé la commission d'avances sur recettes pour le cinéma, sympathique poste du haut duquel on distribue des subsides à des réalisateurs éternellement reconnaissants. Quant à « diriger Saint Laurent »..., BHL s'est contenté en

1. Sylvain Attal et Claude Askolovitch, *La France du piston*, Seuil, 1993.

fait de siéger au conseil d'administration de la maison de couture. Une sinécure déjà enviable.

Il y a d'ailleurs croisé un autre « média-parleur » de ses amis, l'essayiste-inspecteur des Finances Alain Minc, qui conseille une dizaine de grands patrons dont François Pinault. Ce grand ami de Jacques Chirac figure aussi dans le premier cercle de BHL. Le père de celui-ci, André Lévy, a fait sa fortune dans le secteur du bois, et a été associé à François Pinault. Eclectique, le grand timonier de « PPR » (Pinault-Printemps-Redoute) fait aujourd'hui œuvre de mécénat en cofinançant les œuvres cinématographiques réalisées par le fils de son ancien associé et ami, telles que *Le Jour et la Nuit*, diffusé en février 1997. Décidément gâté par ses amis, BHL avait déjà bénéficié en 1990 pour sa saga télévisée sur l'histoire des intellectuels de l'aide sonnante et trébuchante de Pierre Bergé, d'Yves Saint Laurent et de la société Cérus, dont le PDG était à l'époque Alain Minc...

Cet inspecteur des Finances, que les situations de monopole n'ont jamais effrayé, mélange ses activités dans le monde des affaires, où il continue de briller malgré la faillite de sa propre entreprise, et dans l'intelligentsia. Exemples. Alain Minc rencontre Jean-Jacques Delort, l'ancien président du Printemps, à la Fondation Saint-Simon, club de réflexion chic qui réunit patrons, hauts fonctionnaires, intellectuels et journalistes. Il le fait coopter au conseil d'administration d'Yves Saint Laurent, où siège également Bernard-Henri Lévy, l'ami de François Pinault. Ce dernier guigne le Printemps ? Alain Minc joue les intermédiaires entre Delort et Pinault. Quelque temps plus tard, il introduit François Pinault parmi les actionnaires du *Monde*, dont il préside le conseil de surveillance. A l'été 1996, il appuie la candidature de son ami Pierre Bergé, président d'Yves Saint Laurent, au rachat du *Nouvel Economiste*. Difficile de mieux « tricoter » un réseau, de mieux contenter, l'un après l'autre, tous ses membres influents !

« Je n'ai pas de réseau, je n'ai que des amis », assurait Bernard-Henri Lévy en 1981, oubliant que les amis forment le réseau comme les voyages la jeunesse. Mais, c'est vrai, BHL a des amis. C'est même ainsi que certains de ses pairs expliquent son extraordinaire succès médiatique. « Il est d'une authentique gentillesse et d'une vraie fidélité, assure un observateur de l'intellocratie. Deux qualités qui lui ont permis de s'attacher la reconnaissance d'un second cercle qui compte des célébrités comme Philippe Sollers, Christian Delacampagne, Luc Ferry, Dominique Grisoni ou Michel Onfray. En échange, il exige une parfaite loyauté. » Ainsi a-t-il battu le rappel dans le Tout-Paris intello quand il a mitonné, fin 1994, une pétition de soutien à Alain Carignon, qu'il s'obstine à défendre en dépit des preuves accablantes de sa malhonnêteté. Certains amis sollicités, soucieux de préserver leur réputation, ont refusé de soutenir le prisonnier. Mais ils ont tremblé quelque temps, se demandant quel châtiment médiatique leur vaudrait pareille traîtrise !

Pour un intellectuel comme BHL, les grandes causes sont l'occasion de redistribuer les cartes de la connivence en haute intelligentsia. Au début du conflit dans les Balkans, le plus actif médiatiquement est un concurrent, Alain Finkielkraut, défenseur inconditionnel des Croates et zélateur des « petites nations » dont il élabore la théorie avec l'écrivain Milan Kundera. Au fil des mois, les projecteurs se déplacent de Zagreb vers Sarajevo. Alain Finkielkraut est dépassé : sa théorie ne s'applique guère au fait multireligieux et pluriculturel bosniaque. Embusqué, Bernard-Henri Lévy attend son heure. Les valeurs qu'il défend à travers la Bosnie, le multiculturalisme, la tolérance, voilà des concepts simples et vendeurs, qui détrônent vite en popularité et en émotion l'équation croate, alors en voie de résolution. Naît alors le lobby pro-bosniaque, qui réussira mieux dans les journaux et à la télévision qu'en politique, où la liste dite « Sarajevo » menée par Léon Schwartzenberg se déchire piteusement.

Fort de tous ces faits d'armes — de l'édition à la politique internationale, de la parfumerie au cinéma —, Bernard-Henri Lévy est le seul intellectuel qui ait réussi à créer son propre réseau. Nul besoin pour lui de figurer dans tel ou tel club de réflexion pour exister et s'imposer. BHL est un réseau à lui tout seul.

« *Salon des refusés* » *contre* « *club des installés* »

La rivalité, voire l'antipathie, éclate au grand jour pendant la campagne présidentielle de 1995. Les « installés », une petite centaine de mirobolants, se retrouvent au sein de la Fondation Saint-Simon. Les « refusés », moins nombreux, assurent faire de la résistance au sein du club « Phares et balises ». Ces deux clans se disputeront à fleurets mouchetés jusqu'à l'été 96. Les « Phares et balises » décideront en effet de se saborder, estimant ne plus pouvoir contribuer au débat intellectuel...

C'est l'historien Emmanuel Le Roy Ladurie, par ailleurs beau-frère de Roger Fauroux, alors PDG de Saint-Gobain, qui trouve en 1982 un nom de baptême au premier de ces cercles. Va pour Saint-Simon, destiné à devenir un club d'élites issues de la gauche réformatrice et de la droite éclairée pour promouvoir une gestion « réaliste » du pays. Pierre Rosanvallon, bon connaisseur des mouvements sociaux, en devient le secrétaire général. Ce premier noyau dur se compose aussi d'Alain Minc et de l'historien François Furet. Dans les locaux du 91 bis, rue du Cherche-Midi, on se donne rendez-vous pour un petit déjeuner de travail matinal, ou pour un déjeuner frugal autour d'une personnalité. On travaille, on publie des notes sous la forme d'un austère fascicule verdâtre. Bref, on réfléchit.

Voilà pour la présentation officielle de l'affaire. A

en croire Pierre Rosanvallon, il serait hasardeux, voire coupable, de repérer dans ce concentré d'élites à la française autre chose qu'une unité de production d'idées : « L'analyse des faits en fonction du critère des réseaux relève d'une perversion de la pensée totalitaire, rétorque-t-il dès qu'on aborde ce terrain sensible. La lecture en termes de réseaux, c'est de l'antisociologie, puisque cela consiste à tout ramener à des systèmes de fidélités occultes. »

Tout ramener aux réseaux ? Ce serait trop, en effet ! En même temps, Pierre Rosanvallon ne dédaigne pas le secret. Pourquoi refuser de donner la liste des membres d'un club aussi ouvert ? « Un quart est issu du monde de l'entreprise, un quart de l'université, un quart de la haute fonction publique, le reste de la société civile », commente sobrement Pierre Rosanvallon.

Côté entreprise, il existe en fait un fort « sous-réseau » Saint-Gobain, représenté par d'anciens et d'actuels dirigeants de cette grande entreprise : Jean-Louis Beffa, le PDG, Roger Fauroux, l'ex-PDG, Philippe Crouzet, dirigeant à l'international, mais aussi des anciens comme José Bidegain, qui fut directeur général adjoint de la compagnie entre 1982 et 1989, Xavier de Villepin, ex-PDG de Saint-Gobain Vitrage, aujourd'hui sénateur, Francis Mer, X-Mines qui s'est ensuite intéressé à la sidérurgie à la tête d'Usinor-Sacilor, Pierre Blayau, qui fut patron de Pont-à-Mousson. N'oublions pas bien sûr Alain Minc qui a commencé sa carrière à Saint-Gobain.

A leurs côtés planchent quelques mascottes du patronat français comme l'ancien PDG des AGF Michel Albert, le patron de France Télécom Michel Bon, le numéro un de Publicis Maurice Lévy, ou encore Jérôme Monod (Lyonnaise des Eaux), Jean Peyrelevade (Crédit lyonnais), Pierre Richard (Crédit local de France), Gérard Worms, l'ex-PDG de Suez devenu associé-gérant chez Rothschild...

L'université fournit quelques-uns de ses plus beaux représentants : outre François Furet et Emmanuel Le Roy Ladurie, le philosophe Luc Ferry ou le professeur de médecine Philippe Meyer, les sociologues Edgar Morin et Alain Touraine, comptent également parmi les figures assidues de la rue du Cherche-Midi. Le politologue Olivier Duhamel, qui retrouve dans ce cénacle son épouse Evelyne Pisier, universitaire et ancienne directrice du Livre au ministère de la Culture, a créé un sous-réseau saint-simonien. Fonctionnant selon le même principe des réunions de travail et des auditions de personnalités, cette succursale s'est spécialisée dans le néo-rocardisme.

La « société civile », si l'on excepte quelques grands avocats comme Jean-Denis Bredin ou Georges Kiejman, réunit surtout des journalistes : Jean-Pierre Elkabbach, Philippe Labro, Christine Ockrent, Anne Sinclair pour l'audiovisuel, Serge July — peu assidu —, son successeur à la tête de la rédaction de *Libération* Laurent Joffrin, Jacques Julliard du *Nouvel Observateur*, Jean-Marie Colombani du *Monde*...

Voici donc réunis les « maîtres-parleurs », qui cumulent la légitimité de la parole et le pouvoir de la diffuser. Comment usent-ils de ce privilège ? En martelant des thèses consensuelles. Si consensuelles, aux yeux de leurs détracteurs de l'intelligentsia, que ceux « qui ne pensent pas bien » en sont exclus.

Alors, les « déviants » ont bâti leur propre réseau, devenu à la mode après avoir été longtemps ignoré. Un lieu où l'on méprise, ouvertement ou à demi-mot, l'art du consensus transpolitique tel qu'il excelle à la Fondation Saint-Simon. En 1991, Jean-Claude Guillebaud, journaliste, écrivain et éditeur, Régis Debray, philosophe et « médiologue », créent le club « Phares et balises », avec quelques proches de Jean-Pierre Chevènement qui affirment leur opposition à la guerre du Golfe. Cette cause, alors, n'est pas extrêmement populaire et la Nomenklatura parisienne ne se bouscule pas pour assister aux réunions mensuelles.

« Phares et balises » : c'est le général Buis, militaire atypique, polémologue de talent et collaborateur de diverses publications, qui trouve le nom de baptême. Quand il était en Egypte, pendant la guerre, ceux de la France libre se réunissaient clandestinement dans un entrepôt de la société du Canal de Suez sur lequel était inscrit : « Phares et balises ». « L'appellation fut acceptée avec enthousiasme dans la mesure où notre idée, c'était d'être Londres contre Vichy », expose, sans excès de nuances, un fan du club. « Phares et balises » voit arriver les premiers renforts au moment du débat sur Maastricht. Saint-Simon défend énergiquement le traité. Pas le club de Debray et Guillebaud, où l'on a le sentiment exaltant de faire de la résistance. « Très vite, "Phares et balises" est devenu le salon des refusés », explique drôlement l'historien Alexandre Adler qui fut un des piliers du club.

Un salon plutôt productif, y compris en dehors des heures de réunions. « J'ai inventé le terme de "pensée unique" en barbotant avec Régis Debray dans une piscine, poursuit Adler. Je venais de terminer la lecture de tous les hebdomadaires et j'ai déclaré à Régis que j'avais eu l'impression de relire plusieurs fois le même journal, tant leur contenu était identique. » Ainsi naît une expression qui remportera un immense succès médiatique.

S'ils popularisent quelques concepts, les « Phares et balises » demeurent longtemps dans une sorte d'anonymat volontaire. Le premier mardi de chaque mois, ils se retrouvent dans le quartier de l'Odéon et reçoivent une personnalité souvent issue du monde politique pour une audition à la bonne franquette. « L'ambiance, résume un fidèle, est résolument opposée au côté feutré et coincé de la rue du

Cherche-Midi. Nous faisons plutôt dans le style buffet campagnard. Ce n'est pas "vive la sociale", mais ça s'en rapproche. »

« Vive la sociale », peut-être, mais pas n'importe laquelle. Sur une quarantaine de personnes, on trouve certes un correcteur de presse et un poète méconnu, mais aussi le président d'Arte Jérôme Clément, l'économiste à la mode Jean-Paul Fitoussi — également coopté par la Fondation Saint-Simon —, la philosophe Blandine Kriegel, Mme Adler à la ville, le chroniqueur littéraire Bertrand Poirot-Delpech, les universitaires Pierre-André Taguieff et Emmanuel Todd, l'écrivain chiracolâtre Denis Tillinac ou les journalistes Serge Halimi, Denis Jeambar, Laurent Joffrin...

Les « dîneurs de Torcello »

« Phares et balises », en vérité, serait peut-être demeuré un sympathique club de copains curieux et cultivés sans la soirée du 4 octobre 1994. Ce jour-là, l'invité du club est « Jacques », sympathique candidat à la présidentielle... Plus rien ou presque n'est ignoré de la détestation mutuelle qui le lie désormais à « Edouard ». Le Premier ministre plane dans les sondages, le maire de Paris touche le fond.

Ce 4 octobre au soir, donc, Chirac n'a pas le moral. Mais il a les nerfs, « la haine », pour employer une image à la mode. La soirée est assez morne jusqu'au moment où, présenté par Guillebaud, le sociologue Emmanuel Todd expose une analyse électorale issue des résultats des élections européennes qu'il vient de réaliser pour... la Fondation Saint-Simon. En substance, Todd explique à Chirac pourquoi il a toutes les chances d'être élu s'il sait détecter et promettre de réduire la « fracture sociale ». Chirac ne connaît pas cet intellectuel, mais il ouvre grand ses oreilles quand celui-ci assure qu'il lui faut séduire l'électorat des ouvriers et des employés, lesquels abhorrent Balladur.

Pendant ce temps, le camp adverse s'active. Méthodiquement. Saint-Simon, ou du moins certains de ses membres, déploient leur habileté et leur entregent pour « lancer » des hommes politiques. Au milieu des années 80, ils ont vu en Michel Delebarre un poulain prometteur. C'est Alain Minc qui menait alors la manœuvre au nom de la fondation. « Ses membres, racontent cruellement les journalistes François Bazin et Joseph Macé-Scaron dans *Les Politocrates*[1] voyaient à travers lui le prototype moderne du social-démocrate du Nord de l'Europe, alors qu'il ne s'agissait que d'un héritier de la SFIO vieillissante du Nord-Pas-de-Calais. »

L'abandon de Delebarre face à Fabius pour la conquête du PS, puis son échec à la présidence de la région Nord-Pasde-Calais finissent par décourager les plus convaincus. L'attention se porte ensuite sur Michel Rocard, sans qu'un consensus s'établisse vraiment, puis sur la très prometteuse Martine Aubry. Mais déjà, la pré-campagne présidentielle de 1995 démarre. Et avec elle, des combinaisons plus subtiles.

« Aux dîneurs de Torcello » : c'est l'énigmatique dédicace qu'appose Alain Duhamel sur l'un de ses livres, *De Gaulle-Mitterrand, la marque et la trace*[2]. Les « dîneurs », en vérité, sont au nombre de trois : l'auteur lui-même, le spécialiste des sondages Jérôme Jaffré et le directeur du *Monde* Jean-Marie Colombani. L'appellation de « torcellistes » vient de leur passion commune pour l'île de Torcello, près de Venise.

Mais l'allusion d'Alain Duhamel dépasse la simple évocation gastronomique italienne. Deux mois environ après la visite de Jacques Chirac à « Phares et balises », Jacques Delors, candidat pressenti de la

1. 1. Seuil, 1993.
2. Flammarion, 1996.

gauche, déjeune avec les « dîneurs ». Ce jour-là, les trois politologues dissuadent Jacques Delors de se présenter. En cas d'élection, assurent-ils, il ne disposera pas de la majorité parlementaire nécessaire pour gouverner.

Ces décourageantes prédictions ont-elles influé sur la décision de Delors ? Les balladuriens, en tout cas, y voient une manière de conforter l'avenir présidentiel de leur candidat, en écartant son adversaire le plus crédible. Or, non loin des « dîneurs » s'activent des personnalités de la Fondation Saint-Simon qui ne ménagent pas non plus leur peine balladurophile.

Début mars 1995, Jacques Chirac est justement invité à la Fondation Saint-Simon. Sa percée dans les sondages commence à préoccuper les fans du Premier ministre. Le maire de Paris transforme cette incursion en territoire ennemi en revanche personnelle. D'abord, il explique qu'il ne croit pas aux représentants de la « société civile » au gouvernement. Etranglement dans les rangs, notamment du côté de Bernard Kouchner. Puis survient, comme servie par la providence, une question d'Alain Minc sur la manière dont Jacques Chirac compte financer ses dispendieuses promesses et combler les déficits qui en résulteraient. Volontairement gouailleur face à cette assemblée un rien « coincée », le candidat rétorque : « Ecoutez, M'sieur Minc, vous savez ce qui se passe quand un chef de famille ne peut plus payer son loyer ? Non, vous ne savez pas, M'sieur Minc ? Ce sont des choses que vous ne savez pas. Moi, j'en ai rencontré des gens qui ne pouvaient plus payer leur loyer. Et vous savez ce qu'il leur arrive ? On les expulse. Et on met leurs enfants à la DDASS. Et vous savez combien ça coûte un enfant placé à la DDASS, M'sieur Minc ? »[1] Et ainsi de suite. Une leçon de choses diversement goûtée par son auditoire.

1. Ghislaine Ottenheimer, *L'Impossible Victoire*, Robert Laffont, 1995.

Au vrai chic de Risoul

L'élection présidentielle passée, les saint-simoniens, pragmatiques, s'avisent que la présence parmi eux du chiraquien patron de la Lyonnaise des Eaux Jérôme Monod ne suffit plus. L'absence d'onction présidentielle n'est pourtant pas une nouveauté pour eux : Mitterrand, déjà, se méfiait de ce qu'il considérait comme un repaire de la « deuxième gauche ». Ses fidèles n'y étaient guère représentés, si ce n'est par le biais de Robert Badinter et Georges Kiejman.

Comme gage de pluralisme, le réseau saint-simonien accueille à bras ouverts l'économiste vedette de « l'autre politique », Jean-Paul Fitoussi, avec lequel Pierre Rosanvallon a commis en 1996 un savant ouvrage, *L'Age des inégalités*[1]. Mais les guerres picrocholines, déjà, ont changé de champ de bataille.

Fin 1995, alors que la France est paralysée par les grèves, deux autres clans s'affrontent : les « tourainistes » contre les « bourdieusiens ». Les premiers soutiennent le plan Juppé, les seconds revisitent la lutte des classes.

En fait, dans l'intelligentsia, c'est la revue *Esprit* dirigée par Olivier Mongin qui manifeste la première son enthousiasme pour le sauvetage de la Sécurité sociale. Elle bénéficie du renfort de la Fondation Saint-Simon via Pierre Rosanvallon pour lancer un appel en faveur du projet gouvernemental.

En face, de jeunes universitaires à peine quadragénaires, issus de l'extrême gauche, prennent l'initiative de concocter une pétition de soutien aux grévistes en général, et au service public en particulier. En fins connaisseurs, au moins théoriques, des mécanismes de pouvoir, ils savent que quelques locomotives médiatiques sont nécessaires pour

1. Seuil.

vendre leurs idées. Apparaissent alors le sociologue Pierre Bourdieu, les philosophes Jacques Derrida et Etienne Balibar, mandarins sexagénaires, dont les signatures donnent du poids et de l'écho à n'importe quel texte.

Une fois les grèves terminées, ce tout jeune réseau persiste par le biais du Club Merleau-Ponty, résolument à gauche. Quatre de ses membres signent dans Le *Monde*[1], un mois après la fin des grèves, une tribune qui désigne clairement l'adversaire : « Les soubresauts pétitionnaires qui ont accompagné les récents mouvements sociaux apparaissent comme un symptôme des transformations des conditions de l'activité intellectuelle. Comment quelques "experts de gauche" ont-ils pu faire passer, à travers leurs interventions médiatiques, les cheminots pour des "privilégiés" et une responsable syndicale hostile à la grève pour une "femme courageuse" ? On ne peut certes préjuger de la diversité des intentions de l'appel lancé par la revue *Esprit* et la Fondation Saint-Simon. Toutefois, quand ses initiateurs choisissent de publier un texte de soutien à un projet gouvernemental déjà combattu par une protestation sociale d'ampleur, c'est peut-être l'ensemble des Lumières qui se trouvent obscurcies. » Rien que cela !

Philippe Corcuff, maître de conférences à l'IEP de Lyon, Bastien François, professeur à l'université de Rennes, Delphine Gardey, chargée de recherche à la Cité des sciences et de l'industrie, Sophie Wahnich, chargée de recherche au CNRS, dénoncent dans ce texte « la douce violence de l'(auto) censure » qui « a restreint les marges du pensable et du dicible dans l'espace intellectuel et médiatique ». « La Fondation Saint-Simon, accusent-ils, est aussi un produit et un agent de ce processus. » Bigre !

S'ils attaquent bille en tête la fameuse fondation,

1. 27 janvier 1996.

ce n'est pas seulement pour des raisons idéologiques. Car derrière les grandes joutes pétitionnaires se jouent, en coulisses, des batailles moins glorieuses. L'université française ne serait plus ce qu'elle est sans ces affrontements, alliances tactiques et trahisons calibrées qui président à la moindre attribution de poste dans une faculté et où des micro-réseaux intellectuels, complètement méconnus du public, œuvrent en coulisses pour déstabiliser les uns et promouvoir les autres.

La chasse aux postes est d'autant plus complexe et stratégique que l'admission dans les cénacles de l'enseignement supérieur exige d'être doublement élu par ses pairs. D'abord, l'une des 80 commissions consultatives locales propose des noms. Ensuite, une commission nationale les homologue, et ce, dans chaque discipline. Mieux vaut, évidemment, disposer de solides appuis aux deux étapes du parcours. Ainsi, en sociologie, point de salut ou presque en dehors du parrainage de deux frères ennemis, Pierre Bourdieu et Alain Touraine. Pour tout compliquer, deux gourous mineurs ont perturbé le jeu pendant des années en imitant la stratégie des petits partis. Les universitaires Raymond Boudon et Michel Crozier s'alliaient donc au gré de leurs intérêts et de ceux de leurs protégés, avec l'un ou l'autre des deux leaders.

Ce court détour par l'université permet d'éclairer sous une lumière plus crue les querelles entre factions de l'intellocratie. Les médias, l'édition, l'enseignement supérieur sont trois piliers autour desquels se tissent en effet des réseaux plus ou moins stables, plus ou moins circonstanciels, alliés ou ennemis selon les opportunités.

De vieilles chapelles, vouées aux commémorations nostalgiques et émues, reprennent parfois du service. Signe des temps ? Le trotskisme redevient à la mode. Il fait bon en être. Mais pas n'importe quel trotskisme. Pas la version sectaire, style Lutte ouvrière, ou conspirative, à la mode lambertiste. C'est l'option conviviale de la Ligue communiste révolutionnaire qui émoustille désormais une frange d'intellectuels rebutés par la « pensée unique ».

Un petit club d'anciens fédère ainsi quelques têtes pensantes des « années de poudre ». Le Sprat, « Société pour résister à l'air du temps », se réunit par exemple une fois par mois dans les locaux nationaux de la LCR, rue de Charonne à Paris, près de la Nation. Créé en 1992 par deux « compagnons de route », les écrivains Gilles Perrault et Didier Daeninckx, le Sprat réunit d'autres vieux de la vieille reconvertis le plus souvent dans le journalisme ou l'enseignement, mais aussi des médecins, des publicitaires... On y parle du Vietnam, de l'humanitaire, de l'Europe ou de l'ex-Yougoslavie. Puis, on va boire un verre ou dîner dans un des restaurants voisins.

Alain Krivine, l'infatigable leader du mouvement, se garde d'assister aux réunions du Sprat longtemps animées par Daniel Bensaïd, son « second », un professeur de philosophie. Il a trop peur, dit-il, que sa présence ne « trotskyse » l'image du club. Il n'empêche, la politique rôde toujours. « On a pris des coups de matraque ensemble, quelques-uns y ont perdu des dents, dit-il. Quand j'ai adhéré, on était 172. Il reste donc la connivence d'un passé minoritaire. Face à Le Pen, beaucoup ont décidé de sortir de leur torpeur. La plupart des anciens sont des "dormants", prêts à resservir en cas de coup dur. » Ce sont ces réseaux-là qui alimentent en partie les manifestations de plus en plus nombreuses qui s'organisent un peu partout en France pour contrer les extrémistes du Front national. Ce sont les mêmes qui animent les associations et collectifs en tous genres qui sont nés ces dernières années pour réclamer le « droit au logement », ou la régularisation des « sans-papiers ». Face aux partis traditionnels qui s'engluent dans leurs querelles de pouvoir, ces réseaux monopolisent à leur manière tout un terrain social et quotidien en déshérence.

Preuve de ce succès croissant : chaque été, l'université d'été de la Ligue, à Risoul dans les Alpes du Sud, attire un peu plus de — beau — monde. A raison de quatre séminaires par jour pendant une semaine, l'assistance prétend à autre chose qu'à la seule convivialité. On y retrouve l'écrivain Gilles Perrault, l'acteur Philippe Caubère, le documentariste Paul Carpita et même... Régis Debray.

Bien placé dans la géographie intellocratique, le médiologue, qui fut aussi co-fondateur de « Phares et Balises » sait combien le milieu est versatile et complexe, bien plus mouvant que celui des affaires. « Il y a un corps diplomatique, un corps médical. Il y avait un corps enseignant, et les grands corps de l'Etat sont visibles à l'œil nu, analysait-il déjà en 1977 dans *Le Pouvoir intellectuel*[1]. Y a-t-il un corps intellectuel, et quelle serait son ossature ? Comment le clôturer, et en quels termes l'identifier ? Les hautes sphères du secteur privé et public se dénombrent presque intégralement dans le Bottin mondain, se retrouvent dans des clubs ou des cercles bien définis (Jockey Club, Automobile-Club, Rotary, golf de Saint-Cloud...). Où s'agglomèrent les hautes sphères intellectuelles et morales du pays ? Nous manque encore le *Who's who* de l'intelligentsia. » S'il nous manque, c'est que les réseaux qui y sont à l'œuvre n'ont rien à gagner à la transparence. Relatant les mœurs qui prévalent dans les milieux artistiques, littéraires et journalistiques, Jean-François Revel donne, dans ses *Mémoires*[2], une recette caustique pour réussir : « Ne pas résister aux pressions des réseaux d'influence des intellectuels. Ou, tout au moins, n'ouvrir les hostilités contre certains d'entre eux qu'à condition d'être entièrement inféodé à d'autres, sur lesquels s'appuyer dans la

1. Ramsay.
2. *Le Voleur dans la maison vide*, Plon, 1997.

défense comme dans l'attaque (...). Pour vivre en paix, il faut sinon tout approuver, ce qui ennuierait, du moins s'instituer défenseur attitré d'un courant ou d'un clan, toutes œuvres comprises, les pires comme les meilleures. » A défaut d'un *Who's who*, voilà une définition précise et sans ambages !

CHAPITRE VII

Conspirer

Clubs des « trente », des « quarante », des « cent », société secrète des « treize », il n'y a pas de seuil pour constituer un réseau d'entraide ou d'assistance mutuelle. En revanche, il semble bien qu'il y ait un chiffre magique qui fascine depuis des décennies à la frange de l'extrême droite des conspirateurs de tous poils. Ce chiffre-là a fait rêver avant guerre des hommes désireux de renverser la République, et il imprime encore aujourd'hui sa marque sur des réseaux extrémistes, apparemment moins vindicatifs, mais tout aussi souterrains.

Paradoxe : ces fanatiques d'un autre âge ont puisé leur inspiration dans un précis d'action psychologique dont l'auteur n'est pas précisément un de leurs familiers. En effet, la *Technique du coup d'Etat* de l'Italien Curzio Malaparte, publié la première fois en 1931, révèle, entre autres, la tactique employée par Trotsky pour mener à bien la révolution bolchevique. Théorème de base : peu importent les masses, seul un petit groupe de techniciens puisés dans l'élite, bien entraînés et bien organisés, peuvent changer le cours de l'histoire. En fait, souligne Malaparte, « mille » hommes suffisent, troupes d'assaut et techniciens mêlés, à tout faire basculer.

« Mille » : le chiffre fait fantasmer au même moment dans les années 30 deux lecteurs attentifs. Un ingénieur et un docteur.

Le premier, même ses pires ennemis en conviennent, n'est pas un personnage ordinaire. Son chapeau melon, ses costumes trois-pièces ne suffisent pas à dissimuler l'exaltation qui consume ses yeux globuleux, vaguement inquiétants. Sorti dans les premiers rangs de l'Ecole Polytechnique en 1912, Eugène Deloncle a choisi le génie maritime. Vaillant soldat durant la guerre de 14, il vient d'avoir 20 ans quand il est décoré de la Légion d'honneur.

Comme tous les polytechniciens issus des grands corps, il n'attend pas longtemps pour « pantoufler » : il rejoint les Chantiers de Saint-Nazaire et Penhoët. Très apprécié, l'ingénieur devient expert auprès des tribunaux et siège dans une dizaine de conseils d'administration.

Eugène Deloncle est pourtant un original. Comment expliquer autrement que ce polytechnicien compétent, aisé, bien marié se soit lancé dans les conspirations les plus extrémistes ?

Il n'est en effet un grand bourgeois qu'à temps partiel. Dans les années 20, alors que sa carrière prend son essor, il siège dans les conseils d'administration le jour pour mieux faire le coup de poing le soir. Cet homme à l'air bourru, qui semble naturellement voué aux fonctions de commandement, redevient un militant discipliné dès qu'il rejoint la 17e équipe des Camelots du Roi, basée dans le XVIe arrondissement de Paris. Le groupe s'enorgueillit de sa réputation de violence et son chef sait se faire respecter.

Ce chef, auquel Deloncle, comme tous les autres, obéit sans barguigner, s'appelle Jean Filliol. Vif, de petite taille, il plaît aux demoiselles royalistes. Pour les faire frissonner, il leur raconte d'horribles histoires d'assassinat dont toutes, malheureusement, ne sont pas dénuées d'une certaine véracité. Périgourdin d'origine, Jean Filliol ne s'est pas attardé sur les études, et s'est improvisé employé aux messageries Hachette, ce qui lui laisse suffisamment de loisirs pour mener ses hommes comme il l'entend. A-t-il déjà tué lorsqu'il rencontre le militant Deloncle ? Peut-être pas. Mais il est à coup sûr excité, voire illuminé. Quand il deviendra, plus tard, l'exécuteur des hautes et basses œuvres de Deloncle, Filliol, éternel dévot, ne manquera jamais de s'agenouiller après chaque crime de sang en priant : « Seigneur, faudra-t-il qu'on les égorge tous[1] ? »

Commandant d'un groupuscule décidé, Jean Filliol a aussi sous ses ordres un jeune décorateur, Jacques Corrèze. Né en 1912 à Auxerre, dans l'Yonne, cet ancien élève de l'Ecole Boulle et des Beaux-Arts a connu Eugène Deloncle dans sa région natale. Son père, lui-même décorateur à Auxerre et président aisé de la Société des Tissus et Tapis, est l'un des fournisseurs de l'ingénieur, qui possède une propriété dans la région. Efficacité du prosélytisme pratiqué par Deloncle ? Jacques Corrèze, en tout cas, monte à Paris, milite lui aussi dans la 17e équipe de Filliol et se fait embaucher, en 1934, par le magasin « Au Bûcheron ». Il devient progressivement l'homme de confiance de Deloncle.

Le patron, le tueur, l'homme de confiance : la distribution des rôles, pour l'édification d'une société secrète, se dessine. Il y manque encore quelques personnages pour que la Cagoule prenne son visage définitif. Une petite main : ce sera Jean Bouvyer, fils de bonne famille, admirateur d'une mère farouchement monarchiste, ami de la famille Mitterrand avec laquelle il passe ses étés en Charente. Auréolé de ses combats de rue, aux côtés des jeunes de l'Action française, le 6 février 1934, alors qu'il n'a que 17 ans, Bouvyer milite, lui aussi, sous les ordres de Filliol.

1. Cité par Jacques Delperrié de Bayac, *L'Histoire de la milice*, Plon, 1994.

Un jeune homme futé, Gabriel Jeantet, rejoint cette fine équipe. Né en 1906, issu lui aussi d'une famille royaliste, Jeantet est moins tête brûlée, et plus malin que Bouvyer. A la Cagoule, il devient responsable de l'achat des armes, tâche délicate s'il en est. Il se charge aussi, de loin en loin, des questions financières. Il n'est pas le plus mal placé pour cela puisque son beau-frère n'est autre que le patron des apéritifs Byrrh, acquis à la cause. De l'Action française au Front national, en passant par Vichy où il parraine Mitterrand pour sa francisque en août 1942, cet homme sinueux ne passe pas inaperçu.

Au mois de janvier 1936, le polytechnicien Deloncle ainsi que sept de ses camarades sont exclus de l'Action française. Ils créent, dès le 4 février, le Parti national révolutionnaire et social, où l'on trouve Jean Filliol, Jean Bouvyer, Jacques Corrèze et l'industriel Jacques Lemaigre-Dubreuil, patron des huiles Lesieur, principal collecteur des fonds destinés à la Cagoule.

Quelques jours plus tard, Eugène Deloncle dîne en ville. Son voisin de table est un militaire en retraite, le général Lavigne-Delville auquel il expose ses grands projets. Ce dernier est intéressé. Il fréquente beaucoup un étrange médecin, le docteur Martin, avec lequel il s'amuse à collationner des informations sur les menées communistes et à les mettre en fiches.

Le docteur a lu, lui aussi, le viatique de Malaparte, et a été séduit par la théorie des « mille ». Monomaniaque du complot, il ne cessera, sa vie durant, de conspirer : contre les « bolcheviques » du Front populaire, contre Laval, contre la Synarchie, contre les « boches », contre de Gaulle, et même contre la Communauté charbon-acier..., sa dernière croisade.

Ces deux obsédés de la conspiration sont faits pour s'entendre. A peine « l'ennemi » vient-il de remporter les élections en juin 1936 que tous ces comploteurs mondains basculent dans l'ombre en créant un mystérieux « Conseil supérieur » du CSAR (Comité secret d'action révolutionnaire, le vrai nom de la Cagoule).

Sur le papier, il s'agit de fédérer des comités de quartiers censés lutter par tous les moyens contre le péril marxiste et de faire de la propagande. « Chaque nouveau Cagoulard doit demeurer dans son parti ou son mouvement, s'y créer une position privilégiée et pouvoir entraîner, le jour J, des militants de bonne volonté qui seront Cagoulards sans le savoir », relate Henry Charbonneau, qui sera plus tard l'adjoint de Jacques Corrèze au MSR, le parti collaborationniste créé par Eugène Deloncle pendant l'Occupation allemande[1].

Un autre personnage apparaît dans le premier cercle de la Cagoule : ancien officier d'active, capitaine d'artillerie de réserve, François Méténier a la réputation d'aimer les jolies femmes et de mener grand train. Reconverti sans conviction dans l'industrie à Chamalières, il noyaute un groupe régionaliste innocemment baptisé « Les enfants d'Auvergne ». Une drôle d'association folklorique, composée d'anticommunistes viscéraux, en attente plus ou moins consciente du « Jour J ».

François Méténier, à l'occasion, sait aussi se déployer hors des frontières. Il conclut un accord avec les fascistes italiens : des armes contre quelques « coups de main ». Deux pacifistes italiens, les frères Roselli, sont ainsi exécutés le 10 juin 1937 à la demande du comte Ciano, gendre et ministre des Affaires étrangères de Mussolini.

Il y aura aussi l'assassinat de Dimitri Navachine, un économiste soviétique aux relations trop anglophiles et « cosmopolites » à leurs yeux. Et l'élimination de deux passeurs d'armes, Léon Jean-Baptiste et Maurice Juif, qui auront l'éternité pour réfléchir

1. Henri Charbonneau, *Les Mémoires de Porthos*, Clan, 1967.

à ce qu'il en coûte de trahir la Cagoule. Et puis les attentats antipatronaux, considérés par leurs instigateurs comme le nec plus ultra de la provocation subversive. Le siège du patronat explose le 11 septembre 1937, tuant deux policiers chargés de garder l'édifice. Orchestrée par François Méténier, l'opération vise à discréditer les communistes. Dans les semaines qui suivent, l'objectif des Cagoulards semble atteint, puisque la police arrête un anarchiste considéré comme suspect.

Mais la Cagoule est déjà sous haute surveillance. Elle laisse quelques indices derrière elle à chaque assassinat. Les indicateurs que la police a fini par placer dans la mouvance cagoularde achèvent le travail. Quelques jours après le double attentat contre le patronat, deux Cagoulards sont arrêtés pour trafic d'armes, ainsi qu'un certain Aristide Corre, l'archiviste du mouvement. Une belle prise : l'imprudent a gardé à portée de main des listes entières de membres de l'organisation et les policiers viennent vite à bout du code utilisé. Corre, effrayé d'éventuelles représailles de Filliol, n'ose avouer à ses compagnons que la police est en possession du fichier.

Est-ce l'intuition que l'étau se resserre ? En cet automne 1937, la Cagoule est décidée à tenter le tout pour le tout. Elle décide que la nuit du 15 au 16 novembre sera celle du fameux coup de feu anticommuniste tant attendu. Le réseau tente donc d'intoxiquer l'armée, en lui faisant croire que les communistes s'apprêtent à prendre le pouvoir, afin de provoquer un « putsch » en réaction.

Mais les militaires ne marchent pas. Le scénario des conspirateurs échoue lamentablement et la plupart d'entre eux se retrouvent à la Santé. Huit jours plus tard, le ministre de l'Intérieur de Léon Blum, Marx Dormoy (que des Cagoulards assassineront pendant l'Occupation) diffuse un communiqué à toutes les rédactions : « C'est un véritable complot contre les institutions républicaines qui a été découvert. » Après la guerre, ils seront près de cinquante, parmi lesquels Jeantet, Corrèze, et Méténier, à se retrouver dans le box des accusés du tribunal de la Seine. Etrange procès qui voit défiler à la barre d'anciens collaborateurs et d'anciens résistants, les Cagoulards s'étant répartis dans les deux camps. Manque à l'appel Eugène Deloncle, abattu en 1944 par la Gestapo qui le soupçonnait, à juste titre, d'avoir tourné casaque. Tous ses amis, une fois jugés, n'ont pas perdu l'envie de s'agiter en coulisses. Avec la guerre froide, certains de ces comploteurs impénitents vont même reprendre du service.

Un drôle de paroissien

La théorie des « mille » qui avait tant séduit Deloncle et Martin suscite encore après guerre des vocations de conspirateurs. Jean Ousset est de ceux-là. S'il avait dû rédiger son autoportrait, Jean Ousset aurait probablement utilisé une formule bien carrée, comme il les affectionnait : « C'est un drôle de gars ».

« Un drôle de gars » d'origine paysanne qui a eu le temps de mûrir son plan d'action pendant l'Occupation. Dans son camp de prisonniers, il a interrogé un camarade de captivité communiste. Histoire de mieux cerner l'ennemi et décoder ses tics de pensée et d'action. Une fois libéré, ce jeune catholique admirateur de Maurras, qu'il a rencontré en 1934 à Bordeaux, voit dans la Révolution nationale de Vichy la mise en pratique de ses convictions. Il devient « chef du bureau d'études » de la « Jeune Légion », qui dépend de la Légion française des combattants. Et il partage là une secrétaire avec un certain François Mitterrand...

Il consacre son temps à la formation, à l'animation de stages ainsi qu'à la rédaction d'un petit bulletin, où l'on retrouve les grands thèmes de l'anticapitalisme pétainiste. Ainsi, le numéro du 15 octobre 1943 contient-il un éloge de la « corporation » qui, contrairement à l'entreprise, « protège sans enfermer » (sic). Jusqu'au 1er septembre 1944, Ousset s'emploie, impavide, à chanter les louanges de la famille sur tous les modes pétainistes. La fin de la guerre est évidemment moins glorieuse : épuration oblige, il lui faut traverser la Lozère à bicyclette, muni d'une carte d'identité savamment trafiquée.

Mais, très vite, les affaires reprennent. En compagnie de son ami l'imprimeur Jean Masson, il crée le « Centre d'études critiques et de synthèse », embryon de ce que sera la « Cité catholique », un réseau souterrain fondé par les mêmes trois ans plus tard.

La revue du mouvement, *Verbe*, proclame en exergue une citation de Jean Ousset : « Rien d'efficace et de vraiment profond n'a été fait sans cette formation préalable de "quelques-uns" : vrais chevaliers, apôtres infatigables, hommes de feu qui, où qu'ils soient, où qu'ils aillent, à quelque mouvement qu'ils appartiennent, puissent laisser partout une trace de lumière et de vérité. » Les « mille » chevaliers, toujours et encore ! Pour les fédérer, la Cité catholique copie, en plus modeste et en plus occulte, le système pyramidal des organisations communistes. Les futurs « chevaliers » se réunissent, chaque semaine, au sein d'une « cellule » pour étudier les textes du maître, Jean Ousset. Au milieu des années 50, toutes les grandes écoles, dont Polytechnique, Centrale, les Mines, HEC ou Sciences Po hébergent sans le savoir une cellule de la Cité catholique.

Comme la Cagoule avant guerre, l'organisation de Ousset se fonde sur le noyautage des élites, seules capables de mener la reconquête d'une société en perdition. Tout en haut de cette structure en pyramide concoctée par Ousset, cinq dirigeants dont un

« chef de bureau des réseaux », qui a la haute main sur dix-sept « réseaux régionaux ».

A l'époque la plus fastueuse, au milieu des années 60, l'organisation emploie 26 permanents, bénéficie des subsides du patronat le plus anticommuniste, et trouve dans l'Algérie française une cause sur mesure. Car la Cité catholique, dès les premiers soubresauts du conflit algérien, réussit une belle percée dans l'état-major militaire. Des officiers stationnés en Algérie se constituent en cellules clandestines, qui compteront jusqu'à mille membres — enfin les mille ! —, tous gradés. Pendant ce temps, Jean Ousset, au mieux avec les futurs factieux comme le colonel Gardes ou le général Zeller, est sollicité par le Cinquième Bureau, pour rédiger... un guide d'action psychologique. Dans *Pour qu'il règne*, un livre qui ne fut tout de même pas un best-seller hors de la clientèle captive des militaires, Jean Ousset fournit aux adeptes de la contre-subversion une justification théologique et morale à deux pratiques réprouvées par la tradition militaire française : la torture et l'activisme. Il en résulte une véritable doctrine de « sécurité nationale » exportée avec succès notamment en Amérique latine. Mais ce patient travail de conviction, au sommet, et de noyautage, aux échelons intermédiaires, est percé à jour par un ancien condisciple de Jean Ousset au lycée de Montauban. Henri Fesquet, le chroniqueur religieux du *Monde*, s'interroge alors sur une double page : « Est-il normal qu'une armée républicaine soit en grande partie formée par une officine intégriste ? »

Les fusils... plus la « psychologie sociale » !

Une « officine » ? Il n'en manque pas à l'époque. Georges Sauge, qui connaît bien le communisme pour avoir été, avant guerre, au Parti communiste, animera lui aussi longtemps un des réseaux intégristes les plus actifs.

Résistant, il milite dès la Libération contre l'épuration au nom du nécessaire pardon. En 1949, l'ancien maquisard, employé au Crédit lyonnais, crée un « Centre d'études supérieures de psychologie sociale ». Même s'il demeure ami avec des communistes comme Jacques Duclos ou Pierre Hervé, c'est avec Rome qu'il entretient désormais des rapports privilégiés. Il se lie notamment avec le nouveau nonce du Pape à Paris, un certain Roncalli qui fut l'obscur représentant du Saint-Siège en Turquie, mais qui deviendra le Pape Jean XXIII.

Le modeste mouvement, bien vu du clergé, débauche essentiellement dans l'armée et dans le patronat. Les recrues subissent une formation en trois temps, de l'analyse du communisme à l'action psychologique, en passant par la doctrine chrétienne.

Nombre d'officiers, qui considèrent la guerre d'Algérie comme une croisade, reçoivent les enseignements de Georges Sauge. Sollicité lui aussi par le Cinquième Bureau, il multiplie les conférences dans toutes les écoles militaires, à commencer par l'X et Saint-Cyr. L'orateur y est d'autant mieux accueilli qu'il est notoirement anticommuniste. Orfèvre en activisme, il parvient, avec sept de ses amis, à faire capoter un Congrès pour le Mouvement de la Paix : « Nous nous sommes répartis dans les quatre collèges du Congrès, raconte-t-il aujourd'hui. Comme les résolutions se prennent à l'unanimité, sept personnes suffisaient à semer la pagaille parmi 15 000. » En 1956, Georges Sauge récidive de façon encore plus spectaculaire. Les chars soviétiques viennent d'entrer dans Budapest. Sauge profite de l'indignation générale pour détourner trois manifestations programmées ce jour-là, dont une menée par l'ancien président du Conseil Georges Bidault. Malgré eux, les manifestants se trouvent entraînés vers la place Kossuth afin de mettre le feu au siège du Parti communiste !

L'activisme pro-Algérie française de Sauge lui attire non seulement l'opprobre de Pierre Messmer, le ministre des Armées, qui dissout ces « Cinquièmes Bureaux » clandestins, mais aussi l'attention de la justice. Il passe quelques jours en prison début 1960 pour « atteinte à la sûreté de l'Etat et constitution d'un complot ».

S'il voit son principal « marché », les officiers de l'armée française, lui échapper durablement, il a tout de même fait pendant la guerre d'Algérie une intéressante rencontre avec un homme a priori très éloigné de ses convictions : Charles Hernu. Contre toute attente, le catholique traditionaliste et le franc-maçon fraternisent autour d'une passion commune : la chose militaire. Ce rapprochement ne se concrétise pas immédiatement, même si, dès 1965, Georges Sauge appelle à voter Mitterrand. Membre du bureau de « l'Armée nouvelle », structure « fanamili » créée par Charles Hernu en marge du PS pour réfléchir aux questions militaires, il dispense désormais sa formation aux militants socialistes !

Mais Georges Sauge reste le seul pionnier d'un tel périple transpolitique. A l'exact opposé de son parcours se situe celui d'autres conspirateurs, exilés au Portugal et en Espagne. Les deux pays, alors dirigés par deux dictatures d'extrême droite, accueillent de bien étranges chapelles. L'une d'elles, installée à Lisbonne, se nomme Aginter Presse. Constituée en 1965, c'est plus qu'une simple agence de presse. Mais, selon les termes de l'enquête portugaise menée en 1974 après la Révolution des œillets, un centre de subversion fasciste international financé par le gouvernement de Salazar et les mouvements d'extrême droite français, belges, sud-africains et sud-américains.

L'idée de cette multinationale de la subversion ? Elle a d'abord germé dans l'esprit de Yves Guillou, alias Yves Herlou, alias Ralph Guérin-Sérac. Cet officier de l'armée française a servi en Corée et en Indochine avec un courage qui lui a valu très précocement plusieurs citations, ainsi que la Légion d'honneur. En 1959, Yves Guillou est affecté au « 11e choc », unité parachutiste d'élite. Trois ans plus tard, il déserte pour rallier l'OAS, où il dirige un commando dans l'Oranais.

Pour lui comme pour beaucoup d'autres, la cavale commence avec la déclaration d'indépendance en Algérie. L'Espagne d'abord, puis le Portugal.

En Espagne, il recrée l'embryon d'un réseau avec d'anciens OAS. Il entre en contact avec le colonel Pierre Chateau-Jobert, compagnon de la Libération et commandant de l'OAS dans le Constantinois. Chateau-Jobert, que les actes de terrorisme aveugle de ses camarades de combat ont fait abondamment méditer, opère alors un retour à la religion sous l'influence — comme le monde est petit ! — de Jean Ousset et des publications de Cité catholique. Avec Guillou et quelques autres « réfugiés algérois », il fonde notamment l'Armée du Christ-Roi, mouvement intégriste de lutte contre le communisme.

Guérin-Sérac, lui, est déjà passé au Portugal où il cherche des contacts avec la « première génération » d'émigrés, composée essentiellement d'anciens collaborateurs. Parmi eux, Jacques Ploncard, dit Ploncard d'Assac. Ce spécialiste de l'antimaçonnisme, disciple de Drumont, s'est illustré pendant l'Occupation allemande comme bibliothécaire chargé du dépouillement des archives du Grand Orient de France. Décoré de la francisque par Vichy pour son étude scrupuleuse des services secrets portugais, c'est tout naturellement qu'il se réfugie à Lisbonne, où il devient rien de moins que le conseiller personnel et l'hagiographe du président Salazar.

A quoi sert Aginter ? A recruter un réseau européen d'agents, dont la couverture est son bulletin. « La plupart de ces correspondants, qui étaient bien sûr des sympathisants à la cause, débutaient modestement en étant testés sur leur capacité à recueillir des renseignements confidentiels, explique un ancien. Puis, peu à peu, on leur demandait des informations plus précises, par exemple sur les opposants portugais réfugiés dans leur pays. »

Ainsi, en France, l'un des « correspondants » d'Aginter Presse n'est autre que Jean-Pierre Stirbois. Il n'est alors pas encore maire-adjoint Front national de Dreux mais dirige déjà un mouvement d'extrême droite, le Groupe-Action-Jeunesse.

« A Lisbonne même, la plupart des permanents venaient d'Algérie, comme l'ancien patron de l'*Echo d'Alger*, Jean Brune, raconte aujourd'hui l'un d'entre eux. Il y avait des ex-paras, des anciens du "11e choc" déboussolés et reconvertis dans le mercenariat. » Et aussi quelques anciens collaborateurs comme Jacques Ploncard d'Assac ou encore Robert Leroy, qui a fait ses classes dans la Cagoule avant de rejoindre la Phalange espagnole puis la Waffen SS. Condamné à vingt ans de travaux forcés à la Libération, Robert Leroy a purgé moins de la moitié de sa peine avant de travailler pour les services secrets de diverses puissances occidentales.

A la fois expert en complots et organisateur de formations accélérées pour apprentis-terroristes, Aginter Presse n'avait rien d'une aventure pour baroudeurs romantiques et écervelés. Les dégâts qu'elle provoqua ne furent pas si limités que le laisse croire la faible notoriété de l'officine. Ses « prestations de services », notamment en Amérique latine, contribuèrent grandement à la répression dans quelques républiques bananières comme le Guatemala, la Bolivie ou le Chili.

Epilogue ? Pas très moral. Bénéficiant de l'amnistie mitterrandienne, Guérin-Sérac touche sa retraite de colonel. Son adjoint, Jean-Denis Ringeard de la

Blétière, aristocrate breton en quête d'ordre, se reconvertit dans l'action humanitaire en Afrique. Preuve — réconfortante — que les destins prennent parfois des tournants inattendus. Celui qui portait, à l'époque d'Aginter, le nom de code assez transparent de « Jean Denis » considère qu'il n'existe plus aucune solidarité entre ces anciens-là : « Tous ces gens n'ont pas très envie de se rappeler leur passé, explique-t-il. Et puis, l'extrême droite était morcelée en de nombreux groupuscules qu'aucun ciment idéologique fort ne rassemblait. Cela n'aide pas à créer des liens. Ces réseaux se sont éteints d'eux-mêmes. Sauf pour ceux qui ont fait carrière ailleurs. »

La stratégie de l'éventail

Les réseaux de Cité catholique ont en revanche survécu, mais au prix de deux mutations successives. En 1964, la Cité devient « l'Office international des œuvres de formation civique et d'action culturelle selon le droit naturel chrétien » (sic). Une appellation volontairement imprononçable, de manière, semble-t-il, à brouiller les pistes.

En 1981, nouvelle mue sous la houlette de Jacques Trémolet de Villers, devenu président de l'organisation rebaptisée ICTUS. Cet avocat, qui s'est rendu célèbre comme défenseur passionné de Paul Touvier, a rencontré le fils de Jean Ousset dans une organisation d'extrême droite, au début des années 60. Mais c'est avec le père qu'il se découvre une immense complicité intellectuelle. « ICTUS, raconte Jacques Trémolet de Villers, est né grâce à l'arrivée de François Mitterrand au pouvoir. Les dirigeants de l'ancienne majorité, aux abois, nous ont alors demandé d'élaborer un programme de formation pour leurs cadres. Nous y avons travaillé tout l'été. Mais à l'automne, ceux qui nous l'avaient si instamment demandé n'en avaient plus besoin. La fièvre de l'espérance électorale les avait repris. »

ICTUS (Institut culturel et technique d'utilité sociale, mais aussi Iseos Christos Theos Uios Sotem, Jésus-Christ Dieu Fils Sauveur) gère une vingtaine de « filiales ». L'Action familiale et scolaire, dirigée par Arnaud de Lassus, n'a rien de bien culturel mais trouve sa clientèle parmi les plus radicaux des adhérents aux associations de parents d'élèves de l'école libre. Le Centre d'études des entreprises (CEE), développé avec les encouragements de l'industriel François Michelin, qui y a donné plusieurs conférences, se propose de traquer l'« idéologie subversive » — traduire : le marxisme larvé — dans les arcanes de la gestion et du management. Il trouve un créneau dans l'édification des jeunes âmes studieuses des grandes écoles de commerce et d'ingénieurs. Cette « formation complémentaire » dure deux ans, pendant lesquels les étudiants se réunissent une fois par semaine sous le parrainage de quelques entreprises comme Michelin ou Lafarge-Coppée, dont le directeur général adjoint, Jean-Marie Schmitz, est vice-président d'ICTUS, et frère de l'associé de Jacques Trémolet de Villers, Me Thierry Schmitz.

Plus original, parce que puisant assez directement son inspiration dans le maréchalisme le plus terrien, mais toujours rattaché à cette mouvance, le « Secrétariat d'information des collectivités locales et régionales » (SICLER) se propose « de sauver à la fois des villages et des familles, en installant des familles de chômeurs dans des villages où la relève des artisans et de travailleurs ruraux se fait difficilement ». Le sigle volontairement neutre de l'organisation participe du traditionnel brouillage de pistes. Une stratégie efficace puisque l'ancien ministre Jean François-Poncet apportait, il y a quelques années, un soutien enthousiaste aux initiatives du SICLER.

Pour élargir un auditoire restreint, on échange

des conférenciers avec quelques « organismes-frères », comme le Centre Charlier, créé en 1979 par Bernard Antony alias Romain Marie, qui milita pour l'Algérie française à l'âge où l'on a juste le droit de conduire sa première mobylette. Il dirige aujourd'hui la mouvance « nationale-catholique » au sein du Front national tout en travaillant pour le groupe pharmaceutique Pierre Fabre. Parmi les proches du centre Charlier, on retrouve dom Gérard Calvet, fils d'une famille de négociants bordelais et père-abbé du Barroux, un monastère vauclusien qui accueille tout ce que la France compte de personnalités intégristes. Ce prêtre, rallié de justesse à Rome après le schisme provoqué par Mgr Lefebvre, a d'ailleurs fait parler de lui comme meneur de commandos anti-IVG[1].

Capillarité oblige, ces « instituts » traditionalistes tentent de rayonner au-delà de leur clientèle d'extrême droite. Ainsi les Comités Chrétienté-Solidarité, prolongement politique du Centre Charlier, ont-ils milité au sein de l'Association pour la Russie libre (ARL). On retrouvait ainsi, dans le comité de parrainage de l'association, Bernard Antony aux côtés de François Léotard ou de Jacques Godfrain, ministre de la Coopération d'Alain Juppé. L'ARL fut d'ailleurs un temps présidée par Karine Loverger, une attachée de presse au Parti républicain.

Car ICTUS a toujours recherché, à côté des conférences données devant les jeunes du Front national quelques connivences plus respectables. Ce n'est certes pas avec le colonel Argoud, organisateur du putsch des généraux, ou avec la veuve de Jean-Marie Bastien-Thiry, ce polytechnicien à l'origine de l'attentat du Petit-Clamart condamné à la peine capitale, deux fidèles, que le groupuscule pouvait espérer une meilleure honorabilité. Mais on rencontre aussi parmi les proches l'universitaire

1. Voir chapitre « Militer », p. 323.

Gérard Léonard, député RPR et co-auteur, en 1996, d'un rapport parlementaire remarqué sur les fraudes, l'ancien maire de Versailles André Damien ou l'avocat Jean-Marc Varaut, tous trois introduits dans le Tout-Paris. Jean-Marc Varaut partagea d'ailleurs un temps le même cabinet d'avocats que le socialiste Roland Dumas.

De ce point de vue, le sympathisant le plus efficace d'ICTUS fut sans conteste le Pr Jérôme Lejeune, médecin et chercheur de grand talent qui découvrit le gène de la trisomie 21. Adversaire irréductible de l'avortement, parrain de « Laissez-les vivre », Jérôme Lejeune était aussi président de l'Académie pontificale des Sciences, à Rome. Le conseiller de « Laissez-les vivre » fut souvent cité comme proche, voire comme membre de l'Opus Dei que Jean-Paul II a élevé au rang de « prélature personnelle ». Une autre de ses filles, Anne-Marie Meyer, et son époux Jean-Marie, professeur de philosophie, avaient été choisis par le Pape pour représenter, aux côtés d'une vingtaine d'autres couples, les foyers catholiques français au sein d'un Conseil de la famille à Rome. Docteur honoris causa de l'université de Pampelune, créée et administrée par l'Opus Dei, Jérôme Lejeune était un « compagnon de route » précieux pour cet ordre fondé en 1928 par le père Jose Maria Escriva de Balaguer, qui fut béatifié par Jean-Paul II. Le but de l'organisation ? Faire régner, « sur terre », un ordre très chrétien.

Pour y parvenir, l'Opus Dei s'appuie sur la théorie chère à Malaparte : quelques « chevaliers », recrutés parmi l'élite, peuvent modifier le courant de l'histoire. L'ordre entend donc s'inflitrer dans la société par le haut, afin de disposer d'un levier de pouvoir élevé. En France, l'Opus Dei ne compte pas, selon l'historien Emile Poulat, plus de 1 300 à 1 400 adeptes, mais il y en aurait plus de 80 000 à travers le monde. Le mode de fonctionnement est pour le moins intriguant. Les membres de l'Opus

Dei comptent un petit nombre de laïcs qui ont prononcé des vœux de chasteté, d'obéissance et de pauvreté, qui vivent en communauté et sont appelés « numéraires ». Ces semi-religieux, qui continuent à exercer leur profession d'origine, surtout si elle est prestigieuse, représentent moins de 2 % des troupes mais sont les vrais patrons de l'Œuvre, puisqu'on les retrouve dans toutes les sociétés-écrans qu'elle contrôle. Les « surnuméraires », qui ne prononcent pas de vœux, mènent une vie familiale ordinaire, sont surtout appréciés pour leur contribution financière et pour l'influence qu'ils peuvent exercer sur la vie de la Cité. Car ils sont enrôlés, souvent très jeunes, dans l'élite prometteuse. « A ce principe élitiste s'ajoute un élément d'intrigue, précise la revue catholique *Galias*[1]. Le chef opusien, del Portillo, parle d'une "manière de travailler qui nous permet de nous déployer comme un éventail". »

Un « éventail » mystérieux et intriguant. N'est-ce pas dans les « constitutions » secrètes de l'Œuvre, écrites en 1950 mais publiées seulement en 1986 grâce à des fuites provenant d'anciens membres, que l'on lit à l'article 191 : « Les membres numéraires et surnuméraires savent qu'ils devront toujours observer un silence prudent quant aux noms des autres associés, et qu'ils ne devront jamais révéler à quiconque qu'ils appartiennent eux-mêmes à l'Opus Dei » ?

Une règle qui n'est pas sans rappeler celle de la franc-maçonnerie, et qui donne tout leur piquant aux paris sur le « Who's who » de cette organisation secrète. Le premier à s'être lancé dans ce type de recensement fut, amusante coïncidence, le Grand Orient de France. En 1962, le bulletin publié par son centre de documentation cite ainsi les noms de Robert Schuman, bâtisseur de l'Europe en instance de béatification, de Raymond Triboulet, ancien

1. « Le monde secret de l'Opus Dei », n° 30, été 1992.

ministre du général de Gaulle, ou encore d'Antoine Pinay. Il aurait pu y ajouter ceux de sympathisants comme le gaulliste Maurice Schumann, Edmond Giscard d'Estaing, le père de VGE, ou l'ancien garde des Sceaux Jean Foyer.

Aujourd'hui, une trentaine de personnes seulement en France se réclament ouvertement de l'Opus Dei. Dans le monde politique, personne ne veut assumer publiquement l'héritage de José Maria de Balaguer. Hervé Gaymard, ministre de la Santé d'Alain Juppé et gendre du Pr Lejeune, a même tenu à démentir publiquement, sur les ondes d'Europe 1, son appartenance à l'Œuvre.

Plus audacieux, Raymond Barre n'avait pas hésité, dès 1978, à apporter son crédit de Premier ministre pour soutenir la béatification de Jose Maria Escriva de Balaguer. « Ses écrits déjà très largement répandus, l'audience croissante de sa doctrine, claire et sûre, l'action des membres de l'Opus Dei permettent de penser que Mgr Escriva de Balaguer est une personne qui est marquée par des signes de sainteté », écrivait-il alors au Saint-Siège. Une déclaration qui allait dans le sens de l'histoire puisque le « père » de l'Opus Dei est béatifié dès 1992, soit dix-sept ans seulement après sa mort. Parmi les 300 VIP invités à Rome pour la cérémonie se trouve le maire de Marseille Jean-Claude Gaudin, qui s'est félicité publiquement, depuis, de l'aide que lui avait, à l'occasion, apportée l'organisation.

De son côté, Jacques de Chateauvieux, président des sociétés de Bourbon à La Réunion — qui réalisent près de cinq milliards de francs de chiffre d'affaires —, et régnant sur la chaîne de télévision locale Antenne-Réunion, sur plusieurs supermarchés, des bateaux de pêche, des plantations de canne à sucre, reconnaît aisément son appartenance à l'Œuvre, où il est passé récemment du statut de « surnuméraire » à celui de « numéraire ». Les liens de sa famille avec l'Opus sont anciens. Quand l'Œuvre décida, dans les années 50, de conquérir la France, elle s'appuya sur deux dynasties industrielles : les Chateauvieux et les Bardinet, fabricants du rhum Negrita.

Mis en examen pour corruption dans une affaire d'autorisation de grandes surfaces à la Réunion, il déclarait d'ailleurs sans complexe : « Je n'ai participé à la corruption qu'après en avoir référé à mon directeur de conscience. » Le tribunal appréciera...

De tous temps, l'Opus Dei a marqué un intérêt particulier pour les grands patrons. D'ailleurs, son représentant officiel en France, François Gondrand, s'est longtemps occupé de communication au CNPF avant de monter sa propre entreprise de conseil.

Le centre « Garnelles », l'un des joyaux immobiliers de l'Œuvre, situé dans le VIIe arrondissement de Paris, à l'angle de la rue Jean-Nicot, aime à recevoir des conférenciers prestigieux appartenant au monde des affaires. Parmi eux, Claude Bébéar, PDG du groupe d'assurances Axa, l'ancien président du CNPF Yvon Gattaz ou Michel Albert, inspecteur des Finances et habitué des hauts postes. Ce dernier préside par ailleurs l'Union internationale chrétienne des dirigeants d'entreprise, un réseau de patrons qui a toutes les sympathies de l'Œuvre.

L'Opus Dei, réseau à tendance conspirative ? En Espagne l'affaire Matesa, en Italie le scandale de la banque Ambrosiano, en France l'assassinat de Jean de Broglie, considéré comme proche, en convictions et en affaires, de l'Œuvre, jettent quelques doutes sur sa dimension uniquement spirituelle.

En vérité, l'Opus Dei procède par infiltration. Dans le secret de leur croyance, des banquiers, des universitaires, des cadres supérieurs, que rien ne distingue en apparence, baisent le sol chaque matin, assistent à au moins un office religieux par jour et portent régulièrement le cilice pour se mortifier. Et se conformer ainsi à leur profil de moines civils.

Comme tous les réseaux de ce type, l'Opus Dei repose sur un système pyramidal, composé à la base de « cellules » qui travaillent à la tâche qui leur est assignée sans rien connaître de l'ensemble de la structure à laquelle elles doivent obéissance. A sa manière, opaque, internationale, très hiérarchisée, et avec la force de frappe qu'apporte son infiltration au cœur même du Saint-Siège, l'Œuvre continue l'éternel combat contre le modernisme commencé bien avant sa naissance...

Du côté des « modèles »

Du docteur Martin à Jean Ousset, de la Cagoule à l'OAS, la référence à Trotsky demeure, pivot inattendu autour duquel s'organise un étrange ballet de fascination-répulsion. Mais que sont devenus les héritiers de l'ancien commandant en chef de l'Armée rouge ?

Il y eut, un temps, les réseaux du communiste égyptien Henri Curiel, qui jouèrent un grand rôle dans le soutien au FLN, surtout après le démantèlement d'une partie des équipes mises en place par le sartrien Francis Jeanson. Mais deux « familles » se mobilisèrent aux côtés des nationalistes algériens : les catholiques de gauche et les trotskistes. Les premiers, en conscience, ne peuvent cautionner l'existence de citoyens de seconde zone de l'autre côté de la Méditerranée. Sans parler de la torture. Les seconds s'engouffrent dans la brèche ouverte par les débordements du pouvoir, sous la IVe, puis sous de Gaulle.

La fin de la guerre d'Algérie, à l'extrême gauche, ne sonne nullement le tocsin de l'espérance révolutionnaire. Ceux qui sont alors près de céder à la violence n'appartiennent d'ailleurs pas à la mouvance trotskiste, mais maoïste. Après 1968, la « Gauche prolétarienne », qui enrôle parmi ses dirigeants

Alain Geismar, leader charismatique du mouvement de mai, et Serge July, crée une structure clandestine baptisée Nouvelle Résistance Populaire. Celle-ci peut inscrire à son tableau de chasse l'enlèvement avorté d'un député gaulliste, Michel de Grailly, la détention très médiatisée de Robert Nogrette, cadre chez Renault, après l'assassinat du militant Pierre Overney par les milices patronales. Les « clandestins » ont aussi voulu s'emparer de Touvier et d'un autre de ses collègues miliciens, et ont de justesse renoncé au rapt de Henri de Wendel. Mais toujours, ces coups d'éclat sont réalisés à l'aide d'armes non chargées, afin d'être sûr de n'avoir pas à tirer.

Alain Krivine, insubmersible gardien de la chapelle trotskiste concurrente, prêche pour sa paroisse : « Si le terrorisme ne s'est pas développé en France comme en Allemagne ou en Italie, c'est grâce à la présence d'une extrême gauche puissante dans l'après-Mai, notamment à la Ligue, qui a donné des perspectives à des gens qui auraient pu sombrer dans le désespoir. »

Le trotskisme, en effet, occupe son militant. D'abord grâce au folklore conspiratif qui accompagne la moindre réunion, la moindre action. Le B-A BA, en la matière, consiste en un second baptême. L'intronisation dans une organisation trotskiste s'accompagne de l'adoption d'un pseudonyme. « Il s'agissait, raconte un ancien, de pouvoir à tout moment plonger dans la clandestinité en cas de besoin. Pas à la suite d'un complot ou d'un coup d'Etat, ce n'était pas le genre de la maison. Mais pour faire face à une éventuelle répression policière, au cas où les "masses" décideraient enfin de faire la révolution. » Les pseudonymes survivent d'ailleurs au militantisme actif. Des années après la fin de leur engagement, les ex-trotskistes se souviennent parfois plus facilement du pseudonyme que de l'identité véritable de leurs anciens camarades.

Des « noms de guerre » donc, mais pas d'armes.

« A quoi auraient servi des complots du même type que la Cagoule ou que l'OAS ? Nous aurions alors été en contravention avec notre propre logique, expose un ancien. Nous travaillions pour que le peuple se soulève, pas pour faire un putsch. » Tout au plus l'organisation demande-t-elle parfois à un militant de donner ses papiers d'identité. Pourquoi ? Le principal intéressé l'ignore, même s'il ne lui est pas très difficile d'imaginer qu'ils vont servir à un camarade qui rencontre des problèmes pour passer les frontières. Au bout de quelques semaines, on lui indique qu'il peut faire une déclaration de perte au commissariat...

Entre clandestinité et institutionnalisation, des mouvements comme la Ligue communiste révolutionnaire, représentante officielle, en France, de la Quatrième Internationale, ou la maison dissidente, le Parti communiste internationaliste (PCI) de Pierre Boussel-Lambert, ont toujours navigué dans l'ambiguïté. Longtemps ont ainsi existé des « réunions pile » et des « réunions face ». Les premières, clandestines, étaient réservées au noyau dur de l'appareil. On y discutait des objectifs réels du mouvement. Les secondes, dotées d'une existence officielle, étaient destinées à fidéliser les sympathisants, et offraient donc le spectacle d'un « trotskisme à visage humain ». Presque de l'électoralisme !

Cette organisation n'a jamais permis de lever des légions considérables de militants. Au meilleur de sa forme, la Ligue n'a jamais atteint 4 000 adhérents. Seules les périodes de crise procuraient l'exquise ivresse d'emmener, dans les rues de Paris, des dizaines de milliers de manifestants. Abandonnée depuis, la stratégie du secret continue de sévir à Lutte ouvrière.

Créée sous l'Occupation par quelques militants ouvriers partageant les convictions de la IVe Internationale, cette organisation doit sa notoriété aux candidatures présidentielles d'« Arlette ». A-t-on jamais interrogé la candidate Laguiller sur sa vie privée, sans mari et sans enfant ? Celle-ci élude toujours une question si bourgeoisement anecdotique. Pourtant, la vie privée obsède tant les cadres de « LO » qu'ils sont fermement invités à n'avoir ni conjoint, ni enfant, afin de ne pas dissoudre la fibre révolutionnaire dans le ciment familial. Structurée de manière concentrique autour d'un noyau dur de dirigeants inconnus, dont l'insubmersible « gourou » porte le pseudonyme de « Hardy », Lutte ouvrière n'est que la face visible d'une structure « pile » parfaitement clandestine, l'« Union communiste ». Seul élément identifié de cette organisation, Arlette Laguiller n'en est pas la dirigeante. Telle la marionnette qui la représente dans « Les guignols de l'info », sur Canal Plus, Arlette défend, inlassablement, une ligne politique décidée par d'autres.

La méthode du coucou

Ce goût du secret, du cloisonnement, de l'anonymat répond certes au décorum indispensable pour se préparer au Grand Soir, au cas où... Surtout, il correspond à un impératif quasiment consubstantiel à la qualité même de trotskiste : l'entrisme. Vieux comme la IVe Internationale, le principe consiste à s'infiltrer dans une organisation neutre, voire hostile, dans le but de la diviser, de l'affaiblir, de la contrôler ou, dans certains cas, d'en prendre le contrôle.

Michel Rocard le constata à ses dépens peu de temps après son arrivée à Matignon. A l'automne 1988, les infirmières sont dans la rue. Très vite, une « coordination » prend la tête de la contestation, brouillant ainsi les cartes dans le jeu habituel de la négociation entre syndicats et gouvernement. Le mercredi 19 octobre, la garde rapprochée de Michel

Rocard se réunit dans le bureau de son directeur de cabinet, Jean-Paul Huchon. Cette « cellule de crise » improvisée soupçonne le député de l'Essonne Julien Dray de complot contre le Premier ministre auquel il a solennellement voté la confiance, quelques mois auparavant.

Ce que les conseillers de Matignon ignorent peut-être, c'est qu'à l'instant même où ils vitupèrent contre le conspirateur, les infirmières qui réclament, dans la rue de Varenne, devant le portail de Matignon, une entrevue avec Michel Rocard en personne sont soigneusement encadrées par un permanent de la Ligue communiste révolutionnaire à laquelle appartint Julien Dray. A la Ligue, c'est Serge Roux, membre du bureau politique et permanent syndical CFDT à l'hôpital Sainte-Anne, qui assure la cohésion de la coordination infirmière. En contact régulier avec lui, Julien Dray trouve sans peine un terrain d'entente que le gouvernement cherche désespérément depuis plusieurs jours, au cours de négociations nocturnes infructueuses.

Le dénouement est simple comme une manœuvre trotskiste : tandis que Claude Evin, le très rocardien ministre des Affaires sociales, discute en vain avec les syndicats, Julien Dray s'entend avec la coordination nationale dans son dos et livre le résultat de ses intéressants pourparlers à l'entourage élyséen, où l'on ne meurt pas d'amour pour le Premier ministre. Une manière comme une autre de nuire à Rocard et aux siens, menée en solo par un proche de Laurent Fabius, Dray. Et voilà comment le trotskisme se met, occasionnellement, au service de sournoises batailles de courants au sommet de l'Etat.

Mais la Ligue s'est aussi efforcée d'infiltrer les syndicats, surtout la CFDT, avec quelques résultats dans le secteur de l'éducation, à la fédération des Finances, dans les métiers de la santé et à la SNCF. Ainsi la grande grève des cheminots de l'hiver 1986 partit-elle de deux dépôts « noyautés » : Paris-Nord et Rouen-Sotteville. C'est au siège même de la LCR, rue de Tunis, que dès le mois d'octobre, des réunions préparèrent le mouvement. Dans son numéro du 2 octobre 1986, *Rouge*, l'hebdomadaire de l'organisation, ne cachait pas ses objectifs : « Le mode d'organisation prôné est celui des autonomes. Forts dans un secteur particulier, ils parlent réellement au nom de ce secteur et sont donc incontournables pour négocier. » Sage pratique de déstabilisation, en ces temps où le syndicalisme ne représente plus que lui-même... La même manœuvre se reproduira en décembre 1995 lors de la grève des transports.

Une bonne coordination, foi d'agitateur, n'est rien sans un appui logistique dans un appareil syndical. Les batailles entre les partisans d'Alain Krivine à la LCR et ceux de Pierre Lambert (de son vrai nom Pierre Boussel) au PCI se jouent parfois établissement par établissement, profession par profession. La LCR, lors des grèves infirmières de 1988, contrôlait ainsi la Pitié-Salpêtrière et Sainte-Anne, à Paris, ainsi que la plupart des hôpitaux psychiatriques de banlieue. Le PCI avait investi l'hôpital Lariboisière, à Paris, et affirmait sa prééminence dans le secteur de la radiologie.

Combats d'arrière-garde ? A une notable exception près. Le PCI a vécu des années durant grâce aux sinécures octroyées par Force ouvrière. Le noyautage a commencé du temps d'André Bergeron, secrétaire général du syndicat, qui a su jouer habilement des différentes tendances animant cette organisation traditionnellement anticommuniste.

L'osmose avec FO s'est réalisée d'autant plus facilement que les militants du PCI sont souvent francs-maçons, à l'instar de leur chef Pierre Lambert. Quelques loges, comme l'atelier Eugène Varlin à Villeurbanne, sont ainsi acquises à la cause lambertiste. Cet entrisme dans l'univers maçonnique fait grincer des dents à la tête du Grand Orient de France. Au point que certains dignitaires ont soupçonné l'ancien Grand Maître Patrick Kessel d'appartenir à la mouvance du PCI. Ancien militant de la LCR, celui-ci a participé, dans les années 70, à une scission dont la plupart des auteurs ont rallié les lambertistes. Les opposants à Patrick Kessel, dans la hiérarchie du Grand Orient, assuraient donc qu'il faisait partie des 500 « agents dormants » du PCI, dont l'identité n'est connue que de Pierre Boussel-Lambert et, éventuellement, de ses lieutenants. Une affiliation que le principal intéressé dément farouchement.

Ces intrigues ne peuvent déplaire aux dirigeants de Force ouvrière, où la référence au « grand architecte de l'Univers » est plutôt bien portée. Or, l'alliance objective avec la direction du syndicat a longtemps été vitale pour le PCI. Elle l'est moins depuis que FO a perdu, au printemps 1996, la gestion des caisses d'assurance-maladie.

André Bergeron, quand il était secrétaire général de FO, avait pour bras droit, chargé de l'organisation, Roger Sandry, un ami personnel de Lambert.

Et les trotskistes savent manœuvrer efficacement lors de sa succession. Le candidat de Bergeron, Claude Pitous, est battu par Marc Blondel. Le PCI a lâché Bergeron. En remerciements, Marc Blondel s'empresse, dès son intronisation, de nommer comme secrétaire confédéral à l'organisation le trotskiste Claude Jenet. Surtout, il permet au PCI de ramasser les miettes du pactole que représente l'assurance-maladie : infrastructures, permanents syndicaux, emplois « allégés ». Jacques Mairé, l'adversaire de Marc Blondel pour sa réélection en 1996, avait d'ailleurs axé une partie de sa campagne sur la dénonciation de l'influence trotskiste, exagérée par rapport au nombre de ses adhérents. Mais Blondel l'a emporté... grâce au soutien sans faille des trotskistes, justement.

Las ! 1996 restera pourtant dans les annales de FO comme une année funeste. En quelques mois, la centrale syndicale perd la gestion de la CNAM, avant de se faire battre aux élections dans les deux tiers des caisses primaires d'assurance-maladie.

Les « syndicalistes » du PCI ont par ailleurs longtemps considéré la CNAM comme un laboratoire dans lequel ils étaient chez eux, et pouvaient tester en grandeur nature leur pouvoir de nuisance. MM. Rochette et Poulet, représentant respectivement la fédération FO des employés et celle des cadres de la Sécurité sociale, se sont ainsi évertués, non sans un certain talent, à faire capoter, au début des années 90, un projet de modernisation de la classification des personnels. Le promoteur de cette réforme ? Gilles Johannet, alors directeur de la CNAM. Un dangereux réactionnaire ? Ultralibéral ? Pas exactement : ce magistrat à la Cour des comptes a été le conseiller de Pierre Mauroy à Matignon entre 1981 et 1984. Mais aux yeux des lambertistes, c'est peut-être pire. Au nom de cette « stratégie révolutionnaire », en tout cas, ces deux « internationalistes » ont obtenu le retour de la promotion à l'ancienneté. A chacun ses barricades !

« Les lambertistes avancent toujours masqués, raconte un connaisseur. Ils utilisent la notoriété de tel ou tel, puis le lâchent sans crier gare. C'est ce qui est arrivé à l'avocat Denis Langlois, qu'ils ont instrumentalisé dans toutes les protestations contre la guerre du Golfe. En plus, quand on leur reproche leurs méthodes, ils n'hésitent pas à pratiquer l'intimidation du genre : "Mais tu sais, on a ton adresse personnelle." Un genre de méthode qui a permis aux lambertistes d'étendre progressivement leur influence et de s'infiltrer par exemple chez les libres-penseurs et de congédier sans ménagements leur président. »

Rouge-brun : le mariage des extrêmes

Les conspirateurs infatigables en sont convaincus : le complot qui réussit, c'est toujours le suivant. Comment expliquer autrement, dans le siècle, l'éternel recommencement de réseaux fondés sur la déstabilisation ? Même si les causes d'autrefois semblent aujourd'hui en panne, les réseaux de conspiration contre la République n'ont pas totalement disparu. Une étrange alliance objective entre les plus staliniens des communistes et une frange de l'extrême droite antisémite, une complaisance de l'ultra-gauche à l'égard du négationnisme donnent naissance à un réseau neuf, assez structuré pour mener d'actives campagnes en noyautant quelques médias, mais suffisamment fluide pour multiplier les démentis sur son existence.

Ainsi de ce groupuscule né autour d'un journaliste, inconnu du grand public. Marc Cohen collabore activement au « Vrai journal » de Karl Zéro, sur Canal Plus. Membre du Parti communiste français, ancien dirigeant de l'UEC (Union des étudiants communistes), il a commencé sa carrière journalistique sur les ondes de TSF, la radio communiste financée par le Conseil général de Seine-Saint-Denis dont il a dirigé le service politique. Mais c'est comme co-rédacteur en chef de *L'Idiot international*, le journal iconoclaste rageur et violent de Jean-Edern Hallier, qu'il a donné, si l'on ose dire, le meilleur de lui-même.

L'actif « agitateur d'idées » qui peut exciper de ce glorieux CV anime également le « Collectif communiste des travailleurs des médias ». Une institution aussi inconnue que lui, mais qui représente, avec feu *L'Idiot international*, l'un des lieux de retrouvailles des réseaux « rouges-bruns ».

« Rouge-brun » ? Rouge comme le drapeau communiste, brun comme l'uniforme fasciste. Ce trait d'union concerne bien entendu un nombre restreint de gens. Pourtant, un tel réseau n'est pas anodin. Car il s'emploie à banaliser les discours racistes et négationnistes. Cette étrange mouvance fut démasquée, à la fin des années 80, par l'écrivain Didier Daeninckx. Le crâne dégarni, cheveux longs et raides, moustache soulignée d'un petit triangle de barbe, cet auteur réputé de romans policiers s'est un jour glissé dans la peau d'un des détectives auxquels il prête vie dans ses romans.

Lors d'une manifestation de soutien aux « Dix de Billancourt », des militants syndicaux de Renault licenciés par la direction, en 1989, *L'Idiot international* est massivement diffusé sous la haute protection du service d'ordre de la CGT. En feuilletant le numéro, daté du 8 novembre 1989, Daeninckx découvre un article violemment antisémite intitulé « Les élus du peuple élu toujours en place » et sous-titré ainsi : « Les Juifs du PS encore un peu plus rongés de l'intérieur par les copinages de fin de règne de Mitterrand. » Le journal anticonformiste dirigé par l'écrivain provocateur abriterait-il une amicale de la haine ?

Un autre papier fait scandale dans les colonnes de *L'Idiot* en mai 1993. « Vers un front national », un titre on ne peut plus explicite, enterre les clivages gauche-droite au profit d'une « politique autoritaire de redressement du pays » fondée sur « l'alliance des communistes et de la droite catholique, nationale, militaire et maurrassienne... », afin de restaurer « la grandeur des nations contre la balkanisation du monde sous les ordres de Wall Street, du sionisme international, de la Bourse de Francfort et des nains de Tokyo ».

Cette prose est signée Jean-Paul Cruse. Un militant pur et dur du Front national ? Erreur. Ce syndicaliste CGT est alors journaliste à *Libération* et membre du conseil de surveillance du quotidien. Certes, il n'a guère écrit depuis des années, à la suite d'une brouille avec Serge July, qu'il côtoyait déjà au bureau politique de la très maoïste Gauche prolétarienne.

Au lendemain de la publication de cet article, le « Collectif communiste des travailleurs des médias » se félicite de la « légitime colère » qui y est exprimée. Son patron, Marc Cohen, est par ailleurs un ami de Jean-Paul Cruse. Heureuse coïncidence. Tous ces joyeux lurons se réunissent au 120 de la rue Lafayette, au siège de la Fédération parisienne du PCF, qui met à sa disposition bureaux, téléphones et fax. Parmi les participants à ces symposiums, Thierry Séchan, frère du chanteur Renaud, et chargé de mission au Conseil général communiste de Seine-Saint-Denis, collaborateur à *L'Idiot international* et au magazine d'extrême droite *Le Choc du mois*, Alain Sanders, rédacteur en chef du quotidien lepéniste *Présent*, et Bruno Tellenne alias Basile de Koch, rédacteur en chef de la revue anticonformiste *Jalons*.

A *L'Idiot international*, Marc Cohen retrouve un autre de ses « camarades ». Edouard Limonov, écrivain franco-russe, fut punk et dissident avant de devenir l'un des porte-étendard du sinistre Jirinovski, qui veut réveiller en Russie un courant national-bolchevique, xénophobe et antisémite. A Moscou, Limonov s'active en sa faveur. A Sarajevo, aux côtés des milices serbes, il ne désavoue pas l'épuration ethnique. A Paris, il raconte ses guerres indifféremment dans le magazine communiste *Révolution* ou dans la feuille d'extrême droite *Le Choc du mois*.

Le journal de Jean-Edern Hallier est donc le carrefour où se côtoient les « rouges-bruns ». Plusieurs journalistes de *Révolution*, l'hebdomadaire du PC, y collaborent, de même que Patrick Besson, longtemps écrivain-fétiche de *L'Humanité*. Ces pigistes ignorent-ils les antécédents de leurs voisins de colonnes ? D'Alain Sanders de *Présent* ? Mais aussi de Marc-Edouard Nabe qui se dit écrivain et spécialiste de « l'injure littéraire », si possible à consonance raciste ? Alain de Benoist soi-même, le gourou de la « Nouvelle — et néanmoins extrême — Droite » dans les années 70, a les honneurs de *L'Idiot*. Il est aussi invité à plusieurs reprises par Marc Cohen au micro de TSF, et convie celui-ci en retour à débattre sur « la recomposition du paysage intellectuel français » sous l'égide de la revue *Eléments*, le journal du GRECE, noyau dur de la Nouvelle Droite.

Au printemps 1992, Alain de Benoist est reçu en grande pompe par le très orthodoxe Institut de recherches marxistes (IRM) à l'occasion d'un débat avec Arnaud Spire, l'éditorialiste de *L'Humanité*, sur « le réveil de l'esprit critique ». Dans la salle de la Mutualité, où se déroule l'événement, on aperçoit, entre autres, Antoine Casanova, membre du Comité central du Parti chargé des relations avec les intellectuels, et Francette Lazard, membre du bureau politique et présidente de l'IRM. Se sont-ils trompés de salle ? En tout cas, cet excellent auditoire écoute l'orateur expliquer qu'au clivage gauche-droite, à ses yeux dépassé, avait succédé un « centre » et une « périphérie ». « Le premier est l'idéologie dominante, la seconde rassemble tous ceux qui n'acceptent pas cette idéologie », poursuit-il avant de conclure par une main tendue : « Un débat peut s'instaurer dans la périphérie entre tous. »

Plus extravagant encore, la direction du Parti communiste n'hésite pas à soutenir Jean-Edern Hallier et son *Idiot international*... Financièrement et médiatiquement. Le 28 décembre 1991, Hallier publie l'intégralité d'un discours d'Alain de Benoist en clôture du XXVe congrès du GRECE. François Hilsum, membre du Comité central du PCF, s'indigne. Des propos tenus ? Non, des amendes que le journal est obligé de payer pour diffamation et qui mettent en péril sa survie.

A cette époque, François Hilsum est aussi le PDG des Editions Messidor, « filiale » du Parti communiste. Il signe en 1990 un contrat fort avantageux pour Jean-Edern Hallier. Il y est convenu de créer une collection de pamphlets intitulée « L'Idiot international » et de publier les éditoriaux de Jean-Edern. Et celui-ci, en gage d'amitié, perçoit dans les semaines qui suivent la somme de 500 000 francs au titre d'à-valoir. Seul résultat concret de cette coûteuse collaboration : la publication, fin 1990 par Messidor, de *Conversation au clair de lune*, un livre d'entretiens énamourés de « Jean-Edern » avec « Fidel » (Castro). Et lorsqu'en 1991, *L'Idiot* connaît des problèmes financiers de plus en plus graves, François Hilsum propose de mettre des bureaux à la disposition du journal. La mobilisation des salariés de la maison d'édition le contraint à y renoncer.

Une fois cette maison disparue, son directeur littéraire, Francis Combes, crée une nouvelle enseigne, Le temps des cerises. Parmi les ouvrages publiés, le recueil des chroniques de Patrick Besson dans *L'Idiot international*, et, surtout, un livre de Roger Garaudy. C'était, certes, avant que l'ancien communiste se lance dans une campagne révisionniste à destination du grand public. Mais son éditeur pouvait-il ignorer qu'il collaborait, depuis 1991, à la revue d'extrême droite *Nationalisme et République* animée par des « révisionnistes » niant la réalité du génocide des Juifs comme l'universitaire lyonnais Bernard Notin ?

Une « vieille taupe » répugnante

Dans une remarquable étude publiée par la revue *Esprit* sur les réseaux négationnistes et leurs stratégies[1], le philosophe Pierre-André Taguieff rappelle une très gênante « exception française » : « Le négationnisme antisioniste contemporain est

1. *Esprit*, n° 224, août-septembre 1996.

d'abord, plus particulièrement en France, un avatar du gauchisme et de l'ultra-gauche. » Ce courant ne rencontrera que plus tard la droite la plus extrême, qui n'hésite pas à revendiquer une part de l'héritage nazi.

Historiquement, deux personnages a priori dissemblables « inventent » le révisionnisme. Maurice Bardèche, le beau-frère de Robert Brasillach, publie en 1948 *Nuremberg ou la terre promise*, qui émet des doutes appuyés sur l'existence des camps de la mort, considérant que les Alliés les utilisent pour masquer leurs propres crimes et les Juifs pour obtenir un territoire national. Paul Rassinier, ancien communiste, cadre de la tendance pacifiste dans la SFIO d'avant-guerre, déporté pour faits de résistance, offre un profil plus convenable. Sauf qu'en 1950, il publie dans la même veine *Le Mensonge d'Ulysse*, un écrit ouvertement négationniste dont Bardèche va s'emparer avec enthousiasme.

Bardèche séduit l'extrême droite, Rassinier l'extrême gauche. Et ces chapelles finissent par se retrouver. Dès 1967, après la guerre des Six Jours, paraît un numéro de *Défense de l'Occident* où l'on trouve les signatures de Maurice Bardèche — qui dirige un mensuel à diffusion confidentielle —, de Paul Rassinier et de François Duprat, son dauphin qui rejoint le Front national en 1974 pour devenir l'un des plus proches de Le Pen. Mais Duprat disparaît dans un curieux accident en 1978 : sa voiture explose.

Tant pis, le combat continue sous la houlette de quelques militants perdus de l'ultra-gauche, qui n'hésitent pas à faire cause commune avec les « bruns ». En 1979 renaît en effet La Vieille Taupe. Derrière cette étrange raison sociale se cache une maison d'édition qui diffuse à cette époque les thèses du professeur de lettres Robert Faurisson, autre Lyonnais et héritier spirituel de Paul Rassinier. Lors de sa création, en 1967, La Vieille Taupe était une librairie du Quartier latin vouée à la littérature d'ultra-gauche. Mais son animateur, Pierre Guillaume, ancien du groupe « Socialisme ou barbarie », vire sa cuti dans les années 70, publiant alors un bulletin ouvertement négationniste *La Guerre sociale*. En avril 1980, un chercheur au CNRS jusqu'alors supposé antiraciste, Serge Thion, signe sous le patronage de La Vieille Taupe un livre reprenant l'essentiel des thèses de Faurisson.

Quelques groupuscules s'engouffrent dans la même brèche. On voit ainsi les bordiguistes, disciples d'Amadeo Bordiga, exclu du Parti communiste italien dans les années 20, se rallier à ce courant en éditant un grand « classique », *Auschwitz ou le grand alibi*, qui sera repris par La Vieille Taupe. Leur leitmotiv ? Le nazisme n'est qu'une excroissance du capitalisme, les camps n'ont servi qu'à surexploiter une main-d'œuvre qu'il n'était donc pas « rentable » d'exterminer, et l'horreur de la Shoah nous serait rappelée pour mieux masquer la monstruosité du système libéral.

Ultime illustration spectaculaire de cette connivence des extrêmes : l'affaire « Garaudy-Abbé Pierre », qui n'a rien à voir avec les simples hasards de l'amplification médiatique. Quand La Vieille Taupe publie, fin 1995, le pamphlet révisionniste de Roger Garaudy *Les Mythes fondateurs de la politique israélienne*, Pierre Guillaume a déjà préparé son plan de bataille. Il sait que l'image de Roger Garaudy auprès du grand public est celle d'un homme de gauche. Ne fut-il pas l'un des grands intellectuels du PC pendant vingt ans ?

Le 15 décembre, Pierre Guillaume écrit donc aux « Amis de La Vieille Taupe » pour leur annoncer la parution imminente du livre de Roger Garaudy, en taisant encore le nom de l'auteur, en vertu d'une classique recette publicitaire : « Cette prise de position sera sans aucun doute une étape décisive, parce qu'elle est de nature à libérer la parole de nombreux révisionnistes "dormants". »

Le livre est d'abord diffusé dans un milieu restreint et averti, qui le fait connaître à quelques journalistes. Les instigateurs de la manœuvre attendent patiemment que l'indignation monte. Le 18 avril 1996, Me Jacques Vergès assiste Roger Garaudy pour une conférence de presse où il rend publique la lettre de soutien de l'abbé Pierre. Emotion garantie. Dès le lendemain, Robert Faurisson publie — depuis la ville de Vichy ! — un communiqué de victoire : « Je suis heureux parce que je vois des gens à la mode reprendre à leur compte ce que je me suis tué à répéter pendant près d'un quart de siècle... »

Le négationnisme, comme le note Pierre-André Taguieff, est ainsi sorti des frontières de la secte où il était jusqu'alors cantonné. Rouges-bruns ou gauchistes perdus ensemble dans le révisionnisme tentent toujours, comme leurs ancêtres de la Cagoule, de poser des bombes. Celles-ci sont destinées à exploser d'abord dans les médias, puis à faire leur chemin dans l'esprit public. Conspirer, c'est aussi cela.

CHAPITRE VIII

Se protéger

Il avait beau s'être fait discret, au fond de l'église en ce matin froid de février 1994, la plupart des fidèles l'avaient reconnu et étaient allés le saluer. Ce n'était guère prudent, mais on était entre soi. Paul Touvier, dissimulé derrière d'épaisses lunettes fumées, savourant ses derniers instants de liberté avant son procès, se disait sans doute que celui qu'on enterrait ce jour-là méritait bien qu'il fût sorti de sa tanière pour lui rendre un dernier hommage.

C'est que pour les nostalgiques d'un ordre ancien, le défunt, âgé de 68 ans, avait été, près de cinquante années durant, l'indéfectible pilier d'une chaîne d'aide et de solidarité aux anciens épurés.

Jean-Pierre Lefevre, que Touvier et ses amis pleurent ce jour-là dans l'église de Saint-Mandé, est connu dans les milieux pénitentiaires comme un visiteur de prison dévoué de la centrale de Melun. Mais cet ancien de la division SS Charlemagne — il avait 19 ans en 1944 — s'intéressait aussi aux anciens détenus politiques qui avaient connu les rigueurs des geôles après la Libération.

Si la Résistance a fourni des modèles de réseaux qui se sont perpétués après guerre, la solidarité entre anciens collaborateurs est à sa manière un modèle du genre. Robert Paxton, l'historien américain de *La France de Vichy*[1] n'est pas loin de penser que les liens tissés, par exemple, entre tous les grands commis de Vichy ont été encore plus solides que les amitiés nouées dans le maquis. « Les résistants s'attendaient à gouverner, écrit-il. Or, la "République du silence", pour reprendre l'expression de Sartre, s'effondre dès qu'elle devient un appareil de gestion administrative (...) Des "brebis galeuses" reviennent au pouvoir après 1953 (...) Une partie de l'élite est sortie intacte de cinq années de vicissitudes. Savoir qui a surnagé, qui a sombré, et surtout savoir pourquoi est très révélateur en soi. »

Des liens occultes, des solidarités méconnues, des services autrefois rendus, expliquent que des personnalités aussi différentes et aussi inégalement compromises qu'Eugène Schueller, fondateur de L'Oréal et financier de la Cagoule, René Bousquet, le haut fonctionnaire de Vichy, ou Georges Albertini, l'organisateur du RNP, ont pu à la fois se protéger des rigueurs de l'épuration et protéger à leur tour d'autres compagnons moins épargnés.

1. Seuil, 1974.

Difficile à imaginer, mais plus de cinquante ans après les premiers procès de la Collaboration, la confrérie des épurés, condamnés le plus souvent pour « intelligence avec l'ennemi » et qui écopèrent de peines infamantes, travaux forcés ou indignité nationale, bouge encore.

Le complot des soutanes

Catholique intégriste comme la plupart de ces proscrits, Jean-Pierre Lefevre a très vite compris l'intérêt pour lui et ses semblables de s'appuyer sur cette chaîne de solidarité discrète et bienveillante formée par des ecclésiastiques qui ont pris l'initiative de protéger plus d'un collaborateur en France, en Suisse et en Italie.

Le patron de la Milice, Joseph Darnand, est ainsi hébergé par les moines du couvent des Serviteurs de Marie à Notre-Dame de Tirano, en Italie du Nord, avant d'être arrêté par les Anglais. Sa femme et son fils Philippe sont admis à Rome au couvent des Sœurs de la Merci. Et pour subsister, Philippe Darnand devient même speaker de Radio-Vatican !

Marcel Déat, le chef du Rassemblement national populaire (RNP), est, lui, pris en charge avec sa compagne Hélène par la commission pontificale à la frontière italienne. Ils arrivent de Sigmaringen où ils se sont réfugiés après avoir fui Paris en août 44. Leur protecteur ? Le cardinal Eugène Tisserant, qui a pourtant été tout au long de l'Occupation à couteaux tirés avec le très germanophile Pie XII.

La conversion au catholicisme de Déat à son arrivée en Italie et son mariage religieux avec sa compagne ont-ils impressionné le cardinal ? Mgr Tisserant, envoyé spécial du Vatican à Paris au lendemain de la Libération, a âprement négocié avec de Gaulle les nombreux cas litigieux des évêques français « compromis » avec Vichy, et il s'effraie un peu vite des rumeurs qui circulent sur « l'épuration sauvage et arbitraire » qui toucherait des centaines de milliers de Français ! Du coup, il en vient à considérer avec une relative indulgence ce « couple charmant persécuté par la police française »...

Comme beaucoup d'autres Monsignore, il pense que la lutte anticommuniste est devenue la priorité. Ironie de l'Histoire : tandis qu'il protège Déat en Italie, il se lie d'amitié en France avec le n° 2 du RNP, Georges Albertini, recyclé comme expert en antisoviétisme. Au point qu'il devient même une plume occasionnelle de la revue d'Albertini, *Est et Ouest*, jusqu'à sa mort en 1972.

Dans son refuge près de Turin, Marcel Déat, qui se fait appeler Joseph Le Roux, coule des jours paisibles avec sa femme rebaptisée Hélène Buridant. Il y meurt en 1955, tandis que sa femme lui survivra pendant plus de quarante ans. Malade et vieillissante, elle finit par rentrer en France, dans la région de Marseille, puis à Châtenay-Malabry chez sa nièce où elle décède le 24 juin 1995.

Bien d'autres collaborateurs empruntent ce que les RG et la DST de l'époque appellent « la voie des couvents » ou, moins aimablement, « la route des rats ». Georges Dumoulin, ancien secrétaire général de la CGT, recyclé au RNP de Marcel Déat, s'est caché dans un couvent de l'Eure jusqu'en 1951. Il en ressort converti. Raphaël Alibert, garde des Sceaux de Pétain et auteur des lois antijuives, se terre, lui, quelques mois chez des cisterciens. Marc Augier, chargé de mission du ministre Jean Zay sous le Front populaire, engagé sur le front de l'Est pendant la guerre et journaliste du *Combattant européen*, l'hebdomadaire de la LVF et de *Devenir*, la revue des SS français, va s'abriter en Argentine chez des bénédictins. Auparavant, il aura accompli tout un périple grâce à de charitables complicités. Celle des pères salésiens à Turin, puis des bénédictins de la rue de la Source, à Paris.

Un couvent paisible et commode que ce bâtiment : il bénéficie d'une double entrée, dont une très discrète pour ceux qui veulent s'esbigner sans se faire remarquer. Georges Soulès, un des patrons du MSR, un parti collaborationniste, louera d'ailleurs chaudement l'hospitalité de ce havre dans son second roman, *Les Yeux d'Ezechiel sont ouverts*, paru en 1949 sous une nouvelle identité, Raymond Abellio.

Mais les policiers de la DST viennent troubler la quiétude des lieux en 1947. Lors d'une perquisition, ils découvrent un stock de faux papiers d'identité. Seulement voilà, plus de traces des « rats » qui ont été opportunément avertis de la visite. Le responsable des lieux, Dom Olph Gaillard, résiste à la curiosité policière. Toutefois, les « réfugiés » sont désormais contraints d'être encore plus discrets.

Les filières ne sont pas dissoutes pour autant. Les gendarmes qui se sont lancés en mai 89 à la recherche du milicien Paul Touvier en découvrent une qui ne doit pas seulement au hasard des rencontres et à la pitié que l'ancien milicien a su inspirer. C'est un réseau militant, qui partage avec Touvier la même haine des francs-maçons, des Juifs et de tous les démocrates. Ainsi, la « Fraternité Notre-Dame de la Merci », dont le très dévoué Lefevre est alors le secrétaire général, agit en toute conscience « politique ».

Une bien curieuse association dont le lointain parrain est un abbé lyonnais, Stéphane Vautherin, qui s'est autoproclamé pendant la guerre aumônier de la Milice. Cet abbé de choc avait aussi fondé un mouvement de jeunesse anti-bolchevique, les « Chevaliers de Notre-Dame ». A la Libération, tandis qu'il médite en prison, son association est reprise par un de ses jeunes disciples, Gérard Lafond, dont le père, propriétaire du *Journal de*

Rouen, s'est compromis dans la Collaboration. Le 6 août 1945, Gérard Lafond, qui vient de prononcer ses vœux à l'abbaye de Saint-Wandrille, rebaptise les fameux Chevaliers en leur donnant une appellation latine, « Militia Sanctiae Mariae ». Et il crée une « filiale », la Fraternité Notre-Dame de la Merci, spécialisée dans l'aide aux prisonniers. Ceux de 1945, bien sûr, mais aussi quelques années plus tard les soldats perdus de l'OAS !

Les Chevaliers de Notre-Dame, qui ont encore aujourd'hui pignon sur rue près de la basilique de Montmartre et possèdent un château près de Chartres, n'ont jamais cessé de s'activer. Non seulement ils avaient pris l'habitude d'assurer le service d'ordre du chemin de croix du vendredi saint du cardinal Lustiger au Sacré-Cœur, Jean-Pierre Lefevre en tête — curieuse alliance de la francisque et du goupillon ! — mais leurs réseaux sont encore omniprésents lors de l'anniversaire du baptême de Clovis en septembre 1996. La fabrication des 253 bannières brodées qui ont accueilli Jean-Paul II à Reims a été coordonnée par un Chevalier, le sieur Pinson. De même, c'est un autre Chevalier, Edmond Fricoteaux, notaire et président de la Confrérie Notre-Dame de France, qui a organisé un grand pèlerinage en septembre 1996, menant des milliers de fidèles de la statue de la Vierge qu'il a fait ériger à Baillet-en-France, dans le Val-d'Oise, à Reims.

Jean-Pierre Lefevre, membre des Chevaliers et de la fameuse Fraternité Notre-Dame de la Merci, n'a jamais laissé tomber Touvier. Chaque mois, il lui versait une somme (3 000 francs au moment de l'arrestation de Touvier) sur un compte parisien que récupérait une amie, Geneviève Penou. Bénévole du Secours catholique, elle est la cousine de l'abbé Duben, un ami des époux Touvier qui a célébré clandestinement leur mariage en 1947. La vieille dame envoyait l'argent sous pli à Versailles à l'intention d'un militaire à la retraite. Celui-ci le réexpédiait au carmel intégriste de Saint-Michel-en-Brenne, aux bons soins du prieur, l'abbé Buron, chargé de remettre l'enveloppe à un certain Paul Lacroix, un des nombreux pseudonymes de Touvier.

Quand, en mai 1989, les gendarmes débarquent dans ce monastère, ils découvrent des bagages appartenant à l'ancien milicien. L'abbé Buron finit par craquer et indique le refuge du proscrit : le prieuré Saint-François à Nice, dont le responsable s'appelle Dom Edouard Guillou. Une vieille connaissance ! Ce dernier est un « transfuge » de l'abbaye de la Source, où il se trouvait en 1947 lors de la descente de la police... Depuis, il a refusé l'« ordo missae » de Paul VI, a été expulsé de l'ordre de Saint-Benoît et s'est fait ordonner prêtre à Ecône par Mgr Lefebvre.

Avec la fin de la cavale de Paul Touvier et la mort de Jean-Pierre Lefevre, chez lequel les gendarmes ont saisi en 1989 des kilos d'archives, un réseau s'est éteint. Mais un certain état d'esprit survit. La messe d'enterrement de Paul Touvier, célébrée le 25 juillet 1996 à Saint-Nicolas du Chardonnet, rassemblait toutes sortes de nostalgiques, toutes générations confondues. Des « célébrités » comme Pierre Sidos, le fondateur de l'Œuvre française, et le maurrassien Pierre Pujo, Pierre Bernard, le maire de Montfermeil, député suppléant du ministre Eric Raoult et éditeur d'un journal municipal au nom sinistrement évocateur, *La Gerbe*, et des anonymes, complices ou non de sa cavale.

Le clan des parfumeurs

« Pour nous, c'est clair : L'Oréal a bâti une partie de sa diversification internationale grâce à d'anciens collabos et à leurs familles. » Depuis qu'en décembre 1990, Jean et David Frydman, deux hommes d'affaires en délicatesse avec la multinationale cosmétique, ont découvert qu'elle avait recyclé des épurés, ils s'emploient à décortiquer ces connexions inavouables.

Qui se souvient qu'Eugène Schueller, le fondateur de L'Oréal, n'est pas seulement un « ingénieur chimiste de génie » ? Certes, la réussite de ce fils de pâtissier alsacien né en 1881, contraint de vendre du tissu sur les marchés pour payer ses études de chimie, est une édifiante « success story ». Simple préparateur à la Pharmacie centrale de France, il s'est empressé de se mettre à son compte. L'exploitation d'un nouveau procédé de coloration des cheveux baptisé L'Oréal et la publicité qu'il lui donne via une petite revue cosmétique de sa fabrication, *La Coiffure de Paris*, est une première étape. Après la guerre de 14, une heureuse association avec le baron Henri de Rothschild lui permet de lancer Monsavon. C'est le début d'un fulgurant succès.

Dès les premiers mois de l'Occupation, l'homme d'affaires qui a prêté dans les années 30, une oreille attentive au fondateur de la Cagoule, Eugène Deloncle, apparaît dans l'organigramme du Mouvement social révolutionnaire (MSR) en qualité de « Président et dirigeant de toutes les commissions techniques et commissions d'études ». La profession de foi du MSR publiée en 1940 ne s'embarrasse pas de circonlocutions : « Eugène Deloncle et son MSR veulent que la révolution nationale se fasse autrement que par des décrets. Ils veulent que tous les “salopards” en place soient balayés, qu'il n'y ait plus ni de Juifs, ni de francs-maçons en mesure de nuire encore ».

Eugène Schueller adhère-t-il sincèrement à cette nauséeuse profession de foi ? Espère-t-il prosaïquement que ces fonctions lui offriront un marchepied pour devenir ministre de l'Economie de Pétain ? Peine perdue, en tout cas. Il se « contente » d'écrire dans des revues comme *La France au travail* ou *L'Atelier* dans lesquelles il suggère, entre autres, d'instaurer le salaire proportionnel aux bénéfices de l'entreprise, histoire de dégoûter les ouvriers du marxisme...

A la fin de la guerre, le Comité d'épuration des industries chimiques, insensible aux idées novatrices du patron de L'Oréal, affirme qu'il « a organisé dans les usines des conférences favorables à la collaboration, encouragé le départ en Allemagne des travailleurs français et financé les mouvements collaborationnistes du MSR et du RNP[1] ».

Le parfumeur, qui redoute par-dessus tout une peine infamante, se démène pour trouver des appuis dans les milieux résistants. Il n'a pas à chercher très loin : un micro-réseau de quatre amis, qui compensera toujours sa faiblesse numérique par son efficacité, a toutes les raisons de lui être agréable.

Ils ne sont que quatre, mais quelle précocité ! Ces jeunes gens, tous provinciaux, ont en commun d'avoir flirté dans leur jeunesse avec l'Action française. Ils ont tous logé pendant leurs études universitaires au foyer des pères maristes du 104, rue de Vaugirard. Et, pour ne rien gâcher, au moins deux d'entre eux sont en mesure de présenter d'honorables brevets de Résistance.

Le benjamin de l'équipe, André Bettencourt, est le plus proche d'Eugène Schueller. Replié en Normandie, dans sa famille, au début de la guerre, ce fils d'avocat, lui-même étudiant en droit, envoie des articles à *La Terre française*, un hebdomadaire pétainiste publié à Paris. Entre 1940 et 1942, il y tient une chronique intitulée « Ohé, les jeunes ! ». Plutôt prolixe, il écrit soixante-quatre articles en deux ans dont certains sont franchement antisémites. Une tache biographique embarrassante pour un homme qui deviendra ministre du général de Gaulle.

D'aucuns assurent que cette collaboration journa-

1. Philippe Bourdrel, *La « Cagoule »*, Albin Michel, 1992.

listique lui permettra d'approcher Eugène Schueller. L'apprenti journaliste a publié le 6 décembre 1941 un compte rendu dithyrambique d'un livre du parfumeur, *La Révolution de l'économie*. Schueller est conquis par ce jeune homme au goût si sûr, et toute la famille avec lui. Huit ans plus tard, en 1950, Liliane Schueller, sa fille unique, épouse André Bettencourt.

Un autre ami du « 104 », François Mitterrand, a une dette vis-à-vis de Schueller. A la fin de la guerre, sans affectation politique, il a dû subvenir aux besoins des siens. Miracle de l'amitié : François Dalle, autre protagoniste de la « bande des quatre », le pistonne auprès de Schueller. Grâce à Bettencourt, Dalle a en effet débuté en 1942, chez Monsavon. Fin 1945, le jeune cadre introduit donc l'ami François dans le groupe cosmétique. L'éphémère ministre du général de Gaulle devient directeur de la Société des Editions modernes et parisiennes, propriété d'Eugène Schueller, dont le fleuron est *Votre Beauté*. Un magazine d'esthétique qui a vanté tout au long de la guerre les mérites des lotions colorantes et les vertus de la Révolution nationale ! Le journalisme cosmétique ne passionne pas le futur Président de la République, mais cet emploi lui permet de subsister en attendant que l'Etat le salarie pour ses fonctions officielles.

Quand Schueller reçoit son premier avertissement du comité d'épuration, François Mitterrand est en pleine campagne électorale législative. Le réseau du « 104 » va donc déléguer un autre résistant, Pierre de Bénouville, ancien du collège à Saint-Paul d'Angoulême et du « 104 ».

Aîné de ce lobby informel, Bénouville appartient à cette droite patriote, anti-allemande, fière d'avoir choisi d'emblée la Résistance tandis que certains socialistes s'emballaient pour Vichy. Lui s'enorgueillit, à juste titre, d'être un « vrai » résistant. Ses titres incontestables — il est Compagnon de la Libération — en font un précieux recours pour quelques adeptes du « double jeu » en délicatesse avec les tribunaux de l'épuration.

Fin juin 46, il se présente spontanément devant le comité d'épuration qui entend faire des misères au patron de L'Oréal. Il explique succinctement, révèle Michel Bar-Zohar, un écrivain israélien, député de la Knesset, qui a longuement enquêté sur les années sombres de L'Oréal[1], avoir rencontré Schueller une fois en 1943 et que celui-ci lui a promis de l'argent à la Résistance. Un témoignage sans doute pas assez convaincant puisque le dossier franchit un échelon de plus. Cette fois, une nouvelle commission préconise d'interdire à Schueller d'exercer une fonction de dirigeant et de transmettre son dossier à la justice.

Pierre de Bénouville intervient encore à deux reprises. Auprès du secrétaire général de la commission, puis du préfet de la Seine. Mieux, l'attestation signée de sa main le 27 décembre 1946 en faveur de Schueller pèse lourd. Le général de Bénouville certifie qu'il a utilisé les informations de l'industriel depuis 1942 jusqu'en mars 1944 par l'intermédiaire d'un futur député « très connu » dont il tait pudiquement le nom. Le préfet de la Seine interrompt la procédure en cours. Une relaxe définitive est prononcée le 20 avril 1948. Le réseau du « 104 » a bien fonctionné. Il vient de contribuer sans le savoir à la création d'une filière de reclassement appréciée des épurés.

Car une fois Eugène Schueller sorti d'affaire, son empire cosmétique vient en aide aux amis d'avant guerre compromis avec l'occupant. Le chimiste donne ainsi sa chance à Jacques Corrèze, le fidèle bras droit du patron de la Cagoule, Eugène Deloncle.

« La Bûche », comme l'appelaient ses amis cagou-

1. *Une histoire sans fard*, Fayard, 1996.

lards qui l'avaient connu décorateur au magasin « Au bûcheron », a un passé plutôt chargé. Complice avant guerre de plusieurs assassinats perpétrés par la Cagoule, il s'est emparé pendant l'Occupation avec ses sbires du MSR d'une soixantaine de boutiques appartenant à des israélites, puis il a collaboré à l'Institut des questions juives avant de combattre sur le front de l'Est sous l'uniforme allemand jusqu'en avril 1942. Un parcours exemplaire de collabo ! Tardifs scrupules ou opportunisme politique ? Il prétendra avoir rendu quelques menus services à la Résistance à la fin de la guerre. Repêché par Schueller, Corrèze protège à son tour d'autres anciens ou leur famille, créant ainsi, au cœur même de L'Oréal, une sorte de réseau gigogne.

Bien qu'il ait été condamné en 1948 à dix ans de prison lors du procès de la Cagoule, une peine confondue avec les dix ans prononcés par la Cour de la Seine pour ses activités pendant l'Occupation, Corrèze sort de prison dès 1950 à la faveur du climat de réconciliation nationale qui prévaut alors.

A sa sortie de prison, Schueller l'oriente vers son nouvel homme de confiance, François Dalle, qui a gravi quelques échelons depuis son entrée au service juridique de Monsavon en 1942. Ce dernier jure qu'à cette époque il ignorait tout du passé sulfureux de Jacques Corrèze : « Il avait un casier judiciaire parfait, assure-t-il au *Nouvel Economiste*, il avait été amnistié.[1] » « Je lui ai confié un boulot de merde, de représentant », précise-t-il sur TF1 en novembre 1991. En fait, Corrèze ne sera amnistié qu'en 1959. Son casier judiciaire est donc encore chargé quand il fait en 1950 ses premières armes de représentant chez L'Oréal.

Corrèze ne s'est peut-être pas vanté auprès de son recruteur de ses activités de guerre. Mais comment François Dalle, un homme bien informé, peut-il

1. N° 956.

avoir ignoré le procès de la Cagoule qui a défrayé la chronique deux ans auparavant et dont « La Bûche » était une « vedette », avec sa photo à la une des journaux ?

« Le boulot de merde » conduit son titulaire en Espagne dès son embauche. Un pays qu'il connaît déjà pour s'y être réfugié fin 1937 au moment où le ministre de l'Intérieur Marx Dormoy faisait la chasse aux Cagoulards. Dès son arrivée, Corrèze s'associe avec un homme qui vend déjà les produits maison, Frédéric Bonnet. Ensemble, ils créent une société : « Productos Capillares » (Procasa), dont L'Oréal possède aujourd'hui encore 18,4 % des actions.

L'Oréal n'est d'ailleurs pas la seule société de cosmétiques à s'être attaché les services de Corrèze en Espagne. Beaucoup plus surprenant, la firme Helena Rubinstein, dont la propriétaire est une militante sioniste convaincue, demande à celui qui a réquisitionné sans vergogne pendant la guerre le siège de la Lica, les appartements du marchand d'art Wildenstein, de l'ancien ministre Georges Mandel, ainsi que plusieurs magasins juifs, d'être l'agent commercial de sa société espagnole « Albesa » ! Corrèze, on s'en doute, s'emploie à dissimuler avec soin son passé d'antisémite professionnel. De même, cet employeur-là ignore-t-il que Corrèze continue à entretenir des liens avec d'anciens « collabos » comme lui, dont Serano Sunner, le beau-frère de Franco, est le bienveillant protecteur.

Chacun tente de survivre grâce à des filières d'entraide plus ou moins surveillées par les services alliés. La plus surréaliste est certainement l'étonnant réseau « 88 », encore en pleine activité dans les années 60. Composé d'anciens gestapistes et autres collabos de tous poils, affiliés à une centrale allemande, il est baptisé « 88 » en référence à la huitième lettre de l'alphabet : « HH » pour « Heil Hitler » !

Corrèze connaît cette confrérie. Et pour cause :

l'un de ses meilleurs amis, Henri Deloncle, en fait partie. Entraîné par son frère Eugène dans la sinistre aventure de la Cagoule, Henri Deloncle s'est toujours, comme les autres membres de l'organisation secrète, justifié de cette appartenance par un anticommunisme viscéral. Mais il a eu de la chance : écroué en octobre 1945 à la prison de la Santé dans l'attente du procès qui jugera les Cagoulards en 1948, il est remis en liberté en décembre à la suite d'une erreur matérielle. Il s'empresse donc de quitter la France. Toute la famille Deloncle le suit à Madrid. Une famille toutefois orpheline de son « chef ». Eugène Deloncle a en effet été abattu le 7 janvier 1944 au petit matin à son domicile, rue Lesueur dans le XVIIe arrondissement, par la Gestapo allemande qui le soupçonnait, avec raison, de s'être mis au service de l'amiral Canaris, hostile à Hitler.

Jacques Corrèze, ami intime d'Eugène et de Mercedes Deloncle, présent dans l'appartement, s'était réfugié à temps dans la salle de bains. Louis, le fils d'Eugène, alors âgé de 18 ans, a eu moins de chance : voulant protéger son père, il a été grièvement blessé par une rafale de mitraillette.

A sa sortie fortuite de prison, Henri Deloncle embarque son neveu Louis à Madrid. La sœur de Louis, Claude, fait également partie du voyage avec son mari, Guy Servant, un ancien milicien enrôlé dans la LVF, ainsi que leur fils, Thierry. Mercedes Deloncle n'est pas loin, dans le sillage de Corrèze, dont elle est devenue la femme.

Peu à peu, la « famille » s'étoffe avec l'arrivée du « cousin » Jean Filliol, le tueur attitré de la Cagoule. Il a réchappé de la fuite éperdue de la Milice à travers l'Allemagne et l'Italie, et il a regagné la France sans complexes en 1946. Fidèle à sa sinistre réputation, il s'est constitué un petit pécule en faisant chanter quelques industriels cagoulards, tous plutôt contents de le voir filer vers d'autres cieux où il demeurera impuni. (Il savourait encore voici quelques mois une retraite paisible aux Baléares.)

Corrèze veut bien aider son vieil ami Filliol, mais le recruter à Procasa serait tout de même trop voyant. A lui seul, celui-ci cumule en 1948 trois condamnations à mort par contumace pour ses brillants exploits de Cagoulard et de milicien. Conscient de son passé encombrant, il a emprunté le nom de sa femme, Lamy. Les résistants des maquis de la Haute-Vienne n'ont en effet jamais oublié ce milicien de choc, patron du service qui aidera les Allemands à « choisir » Oradour-sur-Glane pour exercer des représailles.

Impossible pour Corrèze de lui venir en aide directement. Il engage son fils, André, à Procasa. Une filiale où l'on a vraiment le sens de la famille. Qu'on en juge : le fils d'Eugène Deloncle, Louis, y est embauché en même temps que son neveu, Thierry Servant, le fils de sa sœur Claude.

Le siège parisien de L'Oréal n'est pas épargné par ce recyclage : il accueille le fils de Michel Harispe, fidèle second de Corrèze au MSR dans ses virées des années noires. « Au début des années cinquante, écrit Pierre Assouline dans *Le Fleuve Combelle*[1], L'Oréal-Monsavon était la providence des inciviques. (...) Berlingot Dop était la vestale des lieux. Eugène Schueller veillait sur son monde. Les jeunes gens de la réclame étaient ses préférés. (...) Depuis l'amnistie, il n'avait de cesse de repêcher les noyés. » Lucien Combelle, l'ancien directeur de Révolution nationale fut de ceux-là, embauché justement quelque temps dans le service de la réclame.

Mais c'est Jacques Corrèze, fort avisé en affaires, qui fait la carrière la plus éblouissante au sein du groupe cosmétique. Après quelques années d'apprentissage en Espagne, Schueller lui demande de faire ses valises pour l'Amérique latine, où

1. Calmann-Lévy, 1997.

intriguent déjà quelques vieilles connaissances en délicatesse avec la justice.

Foin du « boulot de merde » ! En traversant l'Atlantique, Corrèze monte en grade. La mission que lui a confiée L'Oréal est on ne peut plus stratégique : implanter la gamme cosmétique française sur le marché américain. Mieux vaut commencer par l'Amérique latine, peu regardante sur le curriculum vitae de ses citoyens d'adoption.

Et puis, il y a les amis, installés depuis quelques années. Parmi eux, Jean Azéma, un ancien de l'Action française et de la Cagoule dans la 17e équipe de Filliol. Journaliste talentueux, il collaborait au *Cri du peuple*, le journal du PPF, avant de s'enthousiasmer pour le collaborateur belge Léon Degrelle. Un engouement tel qu'il a même endossé l'uniforme de la division SS Wallonie ! Condamné à perpétuité par contumace, il débute une nouvelle carrière de publicitaire à l'agence Yuste. Heureuse coïncidence : L'Oréal choisit cette agence pour réaliser ses campagnes publicitaires en Amérique latine. A Mexico, un autre affidé du MSR, Jacques Piquet, travaille dans l'informatique pour L'Oréal. Le passé d'Azéma et Piquet fait d'ailleurs sursauter Jean Lévy, un des cadres de la maison en tournée américaine. A son retour, il s'en ouvre à François Dalle. « Vous êtes un fouille-merde », s'entend-il répondre...[1]

Un passé infamant ne dispense pas, au contraire, de se montrer sélectif dans ses fréquentations. Jacques Corrèze, conscient de cet impératif, boude ostensiblement un Français qu'il connaît bien et qui s'est réfugié, lui, au Brésil. Jean Bouvyer, ancien Cagoulard, a été chargé de mission de mai 1941 à avril 1944 au Commissariat aux questions juives. Ami de la famille Mitterrand, — il a été, pendant l'Occupation, le fiancé de l'une des sœurs du futur Président —, il considère que Corrèze l'a laissé tom-

1. Michel Bar-Zohar, *Une histoire sans fard*, Fayard, 1996.

ber. C'est vrai. Trop vantard, trop hâbleur, Bouvyer ferait tache dans l'entourage d'un homme en pleine ascension...

« La Bûche », en effet, n'en finit pas de grimper dans la hiérarchie de L'Oréal. Bien que son protecteur, Eugène Schueller, soit mort en 1957, le nouveau PDG, François Dalle, lui garde toute sa confiance. Mieux, quand Corrèze fonde en 1961 aux Etats-Unis dans l'Etat du Delaware la société « Cosmair », il n'oublie pas les amis et reste en étroite relation avec André Bettencourt et Henri Deloncle.

La société Cosmair, dont Corrèze est nommé « Chairman, in charge of strategy for western hemisphere », fonctionne comme une véritable « pompe à fric ». Ni agent, ni filiale, « Cosmair » est alors un importateur extrêmement privilégié de la gamme des produits L'Oréal, qui se contente de reverser de modestes royalties à la maison mère : 1 % sur les produits grand public, et 1,5 % sur les produits professionnels. Du jamais vu. Grâce à ces conditions avantageuses et au savoir-faire de Corrèze, la firme américaine prospère. La plus-value réalisée au moment de la revente de Cosmair à Nestlé, déjà actionnaire de L'Oréal, est plutôt coquette : environ 800 millions de dollars.

Une juteuse martingale que Corrèze aimerait bien rééditer avec la société Helena Rubinstein, propriété de Colgate. Quand cette multinationale, qui a racheté en 1973 l'affaire pour 142 millions de dollars aux héritiers de la célèbre cosmétologue, décide de vendre, L'Oréal déclare n'être pas intéressé. Pure intox, accusent les frères Frydman, destinée à amadouer les pays arabes qui boycottent toutes les firmes en cheville avec Israël, comme Helena Rubinstein qui possède en effet des usines dans ce pays.

Officiellement, Helena Rubinstein est reprise, largement en dessous du prix payé par Colgate, par une société américaine, Albi, qui agirait, murmure-t-on dans les milieux économiques, au nom de

« mystérieux investisseurs ». Peu de temps après, Albi est rachetée par la société Palac, qui la revend ensuite à... L'Oréal. Au passage, les « mystérieux investisseurs » réalisent encore quelques millions de dollars de plus-values...

Plus généralement, le milieu du luxe — haute couture, parfums ou cognac — qui s'était globalement montré pour le moins complaisant avec les Allemands pendant l'Occupation, s'est révélé après guerre tout aussi accommodant avec les vichystes lourdement compromis. Jean Leguay, délégué général à la police sous Vichy, l'un des organisateurs de la rafle du Vel d'Hiv est embauché en 1946, par Nina Ricci aux Etats-Unis. Nina Ricci, qui adhéra, en 1941, avec 200 autres dirigeants d'entreprise français au « Cercle européen », un « Comité de collaboration économique européenne » dans lequel Français et Allemands siégeaient à égalité.

Rattrapé par son passé à la veille de sa mort, tout comme Corrèze, décédé en 1991 — les deux hommes étaient en affaires à New York —, l'ancien préfet Leguay, complice de la déportation de milliers de juifs étrangers et français, était inculpé en 1979 de « crimes contre l'humanité ». Pas de chance. Il venait, à 69 ans, de terminer une seconde carrière sans avoir été inquiété. En 1955, il avait même réussi à être réhabilité : le Conseil d'Etat avait tout bonnement annulé la seule sanction qui l'ait frappé en 1945, la révocation du corps préfectoral. L'affaire avait été vite ficelée : ledit Conseil statua au vu du seul dossier établi par ses soins...

Blanchi après dix années de services chez Nina Ricci, Jean Leguay est revenu la tête haute en Europe, mandaté par son nouvel employeur, Warner Lambert, une firme cosmétique américaine. Il y accomplit le reste de sa carrière, entre Paris et New York, sans jamais rompre les liens avec ses amis d'autrefois.

Rue des Belles Planques

De retour en France en 1955, Jean Leguay revoit son ancien patron, René Bousquet, secrétaire général à la police de Pierre Laval. Un technocrate brillant, si sûr de lui qu'il imaginait négocier d'égal à égal avec les Allemands. Mais, de compromis en compromission, il a fini par gérer en bureaucrate les déportations de Juifs et autres « antinationaux » réclamées de manière de plus en plus pressantes par l'occupant.

Après un séjour à Fresnes, Bousquet retrouve dès 1950 un poste d'influence à la Banque d'Indochine. Il y fait embaucher Pierre Leguay, le jeune frère de celui qui fut, dans les années noires, son délégué en zone occupée. Plus tard, quelques fils d'épurés rentrent à la banque ou dans ses filiales grâce à René Bousquet. Le personnel, qui sait décoder ces embauches privilégiées, les appelle avec ironie « les bousquetaires »... Exemple : Jean-Claude Cathala, le fils de Maurice Cathala, l'ancien ministre des Finances de Vichy, un des premiers patrons de Bousquet en 1930, est propulsé dans une maison de rhums à Bordeaux, propriété de la Banque de l'Indochine.

Ces micro-réseaux informels recyclent les anciens compagnons de la Collaboration technocratique avec bien plus d'efficacité que l'« Amicale des épurés » fondée par le sous-préfet Pierre-Henry ou l'« Amicale des Éloignés de l'Administration » (sic) fondée par Jean Dides, ancien spécialiste des questions juives à la Préfecture de Police de 1942 à 1944. Des solidarités indéfectibles se créent dès les premiers mois de la Libération entre des hommes qui, à l'époque de leur splendeur, se côtoyaient avec urbanité dans les salons dorés de l'hôtel Ritz et se retrouvent soudain à partager des cellules monacales à la prison de Fresnes ! Plusieurs convives des déjeuners de « La Table Ronde », qui, pendant l'année 1942, réunirent toutes les trois semaines au Ritz des hommes politiques, des hauts fonctionnaires, des chefs d'entreprise français et allemands vont cantiner quelques mois ou quelques années dans un lieu moins sélect.

Les banquiers Henri Ardant (Société générale), Hypolite Worms, Gabriel Le Roy Ladurie, Jacques Barnaud (tous trois de la Banque Worms), André Laurent-Atthalin (Paribas), Paul Baudouin (Banque de l'Indochine) l'industriel Louis Renault, son neveu l'ancien ministre François Lehideux retrouvent derrière les barreaux René Bousquet, Pierre Laval, l'ambassadeur Fernand de Brinon, l'ancien ministre Jean Bichelonne mais également Sacha Guitry ou Tino Rossi ! Tous ces détenus préparent activement leur défense et leur... reconversion.

Fresnes devient pour les plus habiles une sorte de bureau de placement. Les « entretiens d'embauche » sont d'autant plus aisés que le régime n'est pas très strict pour ces détenus « politiques ». Le « gratin » de la Collaboration se reçoit donc d'une cellule à l'autre. Ainsi, Georges Albertini, l'ancien numéro deux du RNP de Marcel Déat, n'a pas à aller très loin pour rencontrer son futur employeur. Il partage la cellule n° 257 avec Perruggia, le célèbre bottier de la rue de la Paix et Hypolite Worms, le prestigieux directeur de la banque du même nom qui a fourni de nombreux cadres au régime de Vichy.

Ce n'est pas le bottier qui lui propose du travail mais le banquier. L'ancien prof de lettres séduit le grand bourgeois par ses conversations et sa discrétion, il lui promet de l'aider à la sortie. Promesse tenue : Albertini libéré, il lui offre un bureau, un salaire et la possibilité de mener ses nouvelles activités à sa guise.

Hypolite Worms, qui aime tant rendre service — un proche de Xavier Vallat, commissaire aux questions juives est recruté dans une filiale de sa banque —, sert également d'ange gardien à René

Bousquet. Provisoirement libéré en juillet 1948, l'encombrant préfet est engagé en attendant son procès dans une entreprise de travaux publics affiliée à Worms. Mais le véritable « protecteur » de Bousquet, celui qui va lui permettre d'amorcer une nouvelle carrière, c'est Paul Baudouin, éphémère ministre des Affaires étrangères de Vichy, et PDG de la Banque d'Indochine jusqu'en 1944.

A Fresnes, l'ancien banquier Baudoin s'est engagé lui aussi à aider le jeune haut fonctionnaire à sa sortie de prison. Du coup, le bureaucrate des rafles antijuives — un sujet totalement escamoté lors de son procès en Haute Cour — est engagé en 1950 à la Banque d'Indochine où Baudouin est discrètement revenu comme « conseiller technique ».

Cette banque « vichyste » s'est racheté une conduite à la Libération en hissant à sa tête Jean Laurent, un inspecteur des Finances, membre de plusieurs réseaux de Résistance. Laurent est modérément gaulliste, ce qui plaît, on s'en doute, à Bousquet, qui s'emploie à recaser quelques « victimes » de l'épuration. Dans les couloirs feutrés de la banque, il croise, entre autres, l'ancien PDG de la Banque de Paris et des Pays-Bas, Paul de Thomasson, et Jean de Sailly, ex-directeur du Contrôle économique de Vichy. René Bousquet évoque-t-il le passé avec eux ? « Il n'en rougit, ni n'en parle plus qu'il n'est nécessaire », assure Pascale Froment, auteur d'une biographie du personnage[1].

Rapidement promu directeur-général adjoint, ses talents de meneur d'hommes font, paraît-il, merveille, il est également nommé président d'une kyrielle de filiales, et administrateur de nombreuses sociétés. Il honore ainsi de sa présence la Société financière pour la France et les pays d'outre-mer présidée par le pétainiste Edmond Giscard d'Estaing, père du futur Président de la République et le conseil

1. *René Bousquet,* Stock, 1994.

d'administration des Cristalleries de Baccarat dont le PDG est René de Chambrun, le gendre fidèle de Pierre Laval.

Maurice Renand, autre lavalliste impénitent, siège également dans ce conseil. Inspecteur des Finances, cet ancien directeur des services administratifs et financiers de la Présidence du Conseil, révoqué à la Libération (réintégré par la suite), a été repêché en 1949 par son père, patron de la Samaritaine, qui lui a cédé son fauteuil. Simple coïncidence ou fidélité à une époque ? Pour diriger le service de presse du grand magasin, Maurice Renand recrute la fille aînée de Marcel Bucard, le fondateur du Parti franciste, fusillé en mars 1946. « Il n'a pas fait attention à mon nom en m'engageant, assure-t-elle. Mais je ne pense pas qu'il se serait opposé à mon embauche[1] ! »... C'est un euphémisme, car il y a peu de hasards dans ces recrutements ou ces cooptations dans lesquels Bousquet excelle.

Le maniement des réseaux lui a été enseigné avant guerre, en particulier par le puissant leader radical du Sud-Ouest, Maurice Sarraut. A la Libération, ce sens inné de l'entraide ne l'a pas abandonné. Une fois personnellement recasé, il n'hésite pas à jouer de toutes ses relations — il en a conservé « du bon côté » de la haute fonction publique — pour recommander des amis en délicatesse avec les commissions d'épuration. Sur son amicale pression, son avocat, Me Pierre Doublet, embauche ainsi dans son cabinet quelques préfets révoqués.

Mais il est un homme qui va plus particulièrement l'aider à recycler ses plus proches amis. Un homme qui partage son antigaullisme. Un homme à travers lequel il semble vivre par procuration tant il se reconnaît dans son ambitieuse ascension.

Connaît-il déjà François Mitterrand quand il veut aider dès le lendemain de son acquittement, en

1. Pierre Rigoulot, *Les Enfants de l'épuration*, Plon, 1993.

juin 1949, « un ami qui a des soucis » ? Il ne le sollicite pas directement mais il s'adresse à un proche de celui qui est déjà l'un des brillants espoirs de la IVe République. Yves Cazaux, délégué à la reconstruction à Amiens, fait partie de ces fonctionnaires qui ont préféré renoncer à leur avancement pendant les années noires plutôt que de se compromettre. Mais il éprouve une inexplicable fascination pour Bousquet.

Depuis Amiens, Cazaux alerte François Mitterrand via un ami commun, Jean-Paul Martin. Pendant l'Occupation, Martin œuvrait sous les ordres de Bousquet à l'Intérieur. Mais il était également en contact régulier avec les responsables du Mouvement des prisonniers de guerre, et parmi eux un certain capitaine Morland, alias François Mitterrand.

Martin a été mis à pied et rétrogradé en janvier 1945, il s'est même exilé un temps en Suède, mais à son retour en 1947, il a trouvé un abri comme « attaché de presse » auprès du ministre des Anciens Combattants Mitterrand.

L'« ami » que veut secourir Bousquet, avec l'aide de Cazaux et de Martin se nomme Jehan de Carayon. Ce fonctionnaire de la préfectorale, inquiété à la Libération, va intégrer lui aussi le cabinet de François Mitterrand, passé du ministère des Anciens Combattants à celui de la France d'Outre-Mer. Quatre ans plus tard, le ministre de l'Intérieur Mitterrand donne un coup de pouce supplémentaire à Carayon en le réintégrant dans ses droits administratifs.

En 1954, le « réseau Bousquet » se réimplante d'ailleurs discrètement dans ce même ministère de l'Intérieur. François Mitterrand, toujours secondé par le fidèle Martin, accueille dans son cabinet un autre ami de René Bousquet, Jacques Saunier, sous-directeur des Renseignements généraux pendant l'Occupation, révoqué sans pension à la Libération. Non content d'en faire son « chargé de mission », l'indulgent ministre nomme Saunier préfet. Après ce passage ministériel qui les a définitivement « blanchis », tous continuent leur carrière administrative, désormais soudés dans une mutuelle reconnaissance à l'égard du futur Président de la République. Une fois à l'Elysée, celui-ci ne les oublie pas davantage. Le 11 octobre 1983, Jean-Paul Martin reçoit la rosette d'officier de la Légion d'honneur et Jacques Saunier sa plaque de grand officier...

Les amis de mes amis... Le proverbe semble s'appliquer magnifiquement à François Mitterrand et René Bousquet. Parmi les hommes de confiance de ce dernier à Vichy, Pierre Saury. Connu dans la Résistance sous le nom de « Paule », il doit néanmoins se faire oublier à la Libération. Comme d'autres fonctionnaires au cas un peu flou, on l'expédie dans l'administration des forces françaises en Allemagne. Rentré à Paris au début des années 50, l'ancien instituteur radical égaré dans la police se recase dans quelques cabinets ministériels avant de devenir en 1956... chargé de mission auprès du garde des Sceaux, François Mitterrand. En 1961, il est même promu suppléant du député Mitterrand qui le prend pour confident. Son enterrement en 1973 réunit ses deux protecteurs, Bousquet et Mitterrand, que lient une fascination réciproque et quelques services mutuels.

Le réseau Bousquet est un exemple de recyclage particulièrement réussi dans le corps préfectoral. A la Libération, ses membres ont besoin, dans leur grande majorité, d'un sérieux « blanchiment ». Le préfet René Bargeton a collecté — un travail de titan — les biographies des 1 985 préfets ayant exercé de septembre 1870 à mai 1982[1]. L'analyse des fiches biographiques des préfets de l'Occupation — ils furent 220 à transiter d'août 1940 à novembre 1944 dans les 87 départements français

1. Auteur de l'« Annuaire biographique des préfets 1870-1982 », Archives nationales de France.

en huit vagues successives — est révélatrice de leurs cheminements et de leurs réseaux de protection.

D'un côté, les héros : 36 préfets et sous-préfets morts en déportation et 35 autres, déportés, mais revenus en France en 1945. De l'autre, « des résistants passifs, des zélés de la Révolution nationale, des partisans du régime de Vichy qui, à l'image de René Bousquet, collaborent correctement, courtoisement mais froidement, au nom du maintien de l'ordre, tout en essayant de sauvegarder les intérêts français, des collaborateurs résolus des Allemands, souvent animés par une farouche haine anticommuniste, et enfin, les prudents, qui représentent la majorité de l'époque, gérant l'immédiat tout en essayant de préparer le lendemain[1] ». Les plus « collabos » sont condamnés à mort — six, dont trois fusillés sans jugement — ou à de sévères peines de prison — quatorze d'entre eux — tandis que le plus grand nombre est révoqué, radié des cadres, mis à la retraite d'office ou en disponibilité.

Quelques-uns parmi les plus jeunes de ces « pestiférés » de l'administration se recyclent dans les structures patronales. Outre que la plupart des chefs d'entreprise et leurs organisations syndicales n'ont guère brillé par leur esprit de résistance, une carte de visite d'ancien préfet, fût-il épuré, et un solide carnet d'adresses les intéressent vivement. Ainsi, Marcel Ribière, ancien conseiller d'Etat, préfet des Alpes-Maritimes de septembre 1940 à avril 1943, radié des cadres en 1944 (mais réintégré comme préfet honoraire en 1954) a-t-il été nommé en 1948 président de Nation-Capitalisation et de Nation-Vie avant de devenir en 1968 vice-président de Foncière-Vie. De même, Frantz Lambert, préfet des Ardennes en janvier 1944, suspendu sans traitement, mis à la retraite le 1er juillet 1946 est récupéré par le Syndicat de l'ameublement du Nord dont il devient le

1. Sous la direction de Jean-Pierre Azéma et François Bedarida, *Vichy et les Français*, Fayard, 1992.

secrétaire général. Quant à Marc Freund-Valade, préfet de la région de Limoges en 1944, dont le Conseil d'Etat annulera la révocation en 1947, il devient vice-président de la Fédération patronale de la Somme, puis travaille pour la Chambre de commerce de Picardie. De son côté, Victor Leydet, qui obtient un non-lieu de la cour de Douai en août 1945 en dépit des extrêmes réserves des résistants locaux, préside-t-il dès 1946 aux destinées de la Société générale de surveillance avant de devenir PDG des Laboratoires Crépin à Rouen. Charles Roger-Machart, un ancien inspecteur des Finances qui pantouflait avant guerre au Crédit foncier égyptien, récupère, lui, simplement son poste. Et la liste n'est pas close...

Mais le patronat s'engage bien plus avant avec l'embauche d'un petit groupe d'épurés qu'il destine à des besognes autrement délicates. Le leader de la troupe, André Boutemy, s'est distingué pendant l'Occupation comme directeur des Renseignements généraux (RG), préfet de la Loire, puis de la région de Lyon. Suspendu en novembre 1944, révoqué en 1945, incarcéré à Saint-Etienne puis à Fresnes avant de voir son dossier classé, il ressemble plus à un homme d'affaires qu'à un haut fonctionnaire. Comme René Bousquet en faveur duquel il témoigna, cet ambitieux n'a pas supporté que la guerre puisse interrompre une carrière prometteuse. Lui aussi se persuade qu'il a traversé cette période comme un technicien et non comme un politique. D'un naturel affable, Boutemy diversifie son carnet d'adresses durant les derniers mois de la guerre. A Lyon, il sauve le maire, Georges Villiers, du peloton d'exécution auquel le destinait la Gestapo.

Coup de chance pour Boutemy, Georges Villiers devient président du Centre national du patronat français (CNPF) en 1946. Il recrute discrètement l'ancien préfet comme conseiller politique. L'ancien patron des RG se propulse à la tête d'un énigmatique « Cabinet d'études administratives et politiques », installé dans des bureaux cossus du VIIIe arrondissement. Officiellement destiné à « rassembler de la documentation et de la diffuser », le cabinet d'études sert à distribuer la manne patronale à la classe politique, communistes excepté.

Méfiant, Boutemy a engagé deux amis « dans ses idées ». Le premier, Henri Cado, directeur général de la police nationale sous Vichy, a eu des ennuis à la Libération : révoqué en juillet 45, il a été mis à la retraite d'office. Le second, André-Paul Sadon, préfet itinérant tout au long des années d'Occupation, a connu à peu près le même parcours : révocation, retraite d'office, avant que la mesure ne soit rapportée en 1950.

Un autre membre du clan Bousquet, Jean Weber, ancien fonctionnaire de l'Intérieur, a rejoint ces argentiers du patronat. André Boutemy a d'autres ambitions : à force de côtoyer des politiques qui sont devenus ses obligés, il a fini par rêver à une carrière de notable. Elu sénateur en 1952 par des grands électeurs pas trop regardants, il se voit déjà ministre ! Un poste beaucoup trop exposé, mais il s'obstine, et accepte, ravi, en janvier 1953, le ministère de la Santé publique que lui offre le président du Conseil, son ami René Mayer. Mais son passé le rattrape : les députés communistes obtiennent sa démission. Du coup, il doit passer la main à son ami Cado. Pour n'avoir pas compris que seule l'ombre sied à ces marionnettistes discrets qui activent leurs réseaux comme autant de fils, André Boutemy a brisé tout seul sa carrière.

Une drôle d'annexe

Georges Albertini, autre éminence grise, ne commettra jamais cette faute. Depuis qu'il est sorti de la centrale de Poissy, après avoir connu pendant quatre ans les geôles de Fresnes et d'Épinal, c'est peu dire qu'Albertini cultive la discrétion. En cette année 1950, la grande majorité des employés de la Banque Worms serait bien en peine d'identifier ce petit homme soigné aux lunettes cerclées qui se garde d'emprunter l'imposante entrée du 45, boulevard Haussmann pour arriver jusqu'à son bureau. Les mêmes ignorent que le vendredi soir, il réunit, à quelques centaines de mètres de là, au n° 86, un étonnant groupe d'anticommunistes dont la plupart se sont connus au RNP.

« En 1948, reconnaît Guy Lemonnier, alias Claude Harmel, l'adjoint d'Albertini au RNP, on s'interrogeait sur la manière d'être accepté par le personnel politique en place. » Albertini et Lemonnier, fort différents de tempérament, l'un extraverti, l'autre pas, mais très complémentaires, se connaissent depuis 1938 à l'époque où tous deux militaient à la frange pacifiste du Parti socialiste. Anciens militants de gauche happés par la dérive fasciste, ils sont ainsi une bonne douzaine à trouver dans l'abri protecteur du 86, boulevard Haussmann l'exutoire idéal de leurs illusions perdues et de leurs erreurs d'aiguillage. Aucun d'eux ne vient chercher là une sinécure professionnelle. Albertini, qui ne dédaigne pas pour lui-même un certain standing bourgeois, rémunère chichement ses collaborateurs. Il est, semble-t-il, persuadé que c'est un honneur de travailler pour « la cause ». En 1981, Guy Lemonnier, rédacteur en chef d'*Est et Ouest*, devait se contenter de 3 500 francs par mois !

Certains se lassent de ce militantisme quasi bénévole. C'est le cas de Jean Madiran, pétainiste nostalgique, parti fonder la revue intégriste *Itinéraires*, puis le quotidien extrémiste *Présent*. Celui aussi de Roland Goguillot, alias Roland Gaucher, ancien responsable des Jeunes du RNP, futur conseiller général Front national de Franche-Comté qui quitta la revue en 1959, pour louer ses services à des publications d'extrême droite.

Mais la plupart des premières recrues n'ont pas le choix. Tous n'ont pas trouvé comme Albertini un protecteur aussi épatant qu'Hypolite Worms. Quand Guy Lemonnier sort de Fresnes en novembre 1947, après plus de deux ans de détention[1], il est sans ressources. Professeur de lettres au lycée de Brest avant la guerre, il n'a plus le droit d'exercer. « J'avais bien quelques pistes dans le privé, mais à chaque fois, le patron me disait : “Que va dire mon comité d'entreprise ?”»

Un ami lui sous-traite un livre historique sur l'anarchisme jusqu'à ce que Georges Albertini qui vient de sortir de prison le recommande en mai 1948 au secrétaire du syndicat FO-Métallurgie, Léon Chevolme. Celui-ci vient de fonder un discret « Bureau d'études et de documentation économiques et sociales », le BEDES, farouchement anticommuniste. Guy Lemonnier devient alors, sous la signature de Claude Harmel, et plus épisodiquement celle de René Milon, le rédacteur en chef appointé de la modeste revue dont les locaux servent de base au premier réseau Albertini. Tout en réfléchissant à leurs activités futures, les deux amis y concoctent un pamphlet mensuel (15 numéros parus), intitulé « Dictionnaire des Girouettes », où ils s'en prennent anonymement aux « faux résistants » qui ont retourné leur veste à temps !

Ils s'insurgent aussi contre ceux qui se refont une virginité grâce au Parti communiste, une filière méconnue mais efficace pour épurés : « Les gens du RNP étaient très convoités car ils faisaient des militants fidèles », ironise Guy Lemonnier, qui a été lui-même approché par Maurice Bouvier-Ajam, l'ex-patron de l'Institut d'études corporatives et sociales. Passé sans états d'âme excessifs de la francisque à la faucille, ce curieux « chasseur de têtes » promettait, en échange de la carte du PC, l'absolution des fautes

1. Guy Lemonnier et Georges Albertini seront amnistiés en application de la loi du 5 janvier 1951.

collaborationnistes. Un professeur d'économie réputé, auteur dans la collection « Que sais-je » d'un ouvrage sur les mouvements corporatifs fut récupéré de cette manière. Albertini lui-même sera contacté par Georges Cogniot, un des responsables du PC, un vrai résistant celui-là.

A l'inverse de ces trajectoires, Albertini recrute d'anciens communistes compromis dans la Collaboration, Henri Barbé et Pierre Celor, deux puits de science sur l'histoire interne du PC. Même si ces deux ex-cadres du Komintern ont souffert conjointement de l'implacable machine à broyer stalinienne, et ont fini par être exclus (Pierre Celor) ou par s'exclure (Henri Barbé), ce sont des frères ennemis que doit gérer Albertini. Celor n'a pas pardonné à Barbé d'avoir participé en 1932 à une sorte de « procès de Moscou » à son encontre. Peu importe à Albertini, très attaché à ces recrues qui ont un autre point commun que leur anticommunisme virulent : leur conversion au catholicisme ! Henri Barbé est même devenu un pigiste régulier de la revue intégriste *Itinéraires* du prolifique Madiran. Autre converti du clan Albertini, Léon Emery, un ancien professeur de l'école normale de Lyon. Dédaignant la justice des hommes, ces anciens collaborateurs préféreraient-ils s'en remettre à une sentence divine moins pressante ?

Un des piliers de ce réseau d'anciens « socialos-collabos » signe sous le pseudonyme de Lucien Laurat. De son vrai nom Otto Maschi, cet ancien membre du PC autrichien fut professeur à l'école orientale de Moscou et eut comme élève un certain Ho Chi Minh. En arrivant en France, il a adhéré à la SFIO et lancé une revue *Le Combat marxiste*, rebaptisée en 1936 *Idée et Action*. Incarcéré à la Libération, il est exclu de la SFIO pour avoir collaboré à divers organismes économiques et sociaux pendant l'Occupation.

Laurat n'est pas le seul à savoir gré à l'ami Albertini

de lui offrir un second souffle idéologique. Grâce à ses relations avec un magistrat de la commission des grâces, l'ancien adjoint de Marcel Déat obtient l'allégement de quelques sanctions. Les plus jeunes, dont certains ne se consolent pas d'avoir gâché leur vie en faisant « le mauvais choix », éprouvent pour lui une admiration quasi filiale. C'est le cas de Michel Courage, un ancien membre des Étudiants socialistes, chef de la propagande des JNP — le mouvement de jeunesse du RNP — qui donne un coup de main pour la gestion de la trésorerie des publications anticommunistes avec Jacques Guionet et Roland Silly, deux autres ex-JNP, qui apprécient eux aussi cette « famille » sur laquelle ils peuvent toujours compter.

Le bunker des « plumitifs »

Tous les historiens s'accordent à le dire : l'épuration a été plus sévère pour les « plumitifs » que pour les chefs d'entreprise ou les hommes politiques. Trop voyants, trop exposés... La situation n'est guère brillante pour cette « communauté réduite aux caquets » selon le mot d'un des fuyards de Sigmaringen où nombre de collabos ont échoué à la fin de la guerre avant de s'exiler en Amérique latine. Leur rêve ? Revenir en France.

Les lois d'amnistie de 1951 et 1953, puis les prescriptions des poursuites dans les années 70 leur en donnent l'occasion. Où se recaser sinon dans la presse « amie » qui s'est spécialisée dans la protection des épurés ? *Rivarol*, lancé dans l'immédiat après-guerre, devient le port d'attache de la presse collaborationniste. Son fondateur, René Malliavin qui l'a dirigé jusqu'en 1970, fut pendant l'Occupation conseiller juridique de l'agence Inter-France. A ses côtés, le milicien Emmanuel Allot, alias François Brigneau, l'ancien commissaire à la Jeunesse de Vichy, Maurice Gaït, l'ancien SS Bernard Laignoux,

Pierre Lucchini, alias Pierre Dominique, pacifiste de gauche, directeur à Vichy de l'Office français d'information, l'écrivain Lucien Rebatet alias François Vinneuil, le directeur du *Cri du peuple* Henri Lèbre, etc.

Pierre-Antoine Cousteau, PAC pour ses amis, le rédacteur en chef de *Je suis partout*, reconverti pendant l'exode du PPF en Allemagne à Radio-Patrie, version française de « La voix du Reich » sort de prison en 1953 et se réinsère... à *Rivarol*. Son frère, le commandant Jacques-Yves Cousteau qui est en train d'acquérir une belle notoriété avec son film *Le Monde du silence* aimerait justement lui en inculquer les vertus. Il a beau supplier son frère de se tenir tranquille, ce dernier n'en a cure : il en va de son honneur, explique-t-il à sa famille, de parler, de revendiquer, de polémiquer... Il s'allie à deux antisémites notoires, Henry Coston et Jacques Ploncard d'Assac, pour rédiger un mensuel, *Lectures françaises*, qui ouvre ses colonnes à Paul Rassinier, un ancien communiste, déporté pour faits de résistance, mais qui s'enferre dans de nauséeuses thèses révisionnistes.

René Malliavin qui a également fondé *Les Ecrits de Paris*, n'hésite pas à dépanner ses semblables. Ses locaux, 354, rue Saint-Honoré, servent de boîte aux lettres à Georges Albertini et à ses amis d'*Est et Ouest* jusqu'en 1952. Mais, pour sauver les apparences, la revue affiche en « une » une adresse imaginaire, le n° 600 de la rue Saint-Honoré... qui n'a jamais existé.

Heureux, dans un premier temps, d'y trouver refuge, les journalistes épurés finissent par se trouver un peu à l'étroit dans ces journaux amis. Certains lorgnent du côté de la presse issue de la Résistance, idéale pour se laver de son passé. Là, le réseau donne toute sa mesure : on se passe les bonnes adresses, celles des patrons ou des chefs de service indulgents, ou volontairement amnésiques.

Une bonne partie des dessinateurs de la presse collaborationniste pour la jeunesse s'est ainsi entraidée après guerre pour se recaser, les uns à *Cœurs vaillants* (catholique), les autres à *Vaillant* (communiste)...

Aucun journal ne peut s'estimer épargné par cet entrisme sournois. Témoin l'ancien « camelot du roi », militant du PPF, Robert-Jullien Courtine, journaliste prolifique. Pendant l'Occupation, il écrit dans *L'Atelier, Le Réveil du Peuple, La France au travail, Au pilori, Le Bulletin d'information antimaçonnique,* et collabore à Radio Paris. Après guerre, il se réfugie au sein du très sourcilleux journal *Le Monde*... Ses lecteurs y dégustent ses savoureuses chroniques signées La Reynière, en hommage à un célèbre cuisinier. Mais ils ignorent que l'amateur de bonne chère « bouffait du Juif » à longueur de colonne dans les années 40 ! Et qu'il continua dans la même veine outre-Rhin à Radio-Patrie, l'émetteur du PPF.

Réfugié dans un premier temps à Baden-Baden — où il s'est retrouvé en compagnie de Céline et de son chat Bébert —, il a fini par rejoindre la fine équipe de *Je suis partout* à Bad-Mergentheim. Jean Hérold-Pâquis a raconté ce piteux exode dans ses mémoires écrites à la prison de Fresnes en 1945 en attendant son exécution. Il dresse un portrait féroce du journaliste, qui n'a visiblement en cette époque troublée qu'un seul souci : son chien Bobby... Les Américains aux trousses, Courtine fuit en Autriche et franchit la frontière suisse de nuit, de la neige jusqu'à la ceinture, en compagnie de Cousteau, Pâquis et quelques autres...

Le patron du *Monde*, Hubert Beuve-Méry, l'accueille quelques années plus tard au grand dam de quelques journalistes résistants qui n'ont pas oublié ses écrits. Son antisémitisme professionnel l'a en effet conduit à traquer dans les années 40 « l'emprise juive », dénonciations nominatives à l'appui, dans tous les secteurs. Particulièrement obsessionnel, il s'interrogeait même gravement dans un de ses articles : « Christophe Colomb, amiral de pacotille, était-il juif ? »

Dans ce petit milieu où l'on s'entraide tout en s'épiant, tout se sait, mais chacun respecte la loi du silence. Les auditeurs d'Europe n° 1 ignorent bien sûr que le très érudit « Monsieur Larousse » s'appelle en réalité Lucien Combelle et qu'il a été pendant l'Occupation l'un des plus jeunes directeurs de journaux. Ancien de l'Action française, intime de Drieu la Rochelle, un temps secrétaire de Gide, rédacteur en chef de l'hebdomadaire *Révolution nationale*, il a échappé de peu à la peine de mort réclamée par le commissaire du gouvernement.

Dans les années 70, les auditeurs de Sud-Radio ne savent pas davantage que plusieurs « voix » de la station ne sont pas mécontentes que celle-ci soit basée à Andorre, hors de portée des tribunaux français. Anciens journalistes ayant émargé à *Je suis partout* et autres feuilles antisémites, ils sont à l'abri derrière leur micro, loin de Paris. Las, le gaulliste Pierre Lefranc, nommé PDG de la Sofirad en 1965 entend, par souci d'économie, rapatrier tout le monde à Toulouse. Il met quelque temps à comprendre les refus entêtés de certains journalistes...

La télévision, elle, accueille dans les années 60 un jeune journaliste strasbourgeois, qui a gâché son talent sous l'Occupation dans *Je suis partout* et *Combats*, l'hebdomadaire de la Milice. « Un jeune journaliste ambitieux ne pouvait laisser passer une telle occasion de se lancer dans la profession, écrit Pierre Assouline. Rien d'étonnant à cela. Ce qui l'est par contre, c'est de retrouver sous un pseudonyme un journaliste aussi marqué dès les lendemains de la Libération dans des organes tels que *Carrefour* et le *Parisien libéré*. Le cas de Charles-François Bauer laisse songeurs des confrères aussi bien résistants que collaborationnistes[1]. » Ils seront encore plus surpris lorsqu'ils le verront interviewer avec aisance toutes les stars du cinéma sous son nouveau patronyme, François Chalais. Mais gare à qui osait rappeler le sulfureux passé de Bauer : le journaliste, décédé en mai 1996, expliquait sans sourciller qu'il avait été un agent infiltré de la Résistance !

Son confrère Roland Goguillot, alias Roland Gaucher, qui a fait son apprentissage au *National-Populaire* du RNP, ne s'embarrasse pas de telles justifications. A sa sortie de prison, il vivote à *Est et Ouest*, au *Journal des Indépendants*, et aux *Ecrits de Paris*. Repêché en 1961 à l'*Auto-Journal*, il finit par se spécialiser dans la presse d'extrême droite (*Minute, National Hebdo*). A l'*Auto-Journal*, il n'est pas dépaysé, le magazine accueille en effet plusieurs anciens collaborateurs dont le plus « illustre » est Marc Augier, correspondant sur le front russe du journal de la LVF, condamné à mort puis amnistié en 1953.

En août 1940, Marc Augier, alors rédacteur en chef de l'hebdomadaire *La Gerbe* a reçu la visite d'un jeune homme de 20 ans. « Je m'appelle Robert Hersant. Je viens me mettre au service du Maréchal[2]. » Augier renvoie gentiment l'impétueux. Chef de « Jeune Front », une filiale du petit Parti national collectiviste de Pierre Clémenti, Hersant s'est pourtant distingué au début de l'Occupation en brisant quelques vitrines de commerçants juifs sur les Champs-Elysées. Mais l'expérience « Jeune Front » est éphémère. Clémenti et ses affidés se méfient de ce jeune ambitieux susceptible de leur ravir la vedette. Ecœuré, il s'oriente vers les Chantiers de jeunesse et prend la direction du Centre Maréchal-Pétain à Brévannes, le plus important de la région parisienne. Un milieu que fréquente Marc Augier,

1. *L'Epuration des intellectuels*, Editions Complexe, 1990.
2. Dominique Pons, *H comme Hersant*, Editions Alain Moreau, 1977.

qui s'occupe des « Jeunes de l'Europe nouvelle ». Le 31 janvier 1942, Hersant et Augier se retrouvent devant une tasse de thé, rue de Lille, à l'ambassade d'Allemagne, en compagnie d'Abel Bonnard, ministre de l'Instruction publique, des journalistes Jean Luchaire, Robert Brasillach, de l'écrivain Pierre Drieu la Rochelle, et quelques autres...

Ces souvenirs communs ont lié le patron de presse au réprouvé. Hersant ne lui fournit pas seulement du travail à l'*Auto-Journal*, il lui donne également une maison dans laquelle Augier, qui écrit sous le pseudonyme de Saint-Loup, meurt en 1990 après avoir écrit une œuvre littéraire copieuse et révérée par les nostalgiques de l'Europe Nouvelle.

Dans la carrière de Robert Hersant, les « amis de Brévannes », tous des « jeunes du Maréchal », comptent beaucoup. Ils forment un noyau dur qui suit le papivore dans son ascension dès la Libération : Bernard Gougenot prête son nom en 1950 à la création de l'*Auto-Journal* ; Jacques Lemoy devient futur directeur du même journal ; André Boussemart, son homme de confiance, deviendra le directeur de la Sirlo, l'imprimerie du *Figaro*. Sans oublier son associé, Jean-Marie Balestre, le plus compromis de la bande. En 1942, il a en effet supervisé le recrutement des jeunes Waffen SS français en partance pour le front de l'Est...

Tout comme Marc Augier, l'écrivain Raymond Abellio compte après guerre des admirateurs par dizaines. Converti à l'ésotérisme, ce polytechnicien, pacifiste de gauche en 1939, séduit un large public par des livres où le mysticisme le dispute aux explications syncrétiques de l'univers.

La Libération a pourtant été difficile pour celui que l'on connaissait en politique sous le nom de Georges Soulès. S'il reprend peu à peu pied, c'est grâce à un réseau d'amitiés dont le pilier est l'affable directeur de cabinet de Laval, Jean Jardin. Celui-ci a connu le jeune Georges Soulès au moment où ce dernier a ravi le MSR à Eugène Deloncle. A Vichy, c'est Jardin qui affecte les fonds aux partis politiques. Et chaque mois, de l'été 1942 à fin 1944, Soulès se rend à l'Hôtel du Parc pour recevoir le pactole du MSR. Cela crée des liens qui perdurent, à la Libération, jusque dans la tanière suisse de Jardin, à Vevey.

Celui-ci lui procure à la fois le gîte et le couvert en échange d'un travail de répétiteur auprès de son fils Pascal, 13 ans, le futur scénariste à succès, et il lui fait signer un contrat pour trois livres avec une maison d'édition qu'il parraine, Le Cheval ailé, une pépinière de vichystes en quête d'éditeurs. Abellio n'est d'ailleurs pas le seul écrivain à bénéficier du « réseau éditorial » de Jean Jardin, également conseiller amical des éditions de la Table Ronde dès 1943.

Après la loi d'amnistie de 1951, Abellio rentre en France. Il passe trente heures à la prison de la Santé avant d'être acquitté le 17 octobre 1952 par le tribunal militaire de Paris. Jean Jardin, qui n'a jamais été poursuivi et est resté en bons termes avec les deux camps, lui a fourni une attestation favorable. Il entame alors une nouvelle carrière de consultant qui n'est guère flamboyante, mais il est aidé par quelques admirateurs littéraires. Parmi eux, Jean-Pierre François, un financier discret, ami de François Mitterrand, auquel on a prêté un rôle dans le financement de ses campagnes présidentielles. D'origine autrichienne, c'est un banquier florissant qui vit en Suisse mais qui a ses antennes en France. Ce qui lui permettra de soutenir discrètement Abellio dans les années 70. Mais surtout, le réseau des anciens polytechniciens vient à son secours. Il fonde ainsi avec deux ingénieurs de Centrale une société de conseil dont il est le directeur général. Bien qu'il revienne sur son passé dans ses Mémoires, Abellio ne veut plus entendre parler de politique et se réfugie jusqu'à sa mort dans le mysticisme.

Le Pen, nous voilà

Tandis que d'anciens collaborateurs comme Georges Albertini se considèrent toujours comme d'« authentiques socialistes » et s'accrochent à leurs convictions d'avant guerre pour mieux occulter un passé encombrant, d'autres persistent à dériver vers l'extrême droite. Témoin Roland Goguillot, alias Roland Gaucher, alias Roland Varaigne, l'ancien inspecteur national des Jeunesses nationales populaires, qui n'a rien renié de ses engagements anciens et qui méprise ouvertement la « distance » que l'adjoint de Déat a prise avec son passé.

Se sent-il plus à l'aise auprès de Jean-Marie Le Pen ? Roland Gaucher trouve en tout cas une nouvelle famille dans ce Front national que Le Pen essaie de faire émerger dans les années 70.

Ce dernier ne s'en est jamais vanté. Et, tant que ses pourcentages électoraux avoisinaient le zéro, personne, au fond, ne se souciait vraiment de ces douteuses relations. Pourtant, il est secondé dès ses débuts par quelques adeptes de la « Révolution nationale ».

Le plus « prestigieux », si l'on ose dire, Victor Barthélémy, fut le n° 2 de Jacques Doriot, le patron du Parti populaire français (PPF). Après avoir été dans les années 30 un précieux auxiliaire de Moscou, « l'ex-bolchevique » s'est allié à Berlin dans les années 40. Et voilà que le compagnon intime de Doriot rebondit quelques années plus tard sous la protection de l'éphémère député poujadiste, jeune extrémiste fort en gueule, mais pauvre en idées et en stratégie.

Jugé à la fin de la guerre pour haute trahison et intelligence avec l'ennemi à huis clos devant un tribunal militaire, Barthélémy, l'exécuteur testamentaire de Doriot, mort sur une route allemande, s'en sort plutôt bien : quelques mois de prison seulement. Mais, tout comme Albertini qui s'est grisé de pouvoir pendant l'Occupation, il n'a pas envie de demeurer inactif. Il guigne de « vraies » responsabilités. Le rôle de conseiller officieux de l'Italien Giorgio Almirante, le leader du fascisant MSI, ne lui suffit pas. Grâce à Le Pen, il va sortir — relativement — de l'ombre.

En mai 1975, au congrès du FN, à la Grande Motte, il est propulsé secrétaire général. Cette nomination passe assez inaperçue. Le Pen n'a guère le vent en poupe, et puis, qui se souvient encore de Victor Barthélémy ? Roland Gaucher, justement, qui a connu à peu près la même périlleuse cavale que lui en 1945 via l'Italie et la Suisse. Grâce à ses conseils, il publie en 1974 une *Histoire secrète du PC* avant de rejoindre le Front national en 1981.

Victor Barthélémy va modeler le nouveau parti d'extrême droite encore groupusculaire selon des méthodes qu'il a éprouvées sous Staline, puis sous Hitler. « A l'Internationale communiste, au PPF de Doriot et au Front national, note Guy Konopnicki, qui s'est livré à une minutieuse étude des *Filières noires* de Le Pen[1], il applique la même science. Il faut des vieux pour assurer la légitimité. Il faut des organisations spécifiques pour recruter milieu par milieu, femmes, jeunes, anciens combattants, patrons, intégristes, catholiques, rapatriés, presse... » Bref, le vieux collabo enseigne à son jeune élève l'art de monter des réseaux pour accéder au pouvoir.

Cette vieille garde a au moins trois mérites : elle est discrète, expérimentée et reconnaissante. En échange de la protection de Le Pen, elle lui assure une indéfectible loyauté. Quelques « verts-de-gris » se sont ainsi retrouvés comme par miracle autour de cette forte tête qui ne déteste pas entonner les chants militaires allemands. Il les connaît par cœur. Normal, il les a longtemps édités en association avec

1. Denoël, 1996.

un ancien Waffen SS, Léon Gaultier, au sein de la Société d'édition et de relations publiques (SERP). Autres nostalgiques à avoir trouvé refuge dans le giron complaisant du FN : Pierre Bousquet, ancien Waffen SS de la division Charlemagne, un temps trésorier du parti de la « droite extrême ». Ou encore Paul Malagutti, membre du PPF à 17 ans, accusé après la guerre d'avoir monté la garde lors d'un massacre de huit résistants près de Cannes. Condamné à mort par contumace, il a été blanchi en 1953. Cette très vieille connaissance de Le Pen avait participé à la naissance du Front national et était depuis 1986 conseiller régional de la région Centre.

Jusqu'à sa mort en octobre 1996, Malagutti n'a cessé de militer pour le FN. Tout comme l'ancien Waffenstüber, André Dufraisse, un agent immobilier, décédé en 1994, mais dont l'héritage politique est assuré par sa veuve, Martine Lehideux. Même après la disparition de Dufraisse, un banquet annuel réunit encore dans un restaurant de Rueil-Malmaison quelques rescapés du 638e régiment de la Wehrmacht.

Entre-temps, la famille lepéniste s'est élargie, mais le passé lie toujours secrètement quelques adhérents. Quelques « enfants de l'épuration » militent « pour mémoire ». C'est le cas du journaliste Jean-François Chiappe, fils du préfet Angelo Chiappe, un des rares hauts fonctionnaires fusillés à la Libération par des résistants. De même, Alain Jamet, l'un des fils de Claude Jamet, journaliste pacifiste condamné à la Libération pour avoir fustigé les actions militaires britanniques et américaines pendant la guerre, est-il devenu conseiller régional FN du Languedoc-Roussillon. Quant à Agathe Sabiani, la fille de Simon Sabiani, un ponte marseillais du PPF, condamné à mort par contumace, exilé en Espagne jusqu'à sa mort, elle a repris le flambeau familial. Cette ancienne assistante sociale était numéro trois sur la liste du FN cornaquée par Bruno Mégret en février 1997 pour l'élection du maire de Vitrolles. Pilier de « Fraternité française », la filiale caritative de Le Pen, elle s'active dans les Bouches-du-Rhône, au nom du « frontisme populaire ». Tout aussi impliqué, François-Xavier Sidos, neveu du milicien Pierre Sidos, le fondateur de Jeune Nation, et petit-fils de François, fusillé à la Libération, est à la fois conseiller municipal d'Epinay-sur-Seine, et membre du réseau « Armées » du mouvement.

Jean-Marie Le Pen n'aime guère qu'on évoque le douteux passé de ses amis ou de leurs parents. Aussi, quand le 16 juin 1996, lors d'un colloque sur le « populisme nationaliste » organisé à Châteauvallon, François Léotard rappelle que quelques caciques du FN sont d'anciens engagés de l'armée allemande, il éructe. Evoquant avec hargne « cette espèce de guerre civile qu'avait été la Seconde Guerre mondiale pour une partie des Français », il se défend en arguant que « le FN accepte dans ses rangs les Français d'où qu'ils viennent, à condition qu'ils aient l'amour de la France ». Reste à savoir laquelle...

CHAPITRE IX

Militer

Anciens contre modernes : le clivage est vieux comme la chrétienté. Mais il prend, dans la France moderne, un relief tout particulier. De 1905, date de la séparation des Eglises et de l'Etat jusqu'à l'historique bataille de l'école privée, en 1984, les catholiques n'ont jamais offert un front uni aux foucades du siècle. L'Eglise a toujours cahoté entre la tentation de vivre avec son temps et la volonté de rester fidèle à une certaine tradition. Question d'époque et de... Pape. Or, le règne de Jean-Paul II a remis les intégristes et leurs réseaux en selle.

Les intégristes ? Ils reviennent de loin. En 1909, Mgr Umberto Benigni, sous-secrétaire de la Congrégation des Affaires ecclésiastiques extraordinaires, crée en Italie, à l'âge de 45 ans, une bien curieuse institution, destinée à demeurer dans la pénombre des antichambres vaticanes. Il l'appelle « Sodalitium Pianum » (ou, en français, Ligue de Saint Pie V), nom de code : la Sapinière. Dans son esprit, il s'agit d'un « réseau secret international antimoderniste ». La première conspiration intégriste est née. Son but : lutter par tous les moyens, la dénonciation, la calomnie, le « montage » de faux dossiers, l'intimidation, bref, rien que des actions très charitables, contre les « modernes » au sein de l'Eglise.

En France, c'est la « Belle Epoque », mais pas pour tout le monde. En 1905, troisième année du ministère Combes, le Parlement vote la « loi de séparation des Eglises et de l'Etat », rapportée à la Chambre par le socialiste Aristide Briand. Ce texte met fin à tous les privilèges séculaires dont jouissait le catholicisme en France. Il solde aussi une longue brouille entre le gouvernement républicain et le Vatican. Le président du Conseil Emile Combes, un ancien sous-diacre brûlant ce qu'il avait adoré, applique avec rigueur la nouvelle loi sur les associations. Il vient même d'interdire toute activité d'enseignement aux membres des congrégations, et il entre en conflit ouvert avec Rome au sujet de la nomination des évêques. Or, Pie X vient de succéder au très conciliant Léon XIII. C'est la rupture des relations diplomatiques. La France, Etat laïc, est une situation d'exception au cœur de l'Europe.

Les amoureux de la tradition ne peuvent se résoudre à faire leur deuil du drapeau blanc, ou, comme pis-aller, du bonapartisme après l'échec du général Boulanger. L'horizon leur semble bouché par l'installation durable du régime parlementaire assorti d'une laïcité balbutiante.

C'en est beaucoup pour Mgr Benigni et ses amis, futurs partisans du fascisme mussolinien. Qu'à l'intérieur même de l'Eglise prospèrent des courants modernistes, que même la loi de 1905 ne semble pas effaroucher, exige à leurs yeux une riposte énergique et sévère. Ce sera donc la fameuse Sapinière, composée d'ecclésiastiques implantés dans tous les pays d'Europe. Véritable police interne de l'Eglise, elle reçoit le soutien discret du très rigide Pie X, signataire d'une encyclique opposée au modernisme. « Sodalitium Pianum » recourt à des méthodes inspirées de l'Inquisition pour « nettoyer » l'Eglise, mais aussi, en France, pour déstabiliser la démocratie parlementaire.

Comme dans toute société secrète qui se respecte, les initiés de la Sapinière qui s'appellent entre eux les « cousins », ont adopté un langage à clés. Il ne s'agit pas vraiment d'un chiffrage intégral comme en usent les chancelleries, mais plutôt d'un curieux vocabulaire (417 mots) qu'ils substituent aux mots ordinaires du discours normal. Ces James Bond de bénitier écrivent donc dans ce qu'ils appellent la langue « roich » (le mot « roich » est composé avec les initiales de la devise de Pie X : « **R**estaure **o**mnia **i**n **C**hristo » — en français, « Restaurer toutes choses dans le Christ »). En « roich », on appelle les évêques des « tantes », les prêtres sont des « neveux », les religieuses des « belles-sœurs », les Juifs des « charcutiers », les ambassadeurs des « dentistes », les propagandistes des « électriciens », les modernistes des « malades », les démocrates-chrétiens des « oranges », les républicains des « quincailliers », les francs-maçons de la « verdure ». Jusqu'au Pape Pie X, affublé lui aussi d'un sobriquet franchement surréaliste : la baronne Micheline !

Les comploteurs de la Sapinière trouvent leurs meilleurs soutiens parmi certains membres de l'Action française, pourtant désavouée par Rome à la suite de plusieurs écrits de Maurras, à l'instar de *Chemin de paradis*, poursuivi par l'Index dès 1914. Mais l'Action française magnifie l'ordre et l'autorité, deux valeurs chères au clan Benigni. Certains curés deviennent même militants du mouvement maurrassien. C'est le cas du révérend père Le Floch, directeur du séminaire français de Rome, relevé de ses fonctions en 1927 à cause de son activisme. Entre-temps, cet ami de la Sapinière a compté parmi ses jeunes séminaristes un certain Marcel Lefebvre, qui provoquera quelques décennies plus tard un schisme au sein de l'Eglise.

La Sapinière est-elle une efficace conjuration ou, simplement, une poignée de vieux barbons réactionnaires, friands de fiches indiscrètes et de codes secrets ? Le sociologue Emile Poulat, grand spécialiste du « catholicisme intégral », a longuement étudié ce réseau ecclésiastique[1] : « Ils recensaient, confie-t-il, tout ce qui était produit par les catholiques modernistes, en faisaient grand cas et expédiaient le produit de leurs enquêtes à Rome. Mais ils ne mettaient pas dans ce travail une grande virtuosité. »

En tout cas, les activités coordonnées par Mgr Benigni s'arrêtent brusquement le 8 décembre 1921. Bien malgré lui, le prélat se voit contraint par sa hiérarchie de dissoudre son micro-réseau, à l'importance numérique minime mais qui inspirera après guerre le renouveau intégriste. La Sapinière peut faire sourire. Des espions en mitre ? Elle marque pourtant le début d'une guerre de réseaux aux alliances fluctuantes.

Les progressistes vont en effet leur chemin. Curieusement, c'est la guerre de 14 qui a instillé les

1. Emile Poulat, *Intégrisme et catholicisme intégral : un réseau secret international anti-moderniste, la Sapinière,* Casterman, 1969.

premiers ferments modernistes parmi les jeunes prêtres. « La très laïque IIIe République, explique Jacques Duquesne, journaliste spécialiste des questions religieuses, avait décrété qu'au nom de l'égalité de traitement, les curés feraient leur service militaire comme tout le monde. Mobilisés, ceux-ci découvrent, sac au dos, la misère de la classe populaire. »

L'Action catholique, créée à la fin du XIXe siècle, est le pivot de cet élan. Et elle recrute massivement à la faveur de cette vague. Ainsi, la Jeunesse ouvrière chrétienne (JOC), une des « filiales », fondée en 1927, réunit de nombreux militants, acquiert notoriété et influence là où, hier encore, de très condescendantes dames patronnesses détenaient le monopole du cœur et de la foi révélée. Phénomène inédit : des catholiques se revendiquent ouvertement comme membres de la classe ouvrière !

Dans la sphère intellectuelle, 1932 marque la création de la revue *Esprit* par Emmanuel Mounier. Le philosophe, qui y développe des idées « dérangeantes » pour les tenants de l'« Eglise de l'Ordre » chère au très réactionnaire Charles Maurras, propose une synthèse entre christianisme et socialisme. Mounier veut convaincre qu'il est non seulement possible mais souhaitable que les catholiques s'impliquent dans la société. De quoi faire frémir les comploteurs de feue la Sapinière !

Cinq ans plus tard, la création du SGEN (Syndicat général de l'Education nationale) passe presque inaperçue. Et pourtant ! Cette organisation regroupe des instituteurs et des professeurs, certes chrétiens, mais désireux de promouvoir une culture sociale « où l'accent serait mis sur des disciplines et des études laïques, abstraction faite de toute référence confessionnelle ». Autant dire la révolution ! Son promoteur, Paul Vignaux, est un artisan éclairé de ce que les « cathos de gauche » vont réaliser de plus remarquable. Ancien élève de l'Ecole normale supérieure de la rue d'Ulm, historien, spécialiste de philosophie médiévale, c'est un pur produit de l'Action catholique. Son credo : le « catholicisme républicain ». Son destin : conduire, après guerre, la déconfessionnalisation de la CFTC à laquelle son syndicat s'est affilié en 1919.

La gauche du Christ

L'après-guerre marque en effet l'apogée de ceux qui se situent « à gauche du Christ ». La hiérarchie cléricale ne s'est pas conduite, c'est le moins que l'on puisse dire, avec un héroïsme échevelé pendant l'Occupation allemande. Si l'exemple vient d'en haut, celui donné par Rome n'a pas vraiment contribué au réveil des consciences. Pas mal de « traditionalistes » se sont dans le meilleur des cas épanouis dans un vichysme pontifiant. Réfugié aux Etats-Unis après s'être fait remarquer dès les débuts de l'Occupation par la Gestapo, Paul Vignaux écrit en 1943 : « Dans la France de Vichy, le monde catholique s'est partagé et découvert : beaucoup de traditionalistes — qui se disaient nationalistes — sont apparus hommes d'un ressentiment. Ressentiment contre la IIIe République, la tradition démocratique et ouvrière, la Révolution française. Tout à la méditation morose de la défaite, éducatrice, pensaient-ils, nécessaire à ce peuple qu'au fond ils n'aiment guère, beaucoup de ces professionnels de la défense catholique n'ont pas vu le péril hitlérien. »

En face, la JOC organisait des réseaux de résistance à l'occupant, et s'activait pour soustraire les jeunes au STO. A la Libération, ceux-ci sont auréolés de la victoire, tandis que certains « traditionalistes » doivent se faire oublier. Le rapport de forces s'en trouve irrémédiablement modifié. Les « cathos de gauche » prennent l'avantage. Ils le conserveront trois décennies durant.

Pendant la guerre, un autre mouvement confessionnel a vu le jour dans la clandestinité. En 1942, d'anciens scouts créent « Vie nouvelle ». Ils entendent changer la société grâce aux vertus de l'éducation et d'un certain humanisme chrétien. Organisés en « fraternités de quartier », des réseaux qui ne s'avouent pas comme tels, les militants se retrouvent pour débattre sur des sujets aussi subversifs que le colonialisme, le droit à la critique, le couple et la sexualité. Ils veulent être indépendants de la doctrine de l'Eglise pour juger des évolutions sociales. L'idée sous-jacente aux activités de « Vie nouvelle » est en vérité très moderne : que des chrétiens puissent, à côté de leur foi, porter sur les faits de société, à commencer par ceux de leur vie quotidienne, des jugements qui ne soient pas automatiquement dictés par la doctrine de l'Eglise.

La grande nouveauté, qui cimente dans cet après-guerre prometteur les réseaux catholiques, c'est le militantisme. La JOC l'avait popularisé dans les années 30, des prêtres commencent à le répéter en chaire : un bon catholique doit s'engager. D'accord, mais où ? « Dans un premier temps, auprès des organisations catholiques, commente Jacques Duquesne. C'est ce qui explique l'essor du syndicalisme chrétien. L'important, c'est qu'un élan est donné. En France, au début du siècle, l'ACJF lance le slogan : "Sociaux parce que catholiques". Au lendemain de la guerre, elle le complète d'une nouvelle formule : "Civiques parce que sociaux". Elle dit "civique" parce que le mot politique fait peur, mais elle montre assez que ses membres ont touché les limites d'une simple action sociale et la nécessité d'une action politique. »

L'engagement, dès lors, se vit tous azimuts. C'est Ella Sauvageot, épouse de l'administrateur du *Monde* et patronne de la *Vie catholique*, qui réunit dans son salon des dominicains, des jésuites, des militants chrétiens progressistes ainsi que des intellectuels et des journalistes autour d'une « personnalité ». C'est une autre femme, plus âgée, Germaine Malaterre-Sellier, déléguée de la France pour les affaires familiales à la SDN avant guerre, une catholique de gauche convaincue, qui reçoit dans son appartement, avenue Kléber, ses amis démocrates-chrétiens. Sous le Front populaire, elle a servi d'intermédiaire entre Léon Blum et Pie XI : elle avait en effet entrepris de réconcilier l'Eglise avec le premier gouvernement socialiste. « Go-between » des évêques résistants pendant les années noires, elle réactive après guerre son réseau « romain ».

Avec quelques années de moins, des militants des divers mouvements de jeunesse, aussi bien étudiants qu'ouvriers, se destinent à influer sur la société française. Edmond Michelet et André Colin, dont la fille, Anne-Marie Idrac, deviendra secrétaire d'Etat aux Transports en mai 95, font partie de cette vague. De même le jociste Paul Vignaux qui succède à la CFTC au jociste Eugène Descamps. La Jeunesse ouvrière chrétienne a aussi formé l'une des figures emblématiques de ce catholicisme engagé : Georges Montaron, futur patron de *Témoignage chrétien*, et « parrain » de quelques grands noms de la presse et de l'audiovisuel, comme Hervé Bourges et Jean Boissonnat. Ce dernier est, lui, un pur « produit » de la Jeunesse étudiante chrétienne (JEC) des années 50. Il a assumé des responsabilités nationales, et a eu l'occasion de se lier avec le futur politologue René Rémond et quelques hommes politiques de gauche en devenir : André Labarrère, Henri Nallet, Jean-Pierre Sueur, etc.

La Jeunesse agricole chrétienne (JAC), fournit aussi son lot de futurs responsables qui s'épauleront tout au long de leurs carrières. Le jeune Michel Debatisse y consacre toute son énergie de militant avant de fonder le CNJA (Centre national des jeunes agriculteurs) qui le propulsera à la tête d'un ministère dans le gouvernement de Raymond Barre. A la JAC, il a connu un autre pilier du réseau « paysan »,

Lucien Douroux, le futur président du Crédit agricole. Un ami et un beau-frère, puisqu'il a épousé sa sœur.

Au centre de cette myriade d'associations prospère une intéressante institution : les « Semaines sociales ». Créée à la fin du XIXe siècle dans le sillage de l'encyclique « Rerum novarum » (1891), cette université ambulante réunit chaque année après guerre près de 3 000 personnes autour de sujets d'actualité. L'on retrouvera, dans les années 90, René Rémond à leur comité de direction, sous la présidence de... Jean Boissonnat. Les mêmes animaient d'ailleurs avec Jacques Delors, un ancien de « Vie nouvelle », les Semaines sociales de novembre 1996 sur le thème : « Entre modernisation et nations, quelle Europe ? »

Mais toutes ces « chapelles », si l'on ose dire, sont dans les années 50 fort préoccupées par un autre sujet d'actualité, la décolonisation. Dès 1948, une « Semaine sociale » souligne sans ambages que « toute éducation s'achève normalement en émancipation et doit y tendre ». Avec le durcissement de la guerre en Indochine, et le conflit algérien qui se profile, le message est clair. Ces champs de bataille consacreront le divorce entre les démocrates-chrétiens du MRP et les cathos de gauche. Si ces derniers, révoltés par la torture, se déterminent « dans le sens du progrès », tous n'intègrent pas pour autant les réseaux de soutiens au FLN. Un noyau de prêtres et de laïcs héberge toutefois des nationalistes algériens, sert d'agents de liaison ou facilite l'impression de tracts.

Une fois les guerres coloniales achevées, l'attention des « cathos de gauche » se tourne à nouveau vers la politique intérieure. La première élection du Président de la République au suffrage universel, prévue pour 1965, s'annonce. La grande question : comment mettre fin au tête-à-tête électoral entre de Gaulle et les communistes ?

Les manœuvres commencent dès 1963. Les jeunes syndicalistes agricoles du CNJA, sous la houlette de Michel Debatisse, dialoguent depuis longtemps avec les ouvriers de la JOC et les militants de la CFTC. De ces débats naît le GROP (Groupe de recherche ouvrier et paysan) qui entretient, dès sa fondation, des liens étroits avec le club Jean-Moulin.

Initialement, ce rassemblement de hauts fonctionnaires n'a aucune connotation confessionnelle. En mai 1958, l'ancien secrétaire de Jean Moulin, Daniel Cordier, envisage sa création en compagnie de quelques amis, anciens résistants comme lui, le diplomate Stéphane Hessel, ou le compagnon de route du Parti communiste Marcel Degliame-Fouché. Ces orfèvres en clandestinité, ulcérés par l'autoritarisme gaullien, s'apprêtent à reprendre du service. Mais leur savoir-faire ne servira pas deux fois.

Contre toute attente, de Gaulle ne s'installe pas au pouvoir après un putsch. Il est désigné le plus légalement du monde par la Chambre avec la bénédiction des partis politiques. Que faire ? Lutter contre l'accroissement du pouvoir personnel, pour la démocratie et le respect des libertés individuelles. Mais ce réseau-là n'impressionne guère le Général : « Ce sont, grommelle-t-il, de jeunes commis de l'Etat qui vont critiquer le soir dans les sentines de l'opposition les actes ministériels auxquels ils ont, dans la journée, consacré leur intelligence. »

En 1959, le réseau sort de l'anonymat sous l'impulsion de Georges Suffert, ancien rédacteur en chef de *Témoignage chrétien*. Promu secrétaire général, il ouvre les portes du Club à la CFTC et au GROP. Marcel Gonin, responsable de la formation et des études à la CFTC, et Lucien Douroux, passé de la JAC au CNJA, participent aux réunions. Ce petit milieu vit un peu en boucle sur lui-même autour des journalistes économiques Jean Boissonnat et Gilbert Mathieu, ou du sociologue Michel Crozier.

L'inspecteur des Finances François Bloch-Lainé, alors président de la Caisse des dépôts, une figure du club Jean-Moulin, contribue aux travaux politiques du GROP en compagnie de deux universitaires qui portent, eux aussi, plusieurs casquettes associatives : les juristes Maurice Duverger et Georges Lavau.

Tous ces réseaux trempent plus ou moins activement dans l'opération « M. X » visant à mettre Gaston Defferre en selle pour affronter le général de Gaulle. Le 16 décembre 1963, un « Manifeste sur l'élection présidentielle » occupe une pleine page du *Monde* sous une signature collective : le GROP, le club Jean-Moulin, Citoyens 60, les 2 000 Lyonnais du cercle Tocqueville, et les Marseillais de Démocratie nouvelle. Outre un plaidoyer pour une candidature unique de la gauche, tous réclament une rénovation du débat politique.

Les 6 et 7 juin 1964, Vichy accueille les « Assises de la démocratie ». Organisée, à quelques nuances près, par les signataires du manifeste « présidentiel », cette rencontre illustre la santé florissante des clubs. Mais l'opération « M. X » n'en capote pas moins. Ils souhaitaient Gaston Defferre, un pis-aller dans une SFIO à bout de souffle, ce fut François Mitterrand, soutenu tout de même par la filière de *Témoignage chrétien*.

Mais les cathos de gauche ont de la suite dans les idées. A l'automne 1965, une quinzaine d'entre eux, parmi lesquels Jean Boissonnat, Michel Debatisse, Eugène Descamps, Jean-Marie Domenach, Henri Nallet, René Rémond, Jacques Duquesne, organisent un week-end à Dourdan, dans l'Essonne. Ils ont convié une centaine de leurs semblables à s'interroger sur la manière de « favoriser le dialogue entre le monde et le peuple de Dieu ».

Vaste programme sur un thème on ne peut plus post-conciliaire puisque Vatican II a justement défini l'Eglise comme « le peuple de Dieu ». Tout un symbole, dont les conséquences désespèrent les « archéos » et font le miel des « modernes ».

Mais les « modernes » vont payer très cher cette volonté forcenée de vivre l'Eglise hors de ses murs et de militer à tout prix dans des partis politiques ou dans des syndicats. « Après Vatican II, il n'était question que de s'engager dans tous les champs de la société. C'est ainsi qu'il y a eu désertion de la "boutique Eglise" par les progressistes sur ordre des clercs, explique Christian Terras, rédacteur en chef du magazine chrétien iconoclaste *Golias*. Alors, en 1978, il a été d'autant plus facile au nouveau pape Jean-Paul II de redresser la barre sur des bases conservatrices qu'il ne trouvait pratiquement aucune résistance au sein de l'institution. » Jean-Paul II s'installe en effet au pouvoir avec l'appui de quelques réseaux farouchement conservateurs, parmi lesquels l'Opus Dei, dont certains de ses proches collaborateurs sont des membres actifs.

Les troupes de choc du cardinal

Qu'il semble loin, le temps du dialogue, du « peuple de Dieu » et des week-ends à Dourdan ! Aligné sur les positions de Jean-Paul II — il perçoit son cheminement spirituel comme un reflet du sien —, le cardinal de Paris, Jean-Marie Lustiger, une des plus influentes personnalités de l'Eglise de France, n'a que faire du dialogue, des feux de camp scouts et des interrogations sur la façon de vivre sa foi dans la modernité. Lui croit et il avance. C'est aussi simple que cela.

Ceux qui ont connu l'étudiant syndiqué à l'UNEF revendiquant en 1946 un statut pour le « jeune travailleur intellectuel », ceux qui s'imaginent que son amitié ancienne avec l'ancien président du groupe Bayard Presse Jean Gélamur — il l'a connu en 1969 à la paroisse de Sainte-Jeanne de Chantal — laisse présager de bonnes relations avec les réseaux cathos-sociaux déchantent vite. Le cardinal-archevêque se défie de l'Action catholique. C'est du moins l'impression qu'il laisse à tous ceux qui ont eu l'occasion d'aborder la question avec lui.

Jean-Paul II au Saint-Siège en 1978, Jean-Marie Lustiger à Paris en 1981, le tandem fonctionne à merveille. Doté, de l'avis général, d'un caractère difficile, le cardinal manque d'esprit consensuel. Un défaut qui lui vaut, entre autres, de n'avoir jamais été élu à la tête de la Conférence épiscopale par ses confrères évêques. Mais ce fichu caractère ne l'isole pas pour autant. Bien décidé à croiser le fer avec ces « traîne-savates » progressistes, il a su verrouiller un système à sa dévotion, alimenter des chaînes de connivences et trouver à l'extérieur de l'Eglise de solides appuis qui lui permettent de « bétonner » ses positions de pouvoir.

Il s'est entouré, mais il n'est après tout pas le premier, de ses plus vieux amis. Des inconditionnels du Centre Richelieu, où il fut aumônier des étudiants parisiens, des vicaires de Sainte-Jeanne de Chantal où il fut curé du temps du cardinal Marty. Quant aux plus jeunes recrues, elles lui font allégeance sans réserve. « Certains s'en enorgueillissent, note Christian Terras. "Nous sommes les troupes de choc du cardinal", disent-ils fièrement. Tous ceux qui héritent des postes de confiance sont passés par ses filières. »

Exemple : Mgr André Vingt-Trois, son fidèle bras droit. Assez doué, dit-on, pour faire l'unanimité contre lui, cet ancien vicaire de Sainte-Jeanne de Chantal est devenu un virtuose du cumul. Nommé, non sans mal, évêque auxiliaire, il a en charge les secteurs stratégiques de la formation et de l'information de l'évêché.

Le cardinal Lustiger juge le séminaire d'Issy-les-Moulineaux d'un niveau médiocre ? Qu'à cela ne tienne, il en crée un autre à Paris, dirigé par...

Mgr Vingt-Trois. Non sans résultats, d'ailleurs, puisque la moitié des prêtres français sont ordonnés dans la capitale. Le même cardinal considère que les laïcs manquent de lieux pour approfondir leur foi ? Il fonde « l'Ecole Cathédrale », qui organise des cours sur les Ecritures, les Pères de l'Eglise, la littérature religieuse, tandis que des *Cahiers* édités par l'évêché traitent du mystère chrétien. Le fleuron de cette institution, appelé « Ecole des responsables », accueille l'élite des paroissiens. Considérée comme une sorte d'ENA catholique, elle dispense une formation approfondie de deux ans sur l'étude des Ecritures.

Là encore, Mgr Vingt-Trois maintient le cap. Tout comme il veille jalousement sur deux médias diocésains : Radio Notre-Dame et l'hebdomadaire *Paris Notre-Dame*, qui ouvre rarement ses colonnes à des forums de discussion. Radio Notre-Dame a constitué un réseau radiophonique avec plusieurs dizaines de stations décentralisées relevant de diocèses « amis » qui peuvent piocher à volonté dans ses programmes. Des programmes qui ne donnent guère la parole à d'éventuels contestataires, contrairement à la radio lyonnaise Radio Fourvière, pluraliste et oecuménique, que supervisait son rival Mgr Decourtray. Les deux hommes ne s'entendaient guère, et il en a même coûté, dit-on, à Mgr Lustiger de rendre visite en sa compagnie à François Mitterrand avant la grande manifestation de 1984 à Versailles en faveur de l'enseignement privé.

Radio Notre-Dame fut à cette occasion un efficace relais du réseau scolaire confessionnel. Jean-Marie Lustiger se méfie instinctivement des journaux classés comme « catholiques », comme *La Croix* ou *La Vie*, qui tiennent à garder leur indépendance et leur sens critique. Du coup, le cardinal préfère entretenir son propre réseau de journalistes « laïcs » comme Georges Suffert du *Figaro*, Jean Daniel du *Nouvel Observateur*, Henri Tincq, du *Monde*, ou encore Jean-Pierre Elkabbach...

Faute de faire l'unanimité auprès de ses confrères des autres évêchés, le cardinal-archévêque de Paris multiplie les alliances avec le monde politico-économique et intellectuel. Grâce à un rabatteur de talent : l'aumônier de l'Ecole normale supérieure, Jean-Robert Armogathe. C'est lui qui a notamment repéré Jean Duchesne, un ancien de la rue d'Ulm, agrégé d'anglais. Il l'a promu à la fois conseiller personnel et « plume » du cardinal. Le normalien a ainsi rédigé le discours d'intronisation du cardinal Lustiger à l'Académie française. Mais il se charge également de lui préparer une revue de presse étrangère, de négocier ses écrits auprès des maisons d'édition et d'organiser des déjeuners avec des intellectuels choisis.

Ce cercle-là se retrouve autour de la revue *Communio*, dont la version française est présidée, justement, par Jean Duchesne et animée par le philosophe Jean-Luc Marion. Fondée en 1972 par des théologiens et des prélats du Vatican parmi lesquels le très rigoriste cardinal Ratzinger, *Communio* véhicule à usage des élites la pensée de Jean-Paul II, qui est par ailleurs un des lecteurs assidus de la revue. Très critique sur les philosophes des Lumières, elle ouvre ses colonnes à un petit réseau de Normaliens qui constituent le « laboratoire d'idées » du cardinal.

Les réseaux politico-économiques de l'archevêché sont moins structurés. Quelques hauts fonctionnaires en font tout de même partie. Parmi eux, Michel de Virville. Cet ancien directeur de cabinet de Jean-Pierre Soisson au ministère du Travail s'est fait connaître du grand public comme secrétaire général de Renault. C'est lui qui a piloté la fermeture de l'usine belge de Vilvorde et sa calamiteuse annonce médiatique. Le cardinal a chargé son épouse Martine de toute la catéchèse, une tâche traditionnellement dévolue à un religieux. Mais Mme de Virville est une amie de confiance. L'ancien directeur de l'ENA René Lenoir, les inspecteurs des Finances François Bloch-Lainé, Philippe Rouvillois, major de la promotion de Jacques Chirac à l'ENA, l'ancien ministre de la Culture giscardien Jean-Philippe Lecat, le président RPR de la région Ile-de-France Michel Giraud, grand dispensateur de subventions, ou le fabiusien Philippe Essig, ancien directeur de la SNCF, composent un camaïeu politico-administratif suffisamment éclectique pour qu'il puisse servir à l'occasion de passerelle avec d'utiles relais.

C'est le cas de Roger Fauroux, ancien ministre de l'Industrie dans le gouvernement de Michel Rocard, ex-directeur de l'ENA. Un temps conseiller financier du cardinal, il lui a ouvert les portes du monde patronal catholique dont les fleurons sont des hommes comme Michel Albert, Jacques Calvet, Olivier Lecerf, ou Jean-Noël Bongrain. Des patrons amis qui font également partie du conseil d'administration de l'association « Art, Culture et Foi », créée en 1989. Sa vocation : subventionner des manifestations ou des artistes qui concilient esthétique et célébration de la foi.

S'appuyer sur des laïcs dotés d'excellentes positions sociales et dogmatiquement fiables, voilà l'un des fondements secrets de la galaxie Lustiger. Conscient du risque qu'il y aurait à dédaigner l'intérieur de l'institution, il s'intéresse néanmoins à d'autres groupes sociaux, plus « basiques ». Ainsi des charismatiques, ces « fous du Saint-Esprit » inspirés par le pentecôtisme américain, friands de guérisons miraculeuses et autres prodiges. Il ne partage pas forcément leurs idées, mais ces communautés sont à l'occasion un vivier non négligeable de futurs prêtres. Suspectés de dérive sectaire, les charismatiques apprécient d'être ainsi légitimés... Cette onction cardinalesque offre un autre avantage : la possibilité d'étancher une insatiable soif de prières dans des paroisses amies. C'est notamment le cas à l'église de la Trinité où l'un des leurs a été aimablement nommé par l'archevêque.

De même, la communauté de l'Emmanuel, un des plus importants rassemblements charismatiques, compte plusieurs fidèles parmi les journalistes de Radio Notre-Dame. Ce sont souvent d'anciens étudiants ou des enseignants de l'école de journalisme catholique bruxelloise « European Medias Studies » (EMS). Une école confessionnelle généreusement subventionnée par Piet Dierksen, le patron hollandais des villages de loisirs « Center Parcs », lui-même fidèle fervent...

La tribu charismatique a tissé des liens avec le groupe Médias Participation, une holding belge qui a récupéré les anciennes éditions Ampère de Rémy Montagne, un éditeur intégriste décédé à la fin des années 80. Le cardinal observe avec d'autant plus de bienveillance cette citadelle (enrichie depuis 1986 de Dargaud, Fleurus, Mame, etc.), qu'elle contrebalance l'influence des groupes Bayard et Malesherbes Publications. Leurs publications ne sont en effet guère en odeur de sainteté à l'archevêché.

Quelques membres du réseau « Communio » collaborent à Médias Participations, qui édite aussi le journal *Famille chrétienne*. Diffusé à près de 100 000 exemplaires, cet hebdomadaire développe les thèmes de « la reconquête », fournis clé en main par le Vatican. L'un des dirigeants de Médias Participation, Jacques Jonet, appartient aux Chevaliers du Rouvre, un « Ordre » belge comparable aux très intégristes Chevaliers de Notre-Dame. L'un des anciens directeurs de *Famille chrétienne*, André Josan, fit partie lui aussi de ces chevaliers français qui servirent un temps de service d'ordre à quelques manifestations épiscopales.

Sur cette nébuleuse lustigérienne se greffe un groupe de 600 jeunes environ, prêtres ou aspirant à le devenir, tous membres de la Congrégation des Frères de Saint-Jean. Baptisés les « petits gris » par leurs détracteurs, ces « soldats de l'Eglise » à la foi intransigeante vivent sous la tutelle d'un ancien dominicain, Marie-Dominique Philippe. Un temps conseiller du Pape, il est allié à la famille Bonduelle, une des plus florissantes de l'industrie agro-alimentaire, qui n'hésite pas à subventionner ces bonnes œuvres.

Parachutés dans les diocèses où sévissent des évêques ultra-conservateurs — une dizaine en tout, dont Ars, Gap et Le Puy —, ils sont redoutés des catholiques progressistes qui voient entre autres en eux la base de soutiens logistiques aux réseaux anti-avortement.

Des méthodes « christo-marxistes »

« Notre démarche est un peu gauchiste. Elle se rapproche des méthodes trotskistes. Et même plutôt christo-marxistes. Avec trois objectifs : conscientisation, dynamisation, mobilisation. La conscientisation porte sur une idée centrale : l'embryon est un être humain et non un matériau. Autour de ce thème, nous incitons nos sympathisants à agir. C'est la phase de dynamisation. A leur tour, ils sont chargés de mobiliser l'opinion par l'intermédiaire des parlementaires et autres milieux influents. » Ces propos, tenus par le sociologue et théoricien de la lutte anti-IVG Dominique Ansery dans *L'Express*[1], ont une résonance familière. Les Cagoulards des années 30 ne rêvaient-ils pas d'instaurer une « société morale », débarrassée des « bolcheviks », en s'inspirant néanmoins de leurs méthodes ?

L'opinion publique a l'habitude de voir l'extrême gauche mettre en scène des « agit-prop », qu'il s'agisse d'actions menées en faveur des immigrés sans papiers ou des mal-logés. Rendez-vous secret à

1. 8 juillet 1993.

une station de métro, occupation d'une église pour les premiers, d'un immeuble désaffecté pour les seconds, alerte des médias, appel aux politiques, les gauchistes sont rodés.

Par un étonnant mimétisme, les intégristes de tous bords, musulmans comme chrétiens, ont intériorisé ce genre de méthode. De la même manière que les islamistes décident sciemment des « opérations foulards » dans tel ou tel lycée, les « pro-vie » concoctent des actions-commandos dans les services hospitaliers qui pratiquent des IVG. Ces nouveaux « résistants », qui n'hésitent pas à assimiler la pratique légale des avortements au génocide juif, agissent selon des techniques parfaitement huilées. « L'idée est simple, raconte Fiametta Venner[1], qui a décortiqué leur stratégie, un groupe de personnes recrutées par le bouche-à-oreille se retrouve dans une église, et après avoir suivi une messe pour la mémoire des enfants non nés, se dirige vers un hôpital repéré par Xavier Dor, le fondateur de "SOS tout-petits". Tous ensemble, ils s'agenouillent dans les couloirs et prient en chantant des cantiques. »

La capacité de mobilisation de ces réseaux — plus d'une vingtaine — ne laisse pas d'étonner. Ce n'est pas que leurs troupes soient si fournies puisqu'on retrouve souvent les mêmes d'un groupuscule intégriste à l'autre, mais leur détermination, voire leur fanatisme, impressionne.

Quand le ministère de la Santé a accepté, à l'automne 88, d'élargir l'utilisation du RU 486, « la pilule du lendemain » découverte par le professeur Etienne-Emile Beaulieu et fabriquée par les laboratoires Roussel-Uclaf, le rouleau compresseur « christo-marxiste » s'est mis en marche. Lettres d'insultes, menaces de boycott arrivèrent en masse au siège de l'industriel, dont le PDG est par ailleurs un catholique convaincu, pour dénoncer

1. *L'Opposition à l'avortement,* Berg International, 1995.

cette « pilule abortive ». L'Association pour l'objection de conscience à toute participation à l'avortement (APCOA), qui avait déjà encouragé ses adhérents à déduire de leurs impôts la somme correspondant aux dépenses du remboursement de l'IVG, recommandait cette fois d'acheter une action Roussel-Uclaf pour dénoncer lors des Assemblées générales les « manœuvres mortifères » de l'industriel.

Effrayé de la tournure que prenait la mise sur le marché de son produit, le PDG a reculé un mois plus tard. Pour la plus grande satisfaction des associations familiales catholiques et des évêques réunis en assemblée plénière à Lourdes. Mais, de l'autre bord, les protestations contre « les forces conservatrices religieuses » s'étaient multipliées à tel point que le ministre de la Santé, Claude Evin, avait mis Roussel-Uclaf en demeure de reprendre la distribution de son produit. Message reçu. Le groupe pharmaceutique a fini par céder.

Mais il en faut plus pour faire renoncer ces « croisés de l'ordre moral ». Antenne 2 leur consacre-t-il un « Envoyé spécial » critique ? Les associations familiales traditionalistes mobilisent à nouveau leurs forces pour protester contre sa diffusion. Familles de France, dont les responsables nationales du secteur « Vie familiale-Education » sont à la pointe du combat anti-IVG, et la revue *Famille chrétienne* n'y figurent pas, c'est vrai, à leur avantage. L'émission sera bel et bien diffusée, mais Familles de France obtient tout de même qu'il soit précisé qu'elle est « une organisation légaliste ».

Ces conservateurs savent aussi mettre la modernité au service de la tradition. Ainsi, le président de l'APCOA, Michel Raoult, tient-il à jour un fichier informatique qui recense toutes les positions des élus sur l'IVG. De son côté, la Coordination des rosaires pour le respect de la vie, organisation de prières avant les « opérations de sauvetage », nom pudique pour les commandos anti-IVG, a mis également en place un serveur sur lequel peuvent intervenir les quatre cents animateurs de rosaires. Enfin, deux médias amis, Radio-Courtoisie et Radio Notre-Dame, relaient les informations transmises par les « sauveteurs » sur leurs différentes activités.

Il existe en effet une myriade de réseaux organisés par corporation professionnelle. Des médecins catholiques affiliés à ces groupuscules, obéissants au Pape, n'apportent évidemment aucune aide aux femmes pour avorter. Ils encouragent l'accouchement « sous X » en vue de l'adoption via une œuvre spécialisée. De même, des pharmaciens refusent de vendre des préservatifs, et des juristes concoctent des amendements pour contrarier l'application de la loi Veil ou préparent la défense des commandos anti-IVG. Mais l'un des relais les plus surprenants se trouve parmi certains assureurs « intégristes ».

Il suffisait d'y penser. Qui dit remboursement de l'avortement par la Sécurité sociale dit aussi remboursement complémentaire par les mutuelles. Or, quoi de plus ingénieux, pour décourager les candidates à l'IVG, que de leur refuser cette couverture « scélérate » ? Jacques Rousset, un ancien cadre lyonnais d'une société mutuelle qui remboursait jusque-là sans problèmes l'avortement, a cru pouvoir convaincre la majorité de ses collègues de supprimer cette prestation. En fait, son « Association pour la protection de la vie et de la santé », associée au groupe April, est l'une des rares sociétés d'assurance à revendiquer auprès de ses adhérents le non-remboursement de l'IVG. Mais il ne désespère pas de faire école : à l'en croire, six autres mutuelles, dont une s'adresse aux étudiants parisiens, auraient déjà cédé aux pressions des militants « pour le respect de la vie ».

L'appui moral de nombreux ecclésiastiques à ces « opérations de sauvetage » n'est guère étonnant. Ce qui l'est davantage, c'est d'en retrouver quelques-uns en action. Dom Gérard Calvet, prieur du très intégriste monastère Sainte-Madeleine du Barroux, dans le Vaucluse, est l'un des plus combatifs. Enchaîné avec sept laïcs, il a fait un sit-in prolongé en octobre 1994 dans le service d'IVG de l'hôpital Michallon de Grenoble, jusqu'à ce que les gendarmes l'en délogent manu militari. Béni publiquement par le cardinal Lustiger à l'occasion de son procès — « C'est une protestation moralement fondée de la conscience droite » — il a entraîné dans la foulée d'autres religieux qui seront à leur tour poursuivis par la justice.

Tiraillés entre leur fidélité naturelle au Pape et leur volonté de coller à leur époque, les catholiques progressistes ne cessent de perdre du terrain. Sur celui de la contraception et de l'avortement, l'hostilité de l'épiscopat pèse lourd. Celui-ci est devenu pour les plus conservateurs une caution de poids. Voilà donc les progressistes marginalisés, alors que les intégristes s'épanouissent, confortés non seulement par la hiérarchie catholique mais aussi par de solides relais politiques « confessionnels ».

« Monsieur Gendre » et ses amis

La plus méritante marraine des « pro-vie » est, de l'avis général, la très catholique députée des Yvelines, Christine Boutin. Passée du PR aux adhérents directs de l'UDF, puis au Centre des démocrates sociaux (devenu « Force démocrate »), cette barriste, mère de cinq enfants, entraîne derrière elle un noyau dur d'une vingtaine d'irréductibles qui ont refusé de voter toutes les « lois scélérates ». La loi Veil dépénalisant l'avortement, bien entendu, son renouvellement, puis le remboursement de l'IVG, et, plus récemment, la loi sur la bioéthique. Même s'il ne s'agit là que d'un groupe parlementaire informel et modeste, il est craint pour son activisme. Car ses membres appartiennent à une kyrielle d'associations, qui ont toutes pour but, sous des appellations différentes, de « favoriser la vie ». L'une d'elles, que Christine Boutin a labellisée « Cartel pour la Vie », fédère plus d'une dizaine de micro-associations dont certaines flirtent avec l'extrême droite, vivier privilégié des militants anti-IVG. Le docteur Xavier Dor, l'« inventeur » des « opérations de sauvetage » n'a-t-il pas milité au Parti des forces nouvelles avant de passer au Front national ? Les ténors du courant catholique du FN, comme Bernard Antony, Marie-France Stirbois ou Bruno Gollnish, en bisbille permanente avec les « païens » du mouvement, ne s'enorgueillissent-ils pas d'être membres du Comité d'honneur de « Laissez-les vivre » ? Quant à Thierry Bauzard, secrétaire général de la « Ligue pour la Vie », il a carrément domicilé son association au siège du Front national, à Saint-Cloud. Au moins, la situation est claire.

Mais la plus belle victoire des adeptes du mouvement « pro-vie », c'est d'avoir un allié au gouvernement. Secrétaire d'Etat au Budget sous le premier gouvernement Juppé, puis à la Santé dans le second, Hervé Gaymard a l'honneur d'être à la ville l'époux de l'une des filles du professeur Jérôme Lejeune.

Décédé le jour de Pâques 1994 — ses obsèques ont été célébrées avec faste à Notre-Dame par le cardinal Lustiger —, ce professeur de génétique fondamentale à l'hôpital Necker s'est consacré toute sa vie à la lutte contre l'avortement.

D'ailleurs, Jean-Paul II, qui l'a nommé membre de l'Académie pontificale des sciences, s'appuya largement sur lui pour diffuser la morale papale en France. L'Institut de France dont il était membre s'est tout de même rebiffé quand le professeur Lejeune voulut l'entraîner dans ce combat. Aussi le Pape décidait-il début 1991 de créer sa propre « Académie pontificale des sciences sociales », avec une annexe, « L'Académie pontificale pour la vie » dont le professeur Lejeune fut tout naturellement le président. Selon des catholiques de gauche — « marxistes » disent leurs adversaires —, « cette Académie est conçue comme un réseau de veille politique plutôt que comme une société savante. Ses soixante-dix membres, dispersés dans le monde, sont reliés par un réseau informatique, leur permettant de tenir des télé-conférences et d'intervenir sans délai dans la vie publique locale sur instruction du Saint-Siège[1] ». Cette Académie-là pèsera lourd en tout cas dans la rédaction de la onzième encyclique papale « Evangelium Vitae », qui traite largement du « respect de la vie ».

Au lendemain de sa mort, la veuve du professeur, Birthe Lejeune, ses cinq enfants, sa belle-fille et ses deux gendres décident de créer l'association « Les amis du Professeur Lejeune ». La famille entière, un vrai réseau à elle toute seule, revendique l'héritage. Mme Lejeune devient membre d'honneur de l'Académie pontificale pour la vie ; l'aînée, Anouk, est avec son mari, le philosophe Jean-Marie Mayer, membre du Conseil pontifical pour la famille ; un des fils, Damien, est prêtre de l'Opus Dei, un mouvement bien implanté dans l'Académie pontificale ; une autre fille, Karine, milite contre l'IVG avec son époux Jean-Marie Le Méné, conseiller référendaire à la Cour des comptes. Quant à celui de leur sœur Clara, Hervé Gaymard, élu député en 1993, s'il est prudent, son engagement n'est pas douteux.

A ce réseau familial viennent s'adjoindre quelques prestigieuses pointures : le Président Jacques Chirac, dont l'épouse Bernadette n'a jamais fait mystère de son hostilité à la loi Veil, le PDG des laboratoires pharmaceutiques Pierre Fabre, les professeurs Lucien Israël et Alain Carpentier, Christine Boutin et Philippe de Villiers, et bien sûr, Jean-Marie Lustiger.

1. *Golias,* mai-juin 1995.

Tous vont aider la famille Lejeune dans une entreprise délicate : obtenir la reconnaissance d'utilité publique d'une « Fondation Jérôme Lejeune ». Habituellement, la procédure nécessite plusieurs années de démarches et se heurte dans la plupart des cas à une fin de non-recevoir. Miracle : une petite année suffit à la famille Lejeune, d'abord pour recueillir les cinq millions nécessaires à la dotation initiale de toute Fondation, puis pour se voir octroyer le prestigieux — et rentable — label, puisque les donateurs d'une Fondation bénéficient de déductions fiscales. Déposée le 25 mars 1995, la demande aboutit le 21 mars 1996 à la parution d'un décret au *Journal officiel*.

Des esprits retors ont vu dans cette célérité inhabituelle l'amicale pression de « Monsieur Gendre », le secrétaire d'Etat à la Santé. Ce qu'a aussitôt récusé la famille, toujours aussi soudée. Le beau-frère, Jean-Marie Le Méné, s'empressait de faire remarquer qu'Hervé Gaymard n'était même pas membre de la fameuse Fondation. Clara Lejeune-Gaymard s'indignait de son côté que l'on puisse soupçonner un seul instant que cette Fondation finance des actions de commandos anti-IVG avec de l'argent récolté pour la lutte contre la trisomie 21 ! La Fondation Lejeune, ne cesse-t-elle de répéter, n'a qu'une « visée scientifique » et pas d'autres objectifs que de « favoriser la recherche sur des maladies de l'intelligence ».

C'est peut-être après tout faire trop d'honneur à Hervé Gaymard que de le créditer d'une telle influence. Les amis du célèbre professeur ne bénéficient-ils pas du meilleur relais possible avec le Président de la République et son épouse ? En revanche, l'on peut parfaitement penser qu'à la place qu'il occupe, le gendre de Jérôme Lejeune est un allié sûr pour tous ceux qui tentent par tous les moyens, y compris les plus violents, de s'opposer à la loi Veil. Hier acharné comme député à demander au Conseil constitutionnel l'annulation de la loi sur la bioéthique, il ne sera sûrement pas le ministre qui accordera aux centres d'IVG de meilleures conditions de travail et des rémunérations adaptées à une application correcte de la loi.

Catholiquement incorrects

Qui résiste aujourd'hui à une telle montée en puissance des « archéos » au sein de l'Eglise ? Sûrement pas l'Action catholique et ses succédanés, qui n'ont plus d'existence que végétative. Des voix contestataires s'élèvent néanmoins. Médiatique à l'image d'un Mgr Gaillot, ou plus réservée comme Mgr Rouet à Poitiers. Ces deux évêques, et quelques autres, plus anonymes, soutiennent discrètement les rebelles qui se sont regroupés depuis une dizaine d'années autour d'une revue lyonnaise, *Golias*, au ton souvent grinçant, voire satirique, que ne renierait pas le *Canard enchaîné*.

Si le magazine a pris le nom de *Golias*, c'est tout simplement en référence — et hommage ! — à un évêque du Moyen Age célèbre par son esprit frondeur... Son patron et fondateur, Christian Terras, un quadragénaire éducateur spécialisé de l'Education nationale, installé dans la banlieue lyonnaise, vient, cela n'étonnera guère, de la Jeunesse étudiante chrétienne ! C'est peu dire que l'ancien enfant de chœur et ses informateurs, lassés comme lui par le « catholiquement correct », hérissent les plus hautes autorités de l'Eglise, à commencer par le cardinal Lustiger, qui exècre *Golias*. « L'archevêché de Paris fait pression sur les librairies catholiques pour qu'elles ne nous diffusent pas, assure Christian Terras. Or, ces librairies dont les gros clients sont les responsables du catéchisme n'ont pas toujours les moyens de résister aux pressions de la hiérarchie catholique. »

Golias, lui, ne cède pas. Iconoclaste, il publie en

1990 un « trombinoscope » des évêques où chaque notice biographique est précédée d'une à cinq mitres en fonction de l'ouverture d'esprit et de la fidélité à Vatican II de l'impétrant. Autant dire que ce guide « consumériste » ne trône pas en bonne place dans les sacristies ! En 1991, il récidive avec un numéro « anniversaire » consacré aux dix ans de Jean-Marie Lustiger à l'évêché de Paris. Encore plus insolent, ce « spécial » classe les curés de la capitale en fonction de leur souplesse d'échine épiscopale. La même année, le magazine présente une enquête exhaustive sur « l'extrême droite de Dieu » et décortique les connexions entre les mouvements intégristes. Dans la foulée, un dossier intitulé « Opium Dei » — détournement d'« Opus Dei » — brocarde cet ordre controversé et met en lumière ses ramifications dans l'establishment français. En 1995, *Golias* crée un vrai scandale en attaquant nommément les prêtres rwandais qui ont facilité le génocide, parmi lesquels le père Wenceslas, réfugié en France. Il accuse aussi le clergé européen de leur avoir accordé un asile complaisant.

Toutes ces enquêtes n'ont pu être réalisées sans un réseau complice au sein même de l'institution. Signe que la contestation gronde. Déjà, le 22 septembre 1996, jour de la célébration par Jean-Paul II du 1500e anniversaire du baptême de Clovis, à Reims, une poignée de jeunes catholiques, la trentaine combative, manifestaient publiquement contre l'excessive médiatisation du voyage papal. Leurs bannières ? Deux associations encore bien timides. La première, proche de *Témoignage chrétien*, proclame « Nous sommes aussi l'Eglise », la seconde, d'inspiration jésuite, a pris une appellation qui vaut programme : « Droits et libertés dans les églises ».

Ce jour-là, ils s'étaient mêlés à un défilé organisé par des laïcs, et même, un vrai scandale aux yeux de la hiérarchie, à des francs-maçons ! Tous réunis sous la même banderole — « Clovis n'est pas la France ».

Ce n'était pourtant pas la première fois que des catholiques s'alliaient à des laïcs. Dès qu'il s'agit de s'en prendre à l'extrême droite ou de défendre la liberté individuelle dans le domaine des mœurs, les amis de *Golias* n'hésitent pas à pactiser avec le « diable » : les trotskistes du groupuscule Ras-le-front, les militantes pro-IVG intraitables du Planning familial ou les laïcs du « Réseau Voltaire », particulièrement actifs contre tous les lobbies « contre-révolutionnaires » désireux de rétablir un nouvel ordre moral.

Difficile d'ailleurs de trouver plus prosélyte que l'initiateur de ce réseau-là. Thierry Meyssan a la foi des convertis et l'expertise de ceux qui connaissent leurs adversaires de l'intérieur. Eduqué par les jésuites — comme Voltaire ! —, ce fidèle lecteur de l'*Osservatore romano*, le journal officiel du Vatican, a en effet eu pas mal de démêlés avec les catholiques traditionnels. En rupture avec une famille de la bonne bourgeoisie bordelaise qui l'a répudié pour cause d'homosexualité, il s'est retrouvé face à un tribunal religieux qui a fait annuler son mariage. Pourfendeur de la « Sainte-Mafia », entendez l'Opus Dei, lobbyiste du combat anti-IVG, franc-maçon à ses moments perdus, il sent très fort le soufre.

Allié occasionnel des catholiques progressistes, il est devenu la bête noire des plus conservateurs. Il les a notamment affrontés à l'occasion du vote au Parlement d'un article du nouveau Code pénal réprimant « la fabrication, le transport, et la diffusion (...) d'un message à caractère violent ou pornographique ou de nature à porter gravement atteinte à la dignité humaine ». Attaqué par les associations familialistes qui entendent lutter contre les « mauvaises mœurs », Meyssan et ses amis rispostent en assurant avec plus ou moins de bonne foi que la liberté d'expression est menacée. Voire.

Un échec ? Pas tout à fait. Car le réseau s'élargit avec le soutien de personnalités aussi diverses que le sénateur Henri Caillavet, le scénariste Jean-Claude Carrière, le sociologue Pierre Bourdieu, ou l'ancien ministre Jack Lang. Bien sûr, c'est un petit noyau militant et anonyme qui traque en coulisses les agissements des « intégristes ». Avec toujours la même technique : « Mobiliser des gens différents pour que leur parole commune ait un sens. » Ce sera le cas lors de l'affaire « Garaudy-Abbé Pierre ». Des personnalités de tous bords manifestent bruyamment leur dégoût. Elles ont été alertées par le réseau Voltaire qui a discrètement fait diffuser avant qu'elle ne soit rendue publique l'étonnante lettre de soutien adressée par le vieil abbé au philosophe antisémite. Dans ce combat, les moins virulents ne sont pas leurs amis de *Golias*, qui publient une grande enquête sur cette affaire.

A force de lutter contre l'intégrisme, il était fatal qu'une partie de cette mouvance se retrouve unie sur un autre front, celui du « foulard ». Une partie seulement, car bien des catholiques, même progressistes, sont très réservés sur ce sujet. Il s'agit en effet de débattre de la liberté de manifester ses croyances. Or, où s'arrête cette liberté ? Où commencent le prosélytisme et la provocation ?

Les laïcs eux-mêmes ne sont pas épargnés par le débat : tout un réseau « communautariste » se développe, privilégiant le droit à la différence, soutenu par un sociologue comme Alain Touraine ou un politologue comme Olivier Duhamel. Pour les contrer, une certaine résistance s'organise autour de laïcs purs et durs, conscients que les intégristes musulmans affinent, eux, leurs réseaux pour mieux encadrer les porteuses de foulard. Une association — « Initiative républicaine » — est alors créée le 7 décembre 1992, l'année du bicentenaire de la République, par un franc-maçon, Bernard Teper, à l'époque porte-parole du Grand Orient. Mais cette action n'engage pas l'obédience, assez réticente à toute action pro-laïque ostentatoire. « A chaque personne qui nous contactait, dit-il, nous demandions de nous donner entre dix et trente noms. Voilà comment on crée un réseau. »

Gardiens de la laïcité jusqu'à la caricature — certains d'entre eux n'étaient-ils pas réunis à Paris le 8 avril 1995 pour fêter le vendredi-dit-saint autour d'un banquet anticlérical avec, au menu, une pièce de bœuf saignante ! — ils recueillaient néanmoins un an plus tard dans leur manifestation antipapale le soutien de catholiques excédés par une hiérarchie vaticanesque jugée réactionnaire.

Curieuse alliance du compas et du goupillon qui se justifie à leurs yeux par les menaces intégristes de tous horizons. Plus organisées celles-là et plus dangereuses que les complots presque folkloriques des « antimodernistes » de la Sapinière...

CHAPITRE X

Devenir Président

Chaque mercredi, ils se réunissent dans l'ancienne salle à manger d'un appartement d'un immeuble haussmannien au 266, boulevard Saint-Germain. Une habitude qu'ils ont gardée du temps où ils avaient un chef, un programme, des querelles, bref tout ce qui fait la vie ordinaire d'un courant au Parti socialiste. Ils se retrouvent encore, dix à trente selon les semaines, mais le cœur n'y est plus vraiment. Depuis que Michel Rocard, au lendemain de l'élection présidentielle de mai 1995, leur a signifié qu'il reprenait son indépendance, le réseau rocardien n'est plus ce qu'il était.

Un an après, la standardiste du « 266 » ne s'est toujours pas habituée. Il lui arrive encore de lancer machinalement dès que le téléphone sonne : « Allô ! Ici la permanence de Michel Rocard »... Le réseau, depuis, survit tant bien que mal. Les amis de « Rocky », comme disent les plus familiers, lui ont même inventé un sigle, ARES, qui résonne comme le nom du fils de Zeus et d'Hera, dieu mythique de la guerre et de la lutte ! ARES comme « Action pour le renouveau socialiste » dont le noyau dur s'est quand même élargi à près de deux mille sympathisants. « Dans le cœur du réseau, il y a plusieurs sortes d'orphelins, commente l'un d'eux. Les affectifs, qui aiment à se retrouver en famille, adeptes du cocooning politique ; les carriéristes, à la recherche d'une écurie d'où pourraient émerger de nouveaux leaders dans le sillage desquels ils se positionneraient et tous ceux qui sont en quête d'identité au sein d'un Parti socialiste un peu éteint. » Est-ce une manière de se venger d'avoir été abandonnés ? On ne fait, semble-t-il, guère appel aux mânes du « chef » dans ces réunions hebdomadaires. « Au contraire, ricane l'un des participants. Il est de bon ton d'y “tuer le père” et de rappeler sur un ton grinçant et caustique à quel exposé savamment emberlificoté nous avons échappé en l'absence de notre mentor ! »

Ah que l'autogestion était jolie dans les conversations enfumées d'autrefois ! Mais qu'il est difficile de survivre par ses propres moyens quand l'homme auquel on a fait allégeance s'esquive sans prévenir. Douloureuse pour les siens, la démarche de Michel Rocard, candidat virtuel à l'élection présidentielle de 1995, était pourtant logique. A quoi bon entretenir des réseaux, quand la perspective de devenir Président de la République s'évanouit ?

Question de caractère et de convictions, l'homme n'a de toute façon jamais prisé ce système de prébendes octroyées et de services rendus. Une figure pourtant imposée à tout candidat décidé à briguer la charge suprême.

Ils sont quelques-uns à faire de la politique au

plus haut niveau, sinon par accident, du moins sans s'y être méthodiquement formés. Simone Veil, Raymond Barre, et même Edouard Balladur sont de cette espèce. Propulsés par hasard ou nécessité, ils n'ont au départ ni réseaux, ni équipe, ni garde rapprochée. Miracle du pouvoir : les « fidèles » se révèlent souvent comme par magie. Balladur en a fait la réjouissante expérience : il s'est retrouvé, gloire ministérielle et sondages mirifiques aidant, à la tête d'influents cénacles de patrons, de hauts fonctionnaires et d'élus attirés par cette étoile naissante. Mais ces connivences-là sont fragiles et elles ne suffisent pas, on l'a vu, à attirer massivement les votes de ses concitoyens.

Pour un homme politique, son premier réseau, c'est le parti, là où il teste en premier sa capacité de meneur d'hommes. Même le peu carriériste Georges Pompidou avait compris dès 1966 l'intérêt de faire une UNR à sa main, formée d'une nouvelle génération de gaullistes, plus modernes que les compagnons du RPF. Valéry Giscard d'Estaing lui-même, jeune technocrate plus à l'aise dans les lambris des ministères que sur les tréteaux militants, avait sacrifié aux règles de la vie politique en créant les Républicains indépendants. Seulement voilà, il n'est pas donné à tout le monde de créer un vrai parti, qui vous soit entièrement dévoué. « Il ne lui suffit pas (au Président) d'avoir du talent, du caractère, un Premier ministre loyal, l'attachement des ministres et le vote plus ou moins factice des députés, constate Arthur Conte, il lui faut des milliers de fidèles pour entretenir la flamme dans les profondeurs du pays. Or, dit-il, analysant l'échec de VGE en mai 1981, le Président n'a pas su, ou pu se constituer de telles phalanges. Il ne dispose en vérité que d'un faible club. C'est dérisoire[1]. »

Si la psychologie a partie liée avec la politique,

1. Arthur Conte, *Les Présidents de la Ve République*, Le Pré aux clercs, 1985.

c'est bien dans l'art de se constituer ces fameuses « phalanges ». Il y faut un tempérament à la fois brutal et duplique, impatient et caressant, dominateur et séducteur. Deux hommes, sous la Ve République, ont réussi ce type d'opération à la hussarde, accaparant chacun sans coup férir un parti. François Mitterrand, le premier, prend la direction du PS à Epinay en 1971. Trois ans plus tard, Jacques Chirac, Premier ministre de VGE qui craint d'être laminé à la fois par l'Elysée et les gaullistes, s'empare de l'UDR sans ménagements pour en faire en 1976 le RPR, un appareil militant à sa dévotion. « L'un et l'autre partaient à l'assaut d'une vieille garde encore puissante : qu'il s'agisse des barons du gaullisme (Chaban, Guichard, etc.) ou des apparatchiks du socialisme (Mollet, Savary, etc.), elle était bien décidée à ne pas se laisser déloger, compare Franz-Olivier Giesbert dans sa biographie de Jacques Chirac. Ils ne l'ont pas prise en traître puisqu'ils lui ont fait part, peu auparavant, de leur dessein. Puis, ils l'ont croquée, grain à grain, comme une grappe de raisin, avec le même flegme ricanant[1]. » En fait, chacun à sa manière avait déjà compris que « les grandes carrières se font à coup de petits services ».

Bien avant de partir à l'assaut d'une mairie, d'une circonscription ou d'un parti, il faut avoir assuré ses relais, les plus divers et les plus stratifiés possible. Les cultiver requiert bien des qualités. Cela suppose d'être suffisamment charismatique pour pouvoir attirer les talents, savoir cultiver un éclectisme de bon aloi, faire cohabiter plusieurs clans sans qu'aucun n'en conçoive de jalousie excessive, et pouvoir instrumentaliser les uns et les autres sans qu'ils se neutralisent.

Autant le prestige naturel est un don, « sorte de sympathie inspirée aux autres », « fluide d'autorité

1. Franz-Olivier Giesbert, *Jacques Chirac,* Seuil, 1987.

dont on ne peut discerner au juste en quoi il consiste », écrivait de Gaulle dans *Le Fil de l'épée*, autant la conquête, puis l'entretien de ces fidélités successives requièrent un « vrai » métier, fait de vitalité et de patience, de méthode et d'ambition, d'audace et de minutie.

Au sortir de la guerre, le jeune général gaulliste Chaban-Delmas cumule pas mal de ces qualités. Guignant Bordeaux où il ne connaît quasiment personne, il conquiert la ville, charmant ici une douairière des Chartrons, convainquant là un vieux pétainiste, persuadant ailleurs un radical-socialiste bon teint, tous influents dans leurs milieux respectifs. En renfort, il peut compter sur ses copains de la Résistance, son réseau « fondateur ». Celui-ci l'appuie dès 1946 pour éliminer son principal concurrent à la députation, Me Odun, un avocat radical.

Aidé d'un commando d'anciens de l'escadrille de Normandie-Niemen, Chaban n'hésite pas, le soir où les candidats doivent déposer leurs listes à la préfecture, à crever tous les pneus des voitures des colistiers de son possible adversaire qui réfléchit encore au café de la Renaissance. Il est 23 heures, Me Odun n'aura pas le temps de faire enregistrer sa candidature[1]... Peu à peu, celui qu'on surnommera « Charmant-Delmas » ou « Monsieur Trait-d'union » accumule les amitiés, de celles qui se lient à coups de subventions, de conciliations. Il multiplie les « écuries » qui planchent sur ses projets de « Nouvelle Société », flatte les « personnalités extérieures » qui ratissent pour lui au-delà du sérail parisien.

Lui manque en revanche une assise militante pour se lancer dans une aventure nationale : il est un « Compagnon » parmi d'autres. Il a bien tenté en 1956 de créer les « Républicains-sociaux, une appel-

1. Arthur Conte, *Les Premiers ministres de la Ve République*, Le Pré aux clercs.

lation censée attirer les survivants du RPF laminés par la IVe République. Mais il échoue dans cette OPA au moment où Mitterrand vient, lui, de souffler à René Pleven l'UDSR, un petit parti charnière, tremplin idéal pour fidéliser des députés en mal d'investiture. Et puis, nul n'est parfait : Chaban trébuche en février 1972 sur une affaire d'« avoir fiscal », une astuce légale qui lui permet d'échapper à l'impôt mais qui fait mauvais effet dans l'opinion. Une désastreuse campagne télévisée achève de le discréditer dans la course à l'Elysée de 1974. Tout de même, il aura été sans désemparer député de 1947 à 1986 et maire de Bordeaux jusqu'en 1995...

Le vivier des stalags

La guerre, creuset de nombreuses carrières politiques, permet à François Mitterrand aussi de se lancer dans l'aventure politicienne. Sans les réseaux du stalag IX A en Prusse et du stalag IX C en Thuringe, aurait-il réussi à décoller aussi vite ? Bien décidé dès 1943 à être le seul et unique représentant officiel des prisonniers de guerre, il commence par « souffler » à Michel Caillau, le neveu de De Gaulle, le leadership d'un mouvement que se disputent déjà gaullistes et communistes. Il les départage sans états d'âme, tout comme il grille la politesse à un de ses amis qui a autant de légitimité que lui pour s'envoler à Londres, puis Alger pour rencontrer le Général. Déjà, il peut compter sur un premier cercle de fidèles : ses compagnons de captivité Patrice Pelat et Jean Munier investissent les armes à la main aux premiers jours de la libération de Paris les lieux que Morland (c'est le nom de résistance de Mitterrand) veut occuper. Parmi eux, les locaux parisiens de l'ancien Commissariat vichyste aux prisonniers de guerre.

Un endroit d'autant plus stratégique que Mitterrand entend faire des deux millions de prisonniers son premier « fonds de commerce politique ». Un trio très soudé l'épaule dès sa nomination au ministère des Anciens combattants en janvier 1947 : son frère Robert qu'il nomme directeur de cabinet, assisté de Georges Beauchamp, et d'un autre ancien des stalags, Jean Védrine. Les trois hommes le soutiendront sans relâche dans sa conquête du pouvoir. Il saura récompenser leur constance.

Au lendemain de la guerre, il n'oublie pas l'ami Pol Pilven qui a été arrêté à sa place par la Gestapo à Vichy et a été déporté. A son retour, Mitterrand l'aide à entrer chez L'Oréal comme patron d'une filiale. Le neveu de Pilven, Pierre Bordry, l'homme de confiance d'Alain Poher, l'éminence grise du président centriste du Sénat, aura lui aussi, lors de tractations politiques épineuses, l'occasion d'éprouver la reconnaissance mitterrandienne.

Ce premier réseau importe particulièrement au futur Président. Une fois à l'Elysée, ses anciens compagnons de captivité sont choyés : décorations, voyages présidentiels, réceptions... Leurs enfants ne sont pas oubliés. Le fils de Jean Védrine, Hubert, est nommé conseiller pour les Affaires diplomatiques en 1981, avant d'être porte-parole de l'Elysée en 1988. Il y côtoie Paulette Decraene, la fille de Léopold Moreau, un autre camarade de stalag, recrutée comme secrétaire particulière depuis longtemps déjà et recasée en 1993 comme inspecteur général au ministère de la Culture. Brigitte Finifter, la fille de Bernard, pensionnaire du stalag IX, est chargée du dossier des radios libres. Quant à Véronique Néiertz, sa fidèle documentaliste au PS, nommée ministre en 1984, elle a un oncle jésuite, déporté à Dachau, que Mitterrand a connu à Vichy, et dont il l'entretient régulièrement.

Tout au long de sa carrière, François Mitterrand privilégie les critères affectifs sans s'y laisser enfermer. Les amis de jeunesse, de l'institution Saint-

Paul d'Angoulême comme Pierre Guillain de Bénouville, ou du foyer étudiant du 104, rue de Vaugirard, comme André Bettencourt et François Dalle, les copains de régiment de la caserne de Lourcine, comme Georges Dayan et ceux des stalags, la tribu des Nivernais, la famille élargie aux groupies et aux maîtresses, tous l'emportent sur les camarades du Parti. Il arrive que les deux catégories se confondent, mais la plupart adhèrent plus à l'homme qu'à ses idées. Il ne leur demande pas d'être socialistes mais d'être fidèles. Comme lui.

Un lien particulier le rattache à André Rousselet, l'ancien patron d'Havas qui fut son premier directeur de cabinet à l'Elysée. Une histoire de famille : le père d'André, Marcel Rousselet, était président du tribunal de grande instance de la Seine en 1959 au moment de « l'attentat de l'Observatoire ». Un attentat bidon sur lequel la justice avait demandé quelques éclaircissements au sénateur Mitterrand. L'affaire, finalement, fut classée. A l'époque André Rousselet et François Mitterrand se connaissaient déjà : le premier avait été chef de cabinet du second à l'Intérieur en 1957. Mais cette affaire, qui a terni durablement une prometteuse carrière, les a soudés bien plus que n'importe quelle motion politique votée de concert.

La liste serait fastidieuse de tous ces nœuds relationnels qui expliquent la promotion d'untel, la mission confiée à un autre, ou la décoration décernée à un troisième. Misant sur des fidélités successives selon une étonnante géopolitique affective, Mitterrand a poussé à l'extrême ce qu'il appelle lui-même « l'esprit de clan, l'esprit tribal ». « C'est quelque chose de très fort, explique-t-il dans un numéro de la revue *Autrement* consacré à l'amitié. Le monde d'aujourd'hui, y compris les nations les plus modernes sur le plan de l'évolution de la science et de la technique, continue d'être un conglomérat de tribus. »

En politique, le sens tribal ne se conçoit cependant qu'au profit du chef. Contrairement à d'autres réseaux qui ne s'épanouissent vraiment qu'horizontalement — l'entraide des Corses ou des Savoyards par exemple — la bande politicienne se structure verticalement, de la base vers le sommet. Mais l'efficacité suppose la discipline.

La faillite de la fameuse « bande à Léo » en témoigne. On célébrait pendant la première cohabitation, de 1986 à 1988 l'indestructible amitié de ces jeunes ministres aux dents longues. Ces admirables sentiments n'ont pas résisté à la perte de trois maroquins, à la révélation de troubles manipulations financières et aux ennuis judiciaires d'un de ces mousquetaires, Gérard Longuet. De la même manière, les « rénovateurs » du RPR, Alain Carignon, Michel Noir, Charles Millon, Michèle Barzach et consorts qui s'affichaient bras dessus bras dessous comme les meilleurs amis du monde pour faire pièce aux « archéos » du RPR ont échoué. Cette petite troupe, inhibée dans son action par les rivalités sourdes de ses membres, n'aura chanté qu'un seul été. C'est qu'en politique, bien plus que dans n'importe quel autre domaine, le réseau ne fonctionne vraiment qu'au service d'un seul.

« *Garde du cœur* » *et* « *garde du fric* »

Si Jacques Chirac, dans les années 60, s'est laissé embrigader dans ce que Claude Imbert appelait dans *L'Express* les « jeunes loups », un petit groupe d'espoirs de l'Assemblée nationale expédiés dans le Sud-Ouest à la conquête de fiefs hostiles, il n'a pas longtemps chassé en meute. De la même race que son prédécesseur, le nouveau locataire de l'Elysée a toujours eu le goût de l'entremise gracieuse, de la subvention obligeante et du service rendu. Cette pratique conviviale que Philippe Séguin résume drôlement — « Le programme de Chirac, c'est : Comment il va le pépé, comment elle va la mémé ? » — ne forge évidemment pas une politique, mais elle permet de la relayer.

Affectif comme Mitterrand sous des dehors de « bulldozer » — c'était l'un de ses surnoms à Sciences-Po — Chirac préfère les plus fidèles aux plus intelligents. Bien sûr, il s'entoure comme tous ses pairs de technocrates appliqués à faire marcher la machine étatique. Les cabinets des ministres d'Alain Juppé ne comptent-ils pas dès son installation à Matignon 38 % d'énarques ? Un beau score pour un candidat qui n'a cessé de vilipender les élites tout au long de sa campagne présidentielle ! Lui-même ancien élève de la promotion Vauban (1959), où il s'est lié d'une amitié durable avec Jacques Friedmann et le centriste Bernard Stasi, il sait se rappeler à l'occasion qui fut son condisciple à l'ENA.

Pourtant, son inclination naturelle le porte à préférer des « hommes de main » qui s'emploieront à restaurer, quoi qu'il arrive, sa popularité fluctuante. Jean-Louis Debré, Jacques Toubon, Bernard Pons sont de ceux-là. Ce dernier n'a jamais oublié que Chirac s'était employé à convaincre Pompidou de l'investir dans la circonscription de Figeac, dans le Lot. Il n'était alors qu'un jeune docteur, un militant néophyte. C'était en 1966 : déjà Chirac s'imposait comme le chef de ces futurs députés gaullistes venus conquérir des terres socialo-communistes — parmi eux, outre Pons, il y avait Jean Charbonnel et Pierre Mazeaud. Ils se jurèrent mutuellement assistance lors d'une soirée alcoolisée non loin de l'abbaye de Solignac. Ce serment, Chirac l'a scrupuleusement respecté en faisant profiter ses camarades, particulièrement Pons, des largesses de l'avionneur Marcel Dassault, un ami et client de son père banquier. Ce sont de ces services qui scellent de durables dévotions.

« Tant d'amis l'ont trahi au moment de l'embellie balladurienne qu'il est devenu plus que dubitatif sur la solidité de ses supposés réseaux », constate, amer, un de ses proches. De lachâge affiché en demi-trahison, la « bande à Chirac » s'est en effet rétrécie comme peau de chagrin au fil de la campagne présidentielle de 1995. « Maurice (Ulrich), Dominique (Villepin), Jean-Pierre (Denis), Claude (Chirac), Christine (Albanel) : ne dirait-on pas le titre d'un film de Sautet ?, ironise le Corrézien Denis Tillinac, lui-même pilier de cette camarilla restreinte. Il les appelait séparément. Il les réunissait, et des conclaves se tenaient autour d'une table rectangulaire où s'alignaient des feutres dans un ordre militaire[1]. » Quelques mois plus tard, la « bande à Chirac » est aux commandes, avec les « fidèles » aux avant-postes : Dominique de Villepin, secrétaire général de l'Elysée avec Jean-Pierre Denis pour adjoint, Maurice Ulrich, le plus âgé de la bande — 70 ans — comme « sage », sa fille Claude comme omniprésente conseillère en communication, Christine Albanel, éternelle « plume » présidentielle, en charge de la Culture, et Tillinac lui-même à la Francophonie.

Le docteur Pons, qui appartient à une autre strate de la Chiraquie, ne se résigne pas à l'idée que cette nouvelle « bande » puisse désormais résumer à elle seule les réseaux présidentiels. Il existe toujours, estime-t-il, une « garde du cœur » rapprochée autour de son idole qu'il s'emploie frénétiquement à réactiver. Il a choisi comme support à l'idolâtrie une somnolente « Association des amis de Jacques Chirac » fondée en 1988 par feu Raymond Thuillier, le patron de l'Oustau de Baumanière, aux Baux-de-Provence. Président de cette coquille vide depuis juin 1996, il organise la première manifestation d'envergure le 15 octobre suivant. Ce soir-là,

1. Denis Tillinac, *Dernier verre au Danton,* Robert Laffont, 1996.

240 convives sont réunis dans une salle du XVIIe arrondissement, son ancien fief parisien, pour un banquet chiracolâtre, où l'on trinque entre carré d'agneau et entremets au miel à Jacques le bien-aimé. Le plan de table ressemble à un plan de carrière revisité : toutes les étapes de l'ascension chiraquienne et les soutiens qui l'ont accompagnée y sont représentés.

Il y a là les amis du lycée Carnot à Paris, les membres du petit club informel que le jeune Chirac, major de Saumur, créa à son retour d'Algérie et dont l'activité principale consistait à siroter du whisky avec Michel François-Poncet, futur patron de Paribas et Dominique de la Martinière, futur directeur des impôts. On retrouve aussi autour des tables de la fidélité les compagnons de baroud électoral dont quelques rescapés du « serment de Solignac » ou quelques patrons amis comme François Pinault, Bernard Esambert, vice-président de Lagardère et ancien pompidolien, et Jérôme Monod, l'influent PDG de la Lyonnaise des Eaux, affilié au réseau corrézien par sa femme Françoise, la petite-fille d'Henri Queuille, l'ancien président du Conseil qui adouba Chirac à Ussel. Les Corréziens de Meymac, d'Egletons et du plateau de Millevaches participent également aux agapes. « Ils sont venus, ils sont tous là »... Une table, plus fétichiste encore que les autres, s'est affublée d'un carton mystérieux : 19 FLX 75. Il ne s'agit pas d'un code secret entre membres de services spéciaux, mais plus prosaïquement du numéro d'immatriculation de la voiture qui fila de l'Hôtel de Ville au QG de l'avenue d'Iéna, le 7 mai 1995, emportant le nouveau Président de la République... Et 19, c'est aussi le numéro du département de la Corrèze.

Le bon docteur Pons a bien raison de vouloir resserrer les rangs. Mais la « garde du cœur » peut bien veiller à entretenir la flamme chiraquienne, elle ne pèse pas lourd à côté de la « garde du fric », ces réseaux financiers qui ont aidé le maire de Paris à se hisser dans le fauteuil élyséen. On trouve de tout parmi ces généreux donateurs : des militants désintéressés, de vrais ripoux, des porteurs de billets et autres entremetteurs louches, des cadres du RPR à la morale oblique, des élus devenus des obligés, des chefs d'entreprise rompus au troc des pots-de-vin contre des marchés municipaux...

Bref, des torchons et des serviettes. Un mélange détonant qui explique pourquoi, depuis trois ans, la Chiraquie est empoisonnée par des « affaires ».

Ces tracas judiciaires à répétition ont révélé une faille dans les réseaux de solidarité chiraquiens. Dès que des personnalités « sensibles » sont mises en examen et donc exposées à la curiosité des médias, le premier réflexe est de les laisser tomber, pour mieux protéger le chef.

L'ancien ministre de la Coopération d'Edouard Balladur, Michel Roussin, mis en examen en novembre 1994 pour complicité d'abus de biens sociaux (il a, depuis, bénéficié d'un non-lieu), est d'abord prié de démissionner et de se faire oublier. Une mise au rancart extrêmement pénible pour l'ancien directeur de cabinet du maire de Paris, habitué à traiter des dossiers « réservés » et à entretenir des relations suivies avec Louise-Yvonne Casetta, la trésorière occulte du RPR. Exclu au lendemain de l'élection présidentielle du bureau national du Parti chiraquien, il doit également quitter son appartement de Saint-Germain-des-Prés, propriété de la Ville de Paris. Comme il envisage de reprendre son poste de député après son non-lieu, on lui fait comprendre qu'il serait malséant de réapparaître sur la scène politique. Bref, on le met en quarantaine. Puis on se ravise. Le nouveau maire Jean Tiberi le récupère comme adjoint à la Coopération tandis qu'Eiffage, une entreprise du bâtiment « amie », le rémunère confortablement comme consultant à l'export, et, cerise sur le gâteau, le

CNPF lui offre la présidence de la commission Afrique-Caraïbes-Pacifique !

Tous ceux qui se sentent lâchés peuvent succomber à la tentation d'aller raconter leurs petits secrets à un juge pour se soulager la conscience, ou pour se venger... Alors, autant les prendre discrètement en main. Tel promoteur douteux dont les affaires périclitent à la suite de ses ennuis judiciaires se voit proposer de nouveaux marchés pour subsister, tel fonctionnaire parisien un peu trop voyant est promu dans une préfecture de province, un autre encore est recasé dans un placard doré, etc.

Cette attention comprend bien sûr la fourniture d'un avocat spécialisé, apte à dorloter au mieux ses clients. Ainsi Louise-Yvonne Casetta, une ancienne vendeuse de parfums, qui a fait carrière dans le sillage de l'ex-trésorier du Parti, l'ancien ministre Robert Galley, puis du secrétaire général Jean-François Mancel, n'est guère préparée à affronter, la tête haute et la bouche close, les foudres judiciaires. Elle bénéficie donc des soins affectueux de ses anciens employeurs. Certes, la « rue de Lille », c'est-à-dire le siège du RPR, annonce bruyamment à la rentrée 1996 qu'elle ne fait plus partie du personnel. En fait, on ne l'a pas laissée tomber. Dès le début de ses ennuis, cette quadragénaire replète, à l'allure insignifiante mais au caractère énergique, a fait savoir qu'elle « ne supporterait pas d'aller en prison ». Message reçu. On l'entoure et on lui conseille de prendre comme avocat Me Jacques Vergès, dont l'associé, Me Alex Ursulet, se trouve être le mari de Me Frédérique Pons, la fille de Bernard Pons. Les discussions familiales doivent être animées : Frédérique Pons est elle-même l'avocate de Jean-Claude Méry mis en examen pour abus de biens sociaux et fausses factures.

Cet intermédiaire spécialisé dans le « denier du culte chiraquien », qui compte autant d'amis parmi les élus du peuple que parmi les chefs d'entreprise, a plutôt mal vécu son séjour en prison. Mais de bonnes âmes se sont occupées de sa réinsertion : l'obligeante Générale des Eaux va utiliser ses talents d'intercesseur dans la vente d'immeubles parisiens, et l'administration est invitée à examiner d'un œil bienveillant ses projets immobiliers...

Jacques Chirac, qui feint de mépriser les réseaux — « Des réseaux ? Est-ce que j'ai une tête à avoir des réseaux ? » s'insurge-t-il en novembre 1994 devant deux journalistes du *Figaro* qui enquêtent sur les compagnons des bons et mauvais jours du candidat —, répète à qui veut l'entendre que ses meilleurs alliés sont les militants ou les Corréziens. Mais le Président qui a en horreur les mondanités, qui préfère Line Renaud à Alain Minc, est pourtant attentif à ce que ses connexions financières ne se délitent pas. Qu'un seul des neuf juges en charge de près ou de loin du financement du RPR, le Parti qu'il dirige depuis vingt ans, mette au jour des ressorts délictueux dans sa conquête du pouvoir, et ce serait un vrai séisme que même sa garde du cœur serait bien en peine de contenir.

Les « faisceaux » de Le Pen

Que la Chiraquie soit mise en péril par ce biais ne peut que réjouir son ennemi de toujours, Jean-Marie Le Pen. Trop groupusculaire jusqu'à présent pour avoir mis en œuvre de vrais circuits de financement partisans, le Front national n'a pas encore eu l'occasion d'être éclaboussé par des « affaires ». Ce qui ne signifie pas que le « Président le Pen », comme l'appellent ses amis, n'ait pas engrangé de fructueuses relations d'argent. Le chef du Front national a pu intégrer le club des riches grâce à l'aisance que lui a procurée, en 1976, l'héritage d'Hubert Lambert, descendant richissime d'une lignée d'industriels. Avant, il était toujours à court d'argent et a longtemps vécu grâce aux générosités d'un ami hôtelier. Ces temps de vache maigre semblent aujourd'hui bien lointains. Jean-Marie Le Pen a des amis dans les cercles les plus huppés.

En fait-il pour autant profiter son parti ? Quand son directeur de la communication, Lorrain de Sainte-Affrique, démissionne avec fracas, il est contraint de poursuivre le Front national en justice pour obtenir son dû. Les militants doivent payer leurs déplacements et les élus financer leurs campagnes. Apparemment, Le Pen ne mélange pas ses réseaux financiers personnels et ceux de son parti.

Ses amitiés avec quelques milliardaires ne suffisent pas à alimenter les caisses du Front national. Le Pen, grande gueule impulsive et brouillonne, a toujours été incapable de structurer un parti. Trop épicurien, trop paresseux, il a toujours laissé à d'autres, hier à Jean-Pierre Stirbois, aujourd'hui à Bruno Mégret, Bruno Gollnisch ou Jean-Michel Dubois, son envoyé spécial auprès des patrons, le soin de fédérer des mécènes. Lui-même a eu bien du mal à s'attacher d'indéfectibles fidélités. Son compagnon de route des débuts, le docteur Jean-Maurice Demarquet, l'a abandonné, dénonçant tout à la fois son antisémitisme et les conditions, d'après lui contestables, selon lesquelles Le Pen avait hérité d'Hubert Lambert. Les jeunes activistes d'Ordre nouveau et d'Occident comme Alain Robert ou Gérard Longuet qui avaient fait leurs classes dans son sillage lui ont préféré des parrains plus « dignes ». Seuls les vieux collabos qu'il a recyclés et les plus extrémistes parmi les jeunes sont encore auprès de lui quand il se présente à l'élection présidentielle de 1974. Mais le résultat est médiocre : 0,74 % des voix !

Dix ans plus tard, la « divine surprise » des élections européennes de 1984 — 10,95 % des suffrages exprimés — change la donne. Pour la première fois, Jean-Marie Le Pen peut espérer créer un « vrai » parti. Avec des « faisceaux », selon une terminologie de triste mémoire. Pendant les dix années qui suivent les premiers succès électoraux, l'organisation patine. Mais, depuis les grèves de décembre 1995, les « faisceaux » du Front semblent avoir essaimé comme par miracle dans certains milieux professionnels. C'est que désormais, le FN entend miser sur le social pour compléter ses thèmes préférés, l'immigration et l'insécurité. Mais cette nouvelle stratégie ressemble davantage à de l'entrisme. Jusque-là, ses fidèles se recrutaient dans quelques cercles intellectuels fermés — Cercle Horizons, Renaissance, clubs de la Nouvelle Droite, etc. — dans les comités Chrétiens-Solidarité intégristes de Romain Marie, ou dans des associations anti-IVG comme la Ligue pour la Vie de Martine Lehideux, la veuve d'André Dufraisse.

Le premier milieu professionnel que le FN a investi est la police : c'est Jean-Pierre Stirbois qui a supervisé son infiltration dans les commissariats via quelques nostalgiques de l'OAS. A l'époque, il tente, en vain, une OPA sur la Fédération professionnelle indépendante de la police (FPIP). Aujourd'hui, le président du Front national Police n'est autre que Jean-Paul Laurendeau, l'ancien secrétaire général de la FPIP. La réussite du FNP suscite des vocations : il est le quatrième syndicat policier, sur dix-huit, avec 7,45 % des voix. Mais son interdiction prononcée le 10 mars 1997 par le tribunal d'Evry risque de stopper cette irrésistible ascension.

Que des policiers de la très droitière FPIP succombent aux charmes du Front national n'est guère surprenant. Que des gardiens de prison encartés depuis plus de vingt ans à la CGT passent avec armes et bagages au syndicat FN-Pénitentiaire l'est davantage. C'est pourtant le cas de son fondateur, Damien Francès, vingt-six ans de loyaux services dans le syndicat de gauche. A peine avait-il créé son organisation extrémiste — en septembre 1996 — que les adhésions affluent. Trente prisons sur 181 manifestent leur intérêt et cinq sections se constituent.

Plus difficile en revanche est l'infiltration dans les lycées. Les quelques tentatives pour pénétrer le Syndicat national des lycées et collèges (SNALC) se sont heurtées à la résistance des syndicats d'enseignants. De même, les tentatives de noyautage des fédérations de parents d'élèves se sont soldées par un rejet.

Même phénomène à la RATP où une centaine d'agents sur 40 000 adhèrent à Force nationale-Transports en commun, considérée comme organisation professionnelle non représentative. Le Front national réussit en revanche une plus belle percée dans les HLM en arrivant en 1996 en seconde position derrière la puissante Confédération nationale du Logement dans 7 organismes sur 11. Ce score démontre surtout la capacité du FN à s'investir dans des cages d'escalier désertées par d'autres.

Ces « groupes » diffus sont davantage l'émanation d'un parti que d'un homme. Certes, on pourra toujours arguer que le premier est au service du second. Mais Le Pen n'est pas un homme politique ordinaire. Chef de bande, il s'est toujours méfié des « lobbies », des « courants », de tout ce qui pourrait entraver sa liberté et son pouvoir autocratique. Cette propension à se défier de tous et de tout limite la marge de manœuvre d'un éventuel « réseau Le Pen ».

Les cadets de l'Elysée

Pour la première fois depuis la Libération, la prochaine élection présidentielle, en 2002, se jouera sans que pèsent les réseaux issus de la Résistance. Des réseaux qui, de la première élection au suffrage universel de 1965 à celle de 1995, n'auront cessé d'exercer une influence, de plus en plus ténue, on s'en doute, au fil du temps. Tous ces groupes n'ont pas vocation à faire de la politique. Mais le club des 22 — qui regroupe immuablement 22 Compagnons de la Libération, toutes opinions confondues —, la confrérie Jedburgh ou le réseau Marco, où se retrouvent pas mal d'anciens des « services », les hommes de Leclerc, ceux du communiste « Fabien », plus les nombreuses associations homologuées, se mobilisent à chaque fois plus ou moins discrètement pour celui qui leur semble défendre le mieux l'esprit de la Résistance.

En 1981, ces vieux réseaux bougent encore. Mieux, ils donnent la prime au candidat de gauche. Ils n'ont pas accepté que Valéry Giscard d'Estaing ait supprimé pendant son septennat la commémoration de la défaite nazie du 8 mai 1945. Cela passe d'autant plus mal que VGE a également fait fleurir le 11 novembre 1978 la tombe du maréchal Pétain. Oubliée la francisque, évanoui le fonctionnaire maréchaliste. François Mitterrand est le seul candidat « résistant », il le sait et il va habilement en tirer parti.

En 1988, alors que la présidentielle approche, des résistants se mobilisent à nouveau. Pour un autre candidat de gauche : Michel Rocard. L'artisan de cette offensive, c'est Stéphane Hessel, Greco dans la Résistance, un ancien ambassadeur, proche conseiller de Rocard. Ce dernier est trop jeune pour s'être engagé dans la clandestinité, mais il appartient à une famille qui s'y est illustrée. Son père, le physicien Yves Rocard, a œuvré pour protéger Londres des fusées nazies V1 et V2. Son oncle, un germaniste éminent, a participé à l'interception de communications téléphoniques allemandes. Hessel n'est pas le seul résistant à s'agiter pour le « jeune » Rocard. Il est secondé par un rhumatologue, le docteur André Salomon, un ancien FTP que Rocard embauche à Matignon en 1988.

Pour la présidentielle de 1995, la Résistance se fait plus discrète. Faute de combattants, malheureusement. Entre Chirac et Jospin, dont aucun ne peut exciper d'une tradition familiale dans les maquis, le gaullisme du premier l'emporte. Reconnaissant, le nouveau Président entame son septennat par une visite symbolique. Le 17 mai 1995, il fait à peine jour et il bruine sur le cimetière désert de Colombey-les-Deux-Eglises, quand Jacques Chirac dépose une gerbe tricolore en forme de croix de Lorraine sur la tombe du général de Gaulle. Dans quelques heures, il prendra possession de l'Elysée. Les vieux barons gaullistes apprécient le geste.

La démarche de Chirac marque aussi la fin d'une époque. Celle où les choix historiques des hommes politiques conditionnaient toute leur carrière. En voie d'extinction, les réseaux résistants ne pourront ni sanctionner, ni épauler un candidat pour le scrutin présidentiel de 2002. Privés de cette tutelle, les cadets de l'Elysée délaisseront-ils pour autant les réseaux de militants, les clans et les tribus pour se contenter de « bien passer à la télé » ?

Quelques-uns d'entre eux ont tout de même des réseaux déjà prêts à l'emploi. A droite, Alain Madelin collecte via « Idées-Action » près de quatre mille adhésions de chefs d'entreprise, d'élus ou d'étudiants. A gauche, Martine Aubry fédère au sein de sa Fondation Agir les bonnes volontés de militants de base et les appuis de grands patrons. Ces deux présidentiables en puissance sont les seuls à tenter de transformer leurs filières personnelles en un appareil plus ou moins structuré, au cas où...

Laurent Fabius, orfèvre en la matière, a vu ses élans brisés par l'affaire du sang contaminé. Contraint d'opérer un repli stratégique, il s'est recentré sur son vivier d'élus, mis en culture en 1988 du temps où il bénéficiait de la généreuse logistique de l'Hôtel de Lassay pour recevoir à grandes brassées députés et conseillers généraux susceptibles d'agrandir son cheptel. Tout le maillage mis en place par sa femme Françoise durant la première cohabitation autour des clubs « Espaces 89 » et « Ici et Maintenant » s'est peu ou prou délité, mais il sait pouvoir compter si besoin était sur sa vibrionnante épouse pour les réactiver. C'est elle qui organise chaque automne à Clichy le grand raout de la « Fabiusie » : élus, collaborateurs, amis de jeunesse, personne n'est de trop.

Son rival, Lionel Jospin, qui a la chance de pouvoir s'appuyer sur le Parti socialiste, est pourtant un homme seul ou presque, un anti-Mitterrand sans garde rapprochée. Certes, il a bien quelques amis. Au moins deux : le fidèle Claude Allègre, un géophysicien qu'il a connu basketteur amateur à la Cité universitaire d'Antony au début des années 60, et l'incontournable Daniel Vaillant, fin connaisseur du Parti et de ses intrigues. Sa sœur Noëlle Chatelet, qui avait peiné pendant la campagne présidentielle pour former un comité de soutien de vedettes amies, artistes ou intellectuels, a proposé à son frère de continuer à les voir. « Il y a des commissions au Parti, ils n'ont qu'à y venir », s'entend-elle répondre... Deux hommes, deux tactiques : Fabius a des obligés, Jospin des experts.

Encore plus masochiste que Jospin, Philippe Séguin, le président de l'Assemblée nationale se complaît dans une solitude volontaire. « Je suis seul, je serai toujours seul », répète-t-il à qui veut l'entendre. Fausse coquetterie ou vraie misanthropie ? La vérité est entre les deux. Refusant ostensiblement de s'inspirer de Laurent Fabius pour faire à l'Hôtel de Lassay du « séguinisme hôtelier », il laisse ses amis organiser des réseaux à sa place.

Le fidèle Jean de Boishue, qu'il a connu au cabinet d'Olivier Guichard, éphémère secrétaire d'Etat à l'Enseignement supérieur sous Juppé, s'y emploie. « On fait du séguinisme sans Séguin », ironise-t-il. Avec Etienne Pinte, le député-maire de Versailles, le fils de ce dernier, chargé de mission à l'Assemblée nationale, et Robert Karutchi, le chef de cabinet du

« Président Séguin », il « fait le tri entre les carriéristes et les convaincus ». Pas facile, tant le réflexe anti-Juppé fonctionne presque automatiquement en faveur de Séguin. Qui devra tout de même un jour reconnaître les siens dans toute une nébuleuse de fans-clubs : « Demain la France », ouvert aux milieux professionnels, « Condition humaine », réservé aux élus, « Rassemblement pour une autre politique » (RAP), une association de jeunes structurée en réseaux départementaux. Enfin, l'« Association pour une République citoyenne », créée dans la foulée de sa campagne contre Maastricht regroupe quelques milliers d'adhérents. Pas mal pour un homme « seul » qui cultive par ailleurs l'amitié de grands patrons comme Marc Ladreit de Lacharrière, et de quelques intellectuels comme Alexandre Adler, Jean-Paul Fitoussi, ou Maurice Allais. Et qui, s'il allait à Matignon, pourrait également compter sur quelques « éléphants » de la majorité, hostiles comme lui à la « pensée unique ».

Nécessaires mais pas suffisants, les réseaux ne sont pas l'unique sésame de la plus haute charge de l'Etat. Mais l'homme qui a battu sous la Ve République le record de longévité présidentielle témoigne de leur rôle déterminant. François Mitterrand a fait du maniement de ses clans un certain art de gouverner. Peaufinant tout au long de sa carrière un personnage de leader charismatique, s'agrégeant méthodiquement tous les acteurs de ses multiples vies, les entretenant avec soin et méthode, François Mitterrand laisse à la postérité, quoi qu'on pense du personnage, un « modèle » de chef d'Etat et de conduite politique où les réseaux avaient la part belle.

Au terme de ce voyage au pays des réseaux, doit-on conclure qu'il existe une exception française ? Aucun autre pays démocratique ne semble en effet modelé à un tel degré par les hiérarchies parallèles et les complicités occultes.

Dans les pays anglo-saxons, le réseau est quasiment institutionnalisé. En Grande-Bretagne, les filières de carrière se sructurent très ouvertement autour des associations d'anciens des collèges ou d'associations sportives universitaires, tandis que les fameux « clubs » font partie du paysage au même titre que les partis politiques et les syndicats. Aux Etats-Unis, le goût immodéré de la transparence interdit le fonctionnement efficace et l'installation durable de clans qui agissent dans les coulisses. Seul le Japon se rapprocherait un peu de la France. Mais les réseaux, là-bas, ne prospèrent qu'aux sommets des grandes entreprises au capital et aux intérêts étroitement imbriqués. Rien de commun, donc, avec les liens qui, dans l'Hexagone, unissent aussi bien les francs-maçons que les aristocrates, les homosexuels, les patrons, les chasseurs, les anciens trotskistes, les Juifs, les catholiques intégristes ou les Corses...

Vieux tropisme français ? Sous l'Ancien Régime, intellectuels et bourgeois éclairés, aristocrates progressistes et prélats critiques se retrouvaient dans des cénacles confidentiels pour préparer un monde meilleur. Au XIXe siècle, l'instabilité politique a engendré la floraison de clubs et autres sociétés de pensée souvent animés par des conspirateurs en jabots. Voyez les Treize de Balzac. Voyez aussi Flaubert ou Maupassant qui en font à l'occasion un élément de leur trame romanesque.

Les réseaux ont survécu à toutes les Républiques. Parce qu'ils sont le produit d'un certain état d'esprit français, ils résistent à toutes les évolutions institutionnelles.

Jamais, pourtant, ils n'ont semblé être à l'œuvre

aussi massivement qu'aujourd'hui. Comme si l'époque favorisait particulièrement l'émergence d'une géographie sociale furtive. La dégradation, réelle ou supposée, des mœurs démocratiques y est assurément pour quelque chose. Elle nourrit une défiance à l'égard des élites. Et conduit chacun à chercher réussite, aide ou réconfort en dehors des voies officielles. L'ascenseur social méritocratique, qui passait hier par un bon cursus scolaire, l'admission dans une grande école, commence à se gripper. Alors, on lui préfère désormais des filières ascensionnelles moins académiques, mais aptes à recréer un sentiment d'appartenance. Mœurs identiques, loisirs partagés, origines communes, intérêts liés, erreurs de jeunesse semblables, convictions convergentes... Tout semble bon pour fabriquer de la fibre sociale. Pour le meilleur ou pour le pire. Pour l'entraide de bon aloi, mais aussi pour l'enrichissement sans cause.

Les réseaux remplissent le vide laissé par des corps intermédiaires en quasi-faillite. Les partis politiques guettent désespérément le militant, les syndicats ne représentent plus qu'eux-mêmes, les associations, hier si prisées, sont éclaboussées par des scandales comme celui de l'ARC. Puisque les organisations estampillées et homologuées semblent en panne, le citoyen troublé se tourne volontiers vers le clandestin et l'impalpable.

Une attirance facile à satisfaire dans un pays d'ombre et de lumière, où la transparence n'est guère de mise. Ce brouillard permet aux uns et aux autres d'agir à l'abri des regards et des jugements publics. En ce sens, la vigueur des réseaux est un excellent baromètre de la vie démocratique.

Faut-il se lamenter ou se réjouir ? Bien implantés dans le paysage français, ils s'adaptent, quel que soit le régime en place. Les velléités réformatrices passent, les réseaux demeurent.

Table

DES MÊMES AUTEURS:

Sophie Coignard :

LA NOMENKLATURA FRANÇAISE, avec Alexandre Wickham, Pierre Belfond, 1986.
LA RÉPUBLIQUE BANANIÈRE, avec Jean-François Lacan, Pierre Belfond, 1989.
LE JOUR OÙ LA FRANCE A BASCULÉ, LE 10 MAI 1981, Robert Laffont, 1991.
LE NOUVEAU DICTIONNAIRE DES GIROUETTES, avec Michel Richard, Robert Laffont, 1993.

Marie-Thérèse Guichard :

DANIELLE, BERNADETTE, FRANÇOISE ET LES AUTRES, Pierre Belfond, 1987.
LES ÉGÉRIES DE LA RÉPUBLIQUE, Payot, 1991.
LE PRÉSIDENT QUI AIMAIT LES FEMMES, Robert Laffont, 1993.

Composition réalisée par JOUVE

IMPRIMÉ EN FRANCE PAR BRODARD ET TAUPIN
Usine de La Flèche (Sarthe)
LIBRAIRIE GÉNÉRALE FRANÇAISE - 43, quai de Grenelle - 75015 Paris.
ISBN : 2 - 253 - 14443 - 6

31/4443/3